外国家庭法及妇女理论研究中心项目
家 事 法 研 究 学 术 文 库

陈 苇 主 编

继承权丧失制度研究

王 巍 著

CPPSUP 中国人民公安大学出版社
全 国 百 佳 图 书 出 版 单 位

图书在版编目（CIP）数据

继承权丧失制度研究/王巍著. --北京：中国人民公安大学出版社，2025. 7. -- ISBN 978-7-5653-4984-3

Ⅰ. D923. 54

中国国家版本馆 CIP 数据核字第 202558JM38 号

继承权丧失制度研究

王　巍　著

策划编辑：刘长青
责任编辑：张　欣
责任印制：周振东

出版发行：中国人民公安大学出版社
地　　址：北京市西城区木樨地南里
邮政编码：100038
经　　销：新华书店
印　　刷：涿州市新华印刷有限公司

版　　次：2025 年 7 月第 1 版
印　　次：2025 年 7 月第 1 次
印　　张：9
开　　本：880 毫米×1230 毫米　1/32
字　　数：241 千字

书　　号：ISBN 978-7-5653-4984-3
定　　价：54. 00 元

网　　址：www. cppsup. com. cn　　www. porclub. com. cn
电子邮箱：zbs@ cppsup. com　　zbs@ cppsu. edu. cn

营销中心电话：010-83903991
读者服务部电话（门市）：010-83903257
警官读者俱乐部电话（网购、邮购）：010-83901775
法律分社电话：010-83905745

丛书主编简介

陈苇　女，1987年于西南政法学院民法专业硕士研究生毕业，获法学硕士学位，留该校任教，主要研究方向为婚姻家庭继承法、妇女儿童老人权益法律保护。2003年12月至2004年12月，其受国家留学基金资助公派出国留学，作为访问学者到澳大利亚悉尼大学法学院进修外国家庭法。西南政法大学民商法学院教授、博士生导师，家庭法国际学会第十六届执行委员会副主席和学术委员会委员，中国法学会婚姻家庭法学研究会副会长，重庆市妇联法律顾问，重庆市儿童工作资源中心专家，重庆市高级人民法院家事审判方式和工作机制改革试点工作指导小组成员。

代表性成果包括：独著、主编、主持翻译的《中国婚姻家庭法立法研究》（2000年版、2010年第二版）、《外国婚姻家庭法比较研究》《当代中国内地与港、澳、台婚姻家庭法比较研究》《中国大陆与港、澳、台继承法比较研究》《当代中国民众继承习惯调查实证研究》《外国继承法比较与中国民法典继承编制定研究》《改革开放三十年（1978-2008）中国婚姻家庭继承法研究之回顾与展望》《中国继承法修改热点难点问题研究》《我国防治家庭暴力情况实证调查研究》《21世纪家庭法与家事司法：实践与变革》《中国妇女儿童权益法律保障情况实证调查研究》《中国遗产处理制度系统化构建研究》《当代中国民众财产继承观念与遗产处理习惯实证调查研究》《中国婚姻家庭法理论与实践研究》《中国继承法理论与实践研究》《当代外国婚姻家庭法律制度研究》《加拿大家庭法汇编》《澳大利亚家庭法（2008年修正）》《美国家庭法精要（第五版）》《澳大利亚法律的传统与发展（第三版）》等著作、译作20余部；在《中国法学》《法律科学》《法学》《法商研究》以及International Journal of Law, Policy and the Family; The International Survey of Family Law; US-China Law Review; 21st Century Law Review等中外学术刊物发表中英文学术论文90余篇。此外，其主编出版《家事法研究》学术论文集刊六卷（2005年卷至2010年卷）和“家事法研究学术文库”其他著作20余部；应邀与美国、意大利学者合作撰写美国法学院比较家庭法英文教材1部：Practical Global Family Law——United States, China and Italy（2009年4月在美国出版）。

目　录

CONTENTS

前 言

1978年西南政法学院复办以后相当长时间，我国著名的婚姻法专家、中国法学会婚姻法学研究会副总干事杨怀英教授担任我校婚姻法研究方向的学科带头人。1985年3月至7月，我校承担了司法部委托的全国法律专业婚姻法师资进修班的教学任务。当时全国著名的婚姻法专家巫昌祯、杨大文、王德意、李忠芳、任国钧等教授应邀前来我校，与杨怀英教授及胡平副教授等教师共同为来自全国的婚姻法师资进修班学员们上课，传授婚姻法学的理论知识和教学经验。如今，该婚姻法师资进修班学员们大部分都成了各高校婚姻法领域的知名专家学者和骨干教师，他们为国家培养了大批优秀人才。因此，可以说，我校是我国婚姻法学人才培养的摇篮。在科研方面，杨怀英教授先后主编出版《滇西南边疆少数民族婚姻家庭与法的研究》（法律出版社1988年出版）、《中国婚姻法论》（重庆出版社1989年出版，1991年荣获重庆市社科优秀科研成果三等奖）、《凉山彝族奴隶社会法律制度研究》（四川民族出版社1994年出版，1996年荣获四川省社科优秀科研成果二等奖）等专著和教材。1995年杨怀英教授去世后，由中国法学会婚姻法学研究会常务理事邓宏碧教授担任我校婚姻法研究方向的学科带头人。邓宏碧教授、胡平副教授等老教师带领讲授婚姻法课程的教师，继续努力进行教学和科研工作。尤其值得指出的是，邓宏碧教授主编的《中国少数民族人口政策研究》（重庆出版社 1998 年出版）为国家社会科学“八五”规划重点科研项目，2001 年荣获重庆市社会科学优秀科研成果一等奖。

薪火相传。本人于 1979 年 9 月考入西南政法学院法律系本科学习，1983 年 6 月毕业任教一年后，于 1984 年 9 月考入西南政法学院攻读民法专业硕士研究生，师从杨怀英教授，主要研究方向为婚姻家庭继承法；于 1987 年 7 月硕士研究生毕业后留校任教，主要从事婚姻家庭继承法及妇女儿童老年人权益法律保护的教学和科研工作。在母校各级领导和老师们的辛勤培养下，我由一名学生逐步成长为助教、讲师、副教授、教授、博士生导师、博士后合作导师；于 1996 年 5 月至 1999 年 4 月担任民法教研室副主任，于 1999 年 5 月至 2003 年 4 月担任民法教研室主任，于 2003 年 5 月至 2019 年 6 月担任婚姻家庭继承法教研室主任。在我国婚姻法学界巫昌祯教授、杨大文教授等老一辈专家的辛勤培养下，本人于 1996 年 7 月起担任中国法学会婚姻法学研究会理事；于 1999 年 7 月起担任中国法学会婚姻法学研究会常务理事；于 2004 年 7 月至今担任中国法学会婚姻家庭法学研究会副会长；于 2011 年 11 月至 2014 年 7 月担任家庭法国际学会第十四届执行委员会委员；于 2014 年 8 月至 2017 年 6 月担任家庭法国际学会第十五届执行委员会委员兼学术委员会委员；于 2017 年 7 月至 2020 年 9 月担任家庭法国际学会第十六届执行委员会副主席兼学术委员会委员。必须说明的是，自 2011 年 11 月我由第十四届家庭法国际学会主席、澳大利亚悉尼大学法学院 Patrick Parkinson 教授[①]提名，经家庭法国际学会执行委员会研究同意后受聘担任家庭法国际学会第十四届执行委员会委员以来，我每年均积极撰写论文，“以文参会”，先后到意大利、韩国、法国、英国、巴西、荷兰等国出席家庭法国际学会召开的执委会、地区性会议和世界大会，在会上积极发言，发出中国声音，阐述中国观点，增进了其他国家学者对中国婚姻家庭领域的新情况、新问题和最新修改立法的了解，扩大了中国婚姻家庭法学者在家庭法学术研究领域的国际影响力。2014 年 8 月，家庭法国际学会在巴西召开“第十五届家庭法世界大会”，会上我当选家庭法国际学会第十五届执行委员会委员兼学术委员会委员。2017 年 7 月，家庭法国际学会在荷兰召开“第十六届家庭法世界大会”，会上我当选家庭法国际学会第十六届执行委员会副主席并继续兼任学术委员会委员。作为中国婚姻家庭法专家，在家庭法国际学会中我是第一位来自中国的副主席。进入领导层之后，我在家庭法国际学会这一家庭法学术研究的最高平台上，可以更好地发出中国声音、讲述中国故事、贡献中国智慧。这有利于进一步促进中外婚姻家庭继承法研究领域的国际学术交流，为各国婚姻家庭继承法律制度的改革提供参考，以造福于全人类的婚姻家庭。

“谁言寸草心，报得三春晖。”我铭记杨怀英导师“老老实实做人，认认真真做事”的教诲，以杨怀英导师和其他婚姻法学界老一辈专家为榜样，带领团队教师们努力做好教学、科研及立法研讨、法律咨询等社会服务工作。

在课程教学和教学团队建设以及社会服务方面，“教书育人”

① Patrick Parkinson 教授是我受中国国家留学基金资助，以访问学者身份于 2003 年 12 月至 2004 年 12 月在澳大利亚悉尼大学法学院进修外国家庭法时的导师。

是教师的基本职责，高等院校法学教育的重心应当“以本为本”，即以加强本科生教育作为基本出发点。为适应高等学校法学专业“婚姻家庭继承法学”本科课程教学和教学团队建设的需要，首先，我组织进行教材的编撰和修订工作。编撰出版教材并且适时更新教材内容，这是进行教学改革和创新的基础。在我国新时代法治国家建设的进程中，新的法律法规及其司法解释不断被制定和实施，我组织本校和外校讲授本门课程的教师们积极开展教材编撰及适时修订工作，以满足本校和其他高等院校的“婚姻家庭继承法学”本科课程的教师教学和学生自学之需要。本人担任主编先后在四个出版社出版了以下教材：（1）法律出版社出版：全国重点政法院校系列教材《婚姻家庭继承法学》（2002 年第 1 版、2004 年第 2 次印刷）。（2）群众出版社出版：21 世纪高等院校法学精品课程的理论课教材《婚姻家庭继承法学》（2005 年第 1 版、2012 年第 2 版、2017 年第 3 版）及其配套的实践课教材《婚姻家庭继承法学案例教程》（2005 年第 1 版、2010 年第 2 版、2017 年第 3 版）。（3）中国政法大学出版社出版：21 世纪普通高等院校法学教材《婚姻家庭继承法学》（2011 年第 1 版、2014 年第 2 版、2018 年第 3 版、2022 年第 4 版）。必须说明的是，此《婚姻家庭继承法学》教材的第 3 版和第 4 版均入选“十二五”国家重点图书出版规划项目。（4）高等教育出版社出版：法学专业必修课、选修课系列教材《婚姻家庭继承法学》（2014 年第 1 版、2018 年第 2 版、2022 年第 3 版）。其次，我主持开展本门课程的教学改革工作。为适应我国新时代对法律应用型人才培养的需要，我们在教学中阐明基本概念、基本原则和基本原理的同时，注意理论联系实际，引导学生运用所学理论知识分析和研究现实案例，以培养和提高学生发现问题、分析问题和解决问题的能力。最后，我组织团队教师认真总结教学改革经验，撰写发表教学改革论文，及时交流教学改革经验，供学界同仁参考。我们讲授的西南政法大学“婚姻家庭继承法学”本科生课程于2006年被评为“西南政法大学校级精品课程”，于2007年被评为“重庆市市级精品课程”，同年本课程的教学团队被评为“重庆市市级优秀教学团队”。在注重教学内容和方式改革的同时，我们还加强教学资源建设，本课程于2012年被评为“重庆市市级精品资源共享课”。其间，我负责主持完成的教学改革成果：“培养学生实践能力和创新能力的新方法——项目参与式社会调查”，于2009年荣获“重庆市教学成果一等奖”。综上所述，本人担任责任教授的“婚姻家庭继承法学”课程，通过教学团队全体教师共同辛勤工作，在取得良好教学效果而受到学生肯定的同时，也受到法学界同行和社会群众的好评，产生了良好的社会影响。2006年1月至2019年年底的十余年，因工作业绩突出，我们获得了多项集体荣誉和个人荣誉，西南政法大学婚姻家庭继承法教研室和外国家庭及妇女理论研究中心荣获“重庆市沙坪坝区三八红旗集体”“重庆市教科文卫体系统2011年度五一巾帼标兵岗”“重庆市三八红旗集体”和“全国三八红旗集体”等集体荣誉称号；本人被评为“西南政法大学优秀教师”“西南政法大学研究生优秀指导教师”“西政好老师”“重庆市三八红旗手”“重庆市五一巾帼标兵”“重庆市十佳师德标兵”“全国师德先进个人”和“全国模范教师”。为充分发挥劳模的示范引领作用，2014年12月在西南政法大学校党政领导和校工会的指导下，本人担任负责人组织创立西南政法大学“陈苇劳模创新工作室”，在团队教师们的共同辛勤工作下，在教学科研、立法研讨、法治宣传及法律咨询公益服务等工作中做出了突出成绩，2016年该工作室被评为“重庆市教科文卫体工会首批产业级劳模创新工作室”，2017年该工作室被评为“重庆市劳模创新示范工作室”。这些都提高和扩大了西南政法大学民商法专业婚姻家庭继承法学科方向的良好声誉。

在校内学术研究和人才培养平台方面，2003年12月至2004年12月，本人受国家留学基金资助由教育部公派出国留学，作为访问学者到澳大利亚悉尼大学法学院进修外国家庭法一年。留学回国后，我于2005年1月向学校提出了建立“西南政法大学外国家庭法及妇女理论研究中心”的书面申请。2005年4月1日，西南政法大学校长办公会议批准同意该研究中心成立，任命我担任主任。自2005年4月该研究中心成立以来，本人夙夜忧虑、恐负厚望，带领研究中心的教师和研究生组成科研创新团队，勤奋科研，不敢懈怠。至2022年12月的十余年里，我担任项目负责人主持、带领团队成员师生共同撰写完成并公开出版的专著、译著有二十余部，主要有《外国婚姻家庭法比较研究》（重庆市哲学社会科学“十五”规划项目成果著作，译作，2006年1月出版）、《加拿大家庭法汇编》（2006年1月出版）、《中国大陆与港、澳、台继承法比较研究》（重庆市教委人文社科项目成果著作，2007年1月出版）、《当代中国民众继承习惯调查实证研究》（国家社科基金项目子课题成果著作，2008年1月出版）、《澳大利亚家庭法（2008年修正）》（译作，重庆市教委人文社科重点项目成果，2009年1月出版）、《美国家庭法精要》（第五版）（译作，2010年3月出版）、《改革开放三十年（1978—2008）中国婚姻家庭继承法研究之回顾与展望》（西南政法大学重点项目成果著作，2010年1月出版）、《中国婚姻家庭法立法研究》（第二版）（2010年1月出版）、《外国继承法比较与中国民法典继承编制定研究》（国家社科基金项目成果著作，经专家匿名评审后被鉴定为“优秀”等级，

2010 年入选首届《国家哲学社会科学成果文库》。全国哲学社会科学办公室在其“出版说明”中指出：入选成果代表当前相关领域学术研究的前沿水平，体现我国哲学社会科学界的学术创造力，按照“统一标识、统一封面、统一版式、统一标准”的总体要求组织出版。该著作于 2011 年 3 月出版）、《澳大利亚法律的传统与发展（第三版）》（译作，2011 年 5 月出版）、《当代中国内地与港、澳、台婚姻家庭法比较研究》（中国司法部“法治建设与法学理论研究”课题成果著作，2012 年 5 月出版）、《中国继承法修改热点难点问题研究》（2013 年 10 月出版）、《我国防治家庭暴力情况实证调查研究——以我国六省市被抽样调查地区防治家庭暴力情况为对象》（中国法学会部级法学研究课题成果著作，2014 年 5 月出版）、《21 世纪家庭法与家事司法：实践与变革》（2016 年 10 月出版）、《中国妇女儿童权益法律保障情况实证调查研究——以中国五省市被抽样调查地区妇女儿童权益法律保障情况为对象（上卷、下卷）》（中国法学会部级法学研究课题成果著作，2017 年 3 月出版）、《中国家事审判改革暨家事法修改理论与实务研究》（2018 年 4 月出版）、《中国民法典编纂视野下家事审判改革及家事法修改研究》（2019 年 5 月出版）、《中国遗产处理制度系统化构建研究》（中国司法部“法治建设与法学理论研究部级科研项目”成果著作，2019 年 5 月出版）、《中国继承法理论与实践研究》（2019 年 5 月出版）、《中国婚姻家庭法理论与实践研究》（2019 年 9 月出版）、《当代中国民众财产继承观念与遗产处理习惯实证调查研究（上卷、下卷）》（中国司法部“法治建设与法学理论研究部级科研项目”子课题成果著作，2019 年 10 月出版）、《中国家事审判改革暨家事法立法完善理论与实践研究》（2020 年 5 月出版）、《当代外国婚姻家庭法律制度研究》（2022 年 7 月出版）等。此外，本人应邀与美国、意大利学者合作撰写美国法学院比较家庭法英文教材 1 部：*Practical Global Family Law——United States, China and Italy*（2009 年 4 月在美国出版）。

在国内学术研究和人才培养平台方面，为促进婚姻家庭继承法领域的学术研究和学术交流，本人于 2005 年起创办并担任主编出版《家事法研究》学术论文集刊。自《家事法研究》2006 年卷面世至 2011 年的 6 年间，先后出版了 2005 年卷至 2010 年卷共计 6 卷，推出了一批具有前沿性的学术论文，培养了一批学术新人，受到国内学术界同仁和实务界人士的肯定和好评，产生了良好的社会影响。为进一步扩大《家事法研究》的学术影响，经本人提出申请，中国法学会婚姻家庭法学研究会常务理事会研究同意，《家事法研究》从 2011 年卷起被转为“中国法学会婚姻家庭法学研究会”的会刊。可以相信，在该研究会的精心主办下，《家事法研究》将在法学理论研究与司法实务探索相结合的沃土中更加茁壮成长，枝繁叶茂！

长江后浪推前浪。为推出婚姻家庭继承法学研究领域具有前沿性、创新性的学术著作，培养更多的学术新人，自 2012 年起本人创立并担任主编出版“家事法研究学术文库”。此文库作为学术研究和学术交流的平台，遴选出版婚姻家庭继承法研究领域具有前沿性、创新性的博士学位论文和学术专著，每年拟出版 1~3 本。本文库旨在通过婚姻家庭继承法学研究领域最新学术著作的出版，推出一批前沿理论和实务问题研究的新作，促进我国婚姻家庭继承法学研究朝着更深、更广的方向发展，以更多的优秀研究成果为我国民众处理婚姻家庭继承问题提供参考，为推进法治国家建设之完善立法、改进司法服务。至 2024 年年底，本文库已出版学术著作 36 部，在 2025 年拟出版《继承权丧失制度研究》等学术著作，以飨读者。

最后，我衷心感谢编辑老师多年来对本文库出版所付出的辛勤劳动！

《家事法研究学术文库》主编：陈 苇

2025 年 2 月 28 日

自　序

继承制度是民事法律中关于自然人死亡后财产归属与传承的基本制度，关系到千家万户成员的财产利益。继承权作为一项重要的民事权利，受我国《宪法》《民法典》等一系列法律的保护。随着我国社会经济的发展，自然人的财富种类和数量逐渐增多，继承开始后非法争夺遗产的案例也呈上升趋势。如果继承人为争夺遗产而对被继承人或其他继承人实施了违法行为而不受到民事制裁，继承权仍然不被剥夺，就会违背“任何人不得从其违法行为中牟利”的法律原则，破坏社会公德和家庭伦理以及良好的继承秩序，被继承人的意志自由也将不复存在。因此，为了维护社会公德和家庭人伦道德，避免继承中违法争夺遗产行为的发生，有必要规定继承权丧失制度。根据国家统计局发布的《2023 年国民经济和社会发展统计公报》，我国 60 周岁及以上的达 2. 9697 亿人，占总人口的 21. 1%，其中 65 周岁及以上的高达 2. 1676 亿人，占总人口的 15. 4%。可见，目前我国已经进入老龄化社会，且距离深度老龄化社会已为时不远，面对我国的社会现实国情，设立完善、系统的继承权丧失制度的必要性已日益凸显。我国《民法典》继承编第 1125 条回应社会需求，在原《继承法》及《最高人民法院关于贯彻执行〈中华人民共和国继承法〉若干问题的意见》的基础上，新增了规定继承权丧失的法定事由、继承权丧失后的恢复规则等，填补了原有规则的缺陷，完善了我国继承权丧失制度，加强了对被继承人的保护力度，细化了继承权丧失中的裁判考量因素，回应了司法实践中的热点难点问题，彰显了社会主义核心价值观的引领作用，更加符合《民法典》保障私权自由的原则精神和家庭财产代际传承的实际需求，具有重要的法律价值。但这并不代表我国继承权丧失制度已经足够完善，如在继承权丧失原因方面，内容仍有缺陷。有的规定仍然不够具体明确，如对继承权丧失的法律程序和效力也存有立法空白，对继承权丧失后的恢复规定也过于严苛等。本书通过研究继承权丧失制度，希望厘清理论界与实践中存在的分歧，并从学者立法建议稿和域外学者研究中汲取有益的启示，在比较分析各个学者建议稿的基础上，对我国继承权丧失制度提出进一步优化完善的建议。

本书除导论外，共分七章，共约 24 万字。

第一章为继承权丧失制度的基本理论考察。本章共分二节。第一节为继承权丧失概念内涵的界定。首先，我们从语义学与法学的角度对继承权丧失的概念作出界定，证成继承权丧失的应有含义。即所谓继承权丧失，又称继承权剥夺，是指当继承人对于被继承人或者其他继承人有不道德行为或重大违法行为，或是对遗嘱有损害行为时，法律用强制手段剥夺其继承人的资格，使其继承权不复存在。其次，继承权丧失有可能会与继承权放弃、继承权取消等概念存在着或多或少的相似之处。为了使读者对继承权丧失的理解更加准确，有必要将其与含义相似且联系紧密的概念进行比较与区别。第二节为继承权丧失制度的主要内容。文中阐明继承权丧失制度的主要内容应该包含继承权丧失的法定事由、继承权丧失的程序、继承权丧失的效力和继承权丧失后的恢复四方面内容进行了阐释。

第二章为继承权丧失制度的价值取向分析。本章共分三节，对继承权丧失制度正当的理论基础进行剖析并从中提炼出既能够充分地满足制度本身实现之要求的，同时也充分符合法理之要求的继承权丧失制度所蕴含的价值。第一节主要对继承权丧失制度的正义价值进行分析。正义是继承权丧失制度的首要价值，继承权丧失制度就是通过对继承人违法行为的惩罚来保障法律中正义价值的实现。继承法通过对继承人施以使其继承权丧失的惩罚方式使其恶行得到抑制，恢复正常的社会正义准则，同时让行为人的行为所产生的负面影响得以中和或抵消。第二节主要对继承权丧失制度的秩序价值进行分析。文中指出秩序价值为继承权丧失制度的基础价值，如果有继承人为了谋夺遗产而实施了不道德甚至是违法的行为（如故意杀害同顺序或先顺序继承人等），法律事先规定的遗产继承的秩序则会因为行为人的非法行为而变动，继承权丧失制度就是通过惩治破坏法定秩序的侵权者以矫正被破坏的秩序。第三节主要对继承权丧失制度的自由价值取向进行分析。自由价值是继承权丧失制度追求的核心价值，财产所有权是自然人的基本权利，为了保护自然人的财产所有权不受非法侵害，应制裁一切对他人遗嘱自由实施的非法干预行为。同时，当被继承人认为因对其实施了非法或严重不道德行为而丧失继承权的继承人确实有悔改表现，仍然可以继承其遗产时，法律就应尊重被继承人的意志自由。这两方面体现了继承权丧失制度中的自由价值。

第三章继承权丧失制度的历史演进考察。本章共分二节。第一节主要介绍了外国继承权丧失制度的历史沿革。首先，对最早关于继承权丧失制度的规定——古巴比伦的《汉谟拉比法典》中的相关内容进行了介绍。在古巴比伦时期，法官对于自由民中，父欲剥夺子之继承权的行为极为慎重，不仅要进行实际调查，还要对其初犯的行为予以宽恕，仅再犯者才允许父剥夺子之继承权。其次，文中分析了外国继承权丧失制度的演进。本书主要考察了罗马法的继承权丧失制度是如何发展变化的。最后，总结出外国继承权丧失制度在历史演进中所呈现的特征。第二节主要对我国继承权丧失制度的历史演进予以介绍。首先，介绍了我国继承权丧失制度的发源，指出我国古代对继承权丧失的规定均以继承人之身份作基础，并将身份、地位、财产权利的丧失一概而论，并未对财产部分的继承权丧失独立作出规定，这也是我国古代刑民不分、重刑轻民的以嫡长子继承制为核心的家族继承方式的具体体现。其次，分析了我国近现代继承权丧失制度的发展，发现进入近现代以后，我国的继承权丧失制度借鉴和参考其他大陆法系国家的民事立法之成功经验，发展成为一种仅针对财产的继承权丧失法律规范。最后，总结出我国继承权丧失制度在历史演进中所呈现的特征。在本节的最后笔者进行总结，旨在总结归纳出国内外继承权丧失制度经由多年的发展，现已发展成为独立的财产继承权丧失制度以及继承权丧失事由逐一细化并分类规范的较为完善的继承法制度。

第四章为外国继承权丧失制度的考察与比较评析。本章共分三节。第一节是对大陆法系的法德瑞日俄意六个国家的继承权丧失制度进行考察。内容包括继承权丧失的法定事由、继承权丧失的程序、继承权丧失的效力和继承权丧失后的恢复四方面内容。第二节是对英美法系的英美两个国家的继承权丧失制度进行考察，同样也包括上述四方面内容。第三节是对外国继承权丧失制度进行比较评析。本节主要对两大法系国家继承权丧失制度中的四方面内容进行比较评析，找出其异同点，结合我国具体的社会现实和现有法律制度，阐述自己的观点。

第五章为我国继承权丧失制度的立法现状与不足考察。本章共分三节。第一节考察了我国继承权丧失制度中法定事由的立法现状与不足。《民法典》虽然对我国之前的继承权丧失事由进行了增加，但目前我国继承权丧失制度中的法定事由内容规定仍然有些原则化和简单化，对司法实践有一定的影响。第二节考察了我国继承权丧失制度的法律效力的立法现状与不足。我国法律对继承权丧失制度的效力是否适用于酌给遗产请求权人、必留份权利人的规定尚不完备。第三节考察了我国继承权丧失后恢复规则的立法现状与不足。我国目前对杀害被继承人和为了争夺遗产而杀害其他继承人采取的是继承权绝对丧失，另外三种事由则构成继承权的相对丧失。但本书认为，我国继承权丧失后恢复规则的范围仍然过窄，并不完全符合民法作为私法的属性。

第六章为继承权丧失制度之我国学者建议稿考察与比较评析。针对有关我国继承权丧失制度的立法缺陷，学者们纷纷建言献策，以求建构适合我国国情的继承权丧失制度。本章共分四节，通过对六份学者建议稿的系统比较评析，总结归纳出学者建议稿中对继承权丧失制度中各项内容立法建议的共同点与不同点，为后文的立法完善建议部分打下基础。第一节是继承权丧失的法定事由之我国学者建议稿考察与比较评析；第二节是继承权丧失的法定程序之我国学者建议稿考察与比较评析；第三节是继承权丧失的法律效力之我国学者建议稿考察与比较评析；第四节是继承权丧失后的恢复之我国学者建议稿考察与比较评析。

第七章为我国继承权丧失制度的完善建议。本章共分三节。第一节为我国继承权丧失法定事由的完善建议及立法理由。文中提出应在五个方面完善我国继承权丧失法定事由并详细地阐述了理由。第二节为我国继承权丧失法律效力的完善建议及立法理由，文中提出继承权丧失制度对遗产的其他利益相关人，如必留份权利人、酌分遗产请求权人也应该在法律上产生效力，以保证当继承人的继承权丧失之后，与之相关的其他法律关系都能够得以清楚的规制。第三节是我国继承权丧失后恢复规则的完善建议及立法理由，提出应扩大继承权丧失后恢复规则的适用范围，取消继承权丧失后恢复规则的适用前提条件和对继承权丧失后的恢复规则具体表现形式予以限制并对立法理由予以阐释。

诚然，关于继承权丧失制度的研究，由于笔者的研究水平、研究时间、人力、物力以及个人学识和眼界有限，仍有思虑不周之处，敬请各位专家、学者及同仁不吝赐教，以求进步！

王 巍

2025 年 5 月 14 日

引 言

一、选题的缘起和意义

（一）选题的缘起

在继承法法律体系中，继承人的继承权是否存在无疑是所有法律上的继承行为能否得以发生的权利基础。若继承人的继承权因为继承人的主动放弃或者被依法强制剥夺而丧失，那么所有的继承行为就失去了存在的基础，也就无从谈起。因而，继承人是否享有继承权为继承法律制度所必须明确的核心内容。虽然基于法律的规定，继承人有权继承被继承人的遗产，但如果该继承人对被继承人或者其他继承人或遗嘱实施了违法行为，为了维护社会公德和家庭伦理，维护良好的继承秩序，保障被继承人的意志自由，继承法就会基于“任何人不得从其违法行为中牟利”的法律原则，强制实施违法行为之继承人的继承权丧失，通过继承权丧失制度对该继承人进行法律上的惩罚，使得遗产不至于落入其手中，而是由其他遵纪守法的继承人来继承。一般而言，继承人实施违法行为的目的就是增加其继承利益，继承权丧失制度则使其继承权丧失，从而令该继承人不仅不会因为其行为而增加继承利益，反而会丧失其本应该享有的继承利益，发生与其意图相反的结果。这是一种法律上的惩处方式，有利于惩恶扬善，引导人们善意地从事民事行为，这就是继承权的法定丧失。同时，遗嘱人基于其自由处分遗产的意愿，也可以遗嘱的方式使继承人的继承权丧失，此称为继承权的遗嘱丧失。限于篇幅，本书仅以继承权的法定丧失为研究对象。

由此可知，继承权法定丧失制度（以下简称继承权丧失制度），是指当继承人对于被继承人或者其他继承人有不道德行为或重大违法行为，或是对遗嘱有损害行为时，法律用强制手段剥夺其继承人的资格，使其丧失继承权的制度。“1985 年 4 月 10 日颁布的《中华人民共和国继承法》（1985 年 10 月 1 日起施行）以我国宪法为根据，总结了我国长期以来有关继承立法、司法经验，使之系统化、法律化，具有鲜明的社会主义本质和民族特色”，[①]其中也规定了这一制度。当时，民众的财产数量不多，种类也不够丰富，继承纠纷少且形式简单，我国关于继承权丧失制度的规定尚能应付当时的现实需要。随着改革开放的深入和社会的不断发展进步，人们的生活水平出现了质的飞跃，财产数量与类型与日俱增，财产继承观念也随之逐渐发生巨大的变化。而调整私有财产继承领域法律关系的继承法却自其制定以来从未进行修订。相较于时代的巨变和司法实践的需求，继承法日益显现出某些内容的滞后甚至空白，继承权丧失制度的简单粗略就是其中的典型代表。比如，我国的《继承法》只是以第 7 条一个条文规定了继承权丧失制度，而且仅规定继承权丧失的法定事由。[②]《民法典》第 1125 条虽然增加了继承权丧失的法定事由，并对继承权丧失后的恢复进行了说明，但仍然存在规定得不够具体明确等问题，而且《民法典》对继承权终局性丧失的范围规定有干涉继承人私法上意思自治的嫌疑，且对丧失的法律程序和效力也存有立法空白，导致在实践中对继承权丧失制度的运用出现了一定的问题。例如，

① 陈苇主编：《婚姻家庭继承法学》（第四版），中国政法大学出版社 2022 年版，第 301 页。

② 我国《继承法》第 7 条规定：“继承人有下列行为之一的，丧失继承权：（一）故意杀害被继承人的；（二）为争夺遗产而杀害其他继承人的；（三）遗弃被继承人的，或者虐待被继承人情节严重的；（四）伪造、篡改或销毁遗嘱，情节严重的。”

在继承人因故意杀害被继承人而丧失继承权的法定事由中，继承人故意杀害被继承人是否包括正当防卫、紧急避险等情形？如果行为人并没有刑事责任能力，是否也会因为故意杀害被继承人导致其继承权丧失？虽然《继承编解释一》中规定，无论既遂未遂，均可使行为人丧失继承权，似乎足可说明在继承人故意杀害被继承人的法定事由中，继承人的行为必须构成犯罪该法定事由才能成立，但又语焉不详，如犯罪预备、犯罪中止是否也包含在其中？虽然构成犯罪，但因情节显著轻微，检察院不予以起诉这种情况构不构成该继承权丧失的法定事由？再如，继承人如果因伪造、篡改、隐匿、销毁遗嘱而丧失继承权时，其行为必须达到情节严重的程度。《继承编解释一》将“情节严重”的标准解释为“继承人由于其伪造、篡改、隐匿、销毁遗嘱的行为侵害了没有劳动能力且没有生活来源的继承人的利益，并造成其生活困难的”。按照这种解释，只要继承人伪造、篡改、销毁遗嘱的行为没有达到“情节严重”的程度，即便被发现，也只不过是使得遗嘱无效，阻止其达成所追求的非法目的，但是实施该行为的继承人仍然有资格以法定继承的形式继承遗产，其相当于没有受到任何惩罚。除此之外，法律对于继承权丧失的效力是否及于实施继承权丧失法定事由所规定行为的必留份权利人、酌给遗产请求权人等其他遗产利益取得人均未规定。针对以上问题，本书以继承权丧失制度为对象进行研究，希望在完善相关理论的基础上，对我国继承权丧失制度进行一定的优化完善，发挥该制度在维护家庭伦理道德以及社会公序良俗方面最大的作用，以期达到对中国民法典继承编中继承权丧失制度相关内容的完善。

继承权丧失制度横跨继承法与刑法两大部门法，既体现了法律维护社会公共秩序与善良风俗的公法惩罚性质，又贯彻了尊重被继承人意志自由，保障继承权实现的私法精神，在尽量维护社会伦理价值、继承秩序的同时，又洋溢着充分尊重意思自治的民法关怀。综观当今诸如法国、德国、日本、瑞士、意大利等国家的立法，都规定了继承权丧失制度。这些国家的继承权丧失制度，除了对继承权丧失的法定事由、继承权丧失的法律程序和继承权丧失的法律效力有具体详细的规定，对是否以及如何恢复丧失的继承权也有明确的立法。基于对我国继承权丧失制度所存在问题的研究，本书在分析继承权丧失制度基本法律理论的基础上，梳理继承权丧失制度的发展历程，考察与分析该制度的法律价值取向和在世界范围内具有立法代表性的国家的继承权丧失制度之相关规定，结合六部学者建议稿①中继承权丧失制度的内容，立足于我国国情，针对我国立法上的不足，对该制度作了全面、系统的剖析，以期为在实践中对于民众和司法机关准确适用这一制度和以后可能的修法略尽绵薄之力。

（二）选题的意义

本书以《继承权丧失制度研究》为题，内容主要基于近年来我国继承法领域出现的新情况、新变化，反思我国继承权丧失制度的相关不足，进而从当前社会实际出发，拟在制度层面完善我国继承权丧失制度立法，以期更好地规范和调整我国的继承法律关系，统筹保障被继承人、继承人及社会的利益。

本书对于继承权丧失制度的研究，具有重要的理论与实践意义，主要表现在：

1. 有助于深化对继承权丧失制度的基础理论研究

自改革开放以来四十多年，我国学术界对于继承权丧失制度进行了全面而系统的研究，取得了丰硕的成果，但学界对继承权

① 这六部学者建议稿分别是梁慧星（课题负责人）：《中国民法典草案建议稿附理由·继承编》，法律出版社2013年版；王利明（项目主持人）：《中国民法典学者建议稿及立法理由·继承编》，法律出版社2005年版；徐国栋主编：《绿色民法典草案》，社会科学文献出版社2004年版；张玉敏（课题负责人）：《中国继承立法建议稿及立法理由》，人民出版社2006年版；陈苇：《中华人民共和国继承法》修正案（学者建议稿），载陈苇主编《中国继承法修改热点难点问题研究》，群众出版社2013年版，第552页；杨立新、杨震等：《〈中华人民共和国继承法〉修正草案建议稿》，载《河南财经政法大学学报》2012年第5期。

丧失之法律原因、继承权丧失后的恢复以及继承权丧失的法律效力等基础理论问题仍然存在不小的争议。为了厘清继承权丧失制度基础理论问题，本书比较分析了我国学术界关于继承权丧失制度基础理论问题的争议焦点，结合对大陆法系和英美法系国家中具有代表性的继承权丧失制度立法例的考察，试图提出自己的观点，贡献自己的智慧。“从法律发展进化史的角度上来说，一国法律所经历的现代化的过程，离不开对他国法律的研究比较以及学习借鉴”。[①] 虽然由于继承法所固有的强烈的地方性和本土性特点，各国对此的规定也不尽相同，甚至在某些方面有很大的差异，但基于法律的共通性，其中有关继承权丧失制度的内容仍有共同的规则和原则可循。本书试图对具有代表性的外国继承权丧失制度研究成果进行系统梳理、比较和总结，在借鉴前人研究成果和外国立法经验的基础上，进一步对该制度的基础理论研究加以深化，同时针对我国现在的立法状况提出继承权丧失制度之完善建议。

2. 以价值分析为基础，为重构继承权丧失制度提供价值理论支撑

本书论证继承权丧失制度的价值取向，为建构中国民法典继承编中的继承权丧失制度提供价值理论支撑。继承权丧失制度的存在既是法律保障被继承人或者其他继承人的人身权益及被继承人意志自由不受继承人侵害的需要，也充分地体现了法律的正义、自由以及秩序基本价值取向，“正义、自由、秩序是法律的基本价值，也是法律必须追求的基本目标”[②]。作为对继承关系这一自古以来就存在的代与代之间的财产传承关系进行调整的法律，继承法理所当然地应该将这些基本价值作为其始终追求的目标。继承权是法定继承人根据法律或遗嘱取得遗产的权利，是基于身份关

① 陈苇主编：《外国继承法比较与中国民法典继承编制定研究》，北京大学出版社2011年版，第4页。

② 卓泽渊：《法的价值论》（第三版），法律出版社2018年版，第58页。

系的财产权，也是财产所有权在继承领域的延伸，当然应受法律的保护。任何人，乃至公权力，都不得任意使其丧失。但是，如果继承人对被继承人或其他继承人和遗嘱实施违法行为之后，仍然可以不受任何制裁的与其他未实施上述行为的其他继承人一同继承被继承人的财产，就会背离法的正义要求，破坏法所建立与维系的秩序，也与法所要维护的家庭伦理和自由原则相抵触。“因继承人对被继承人或应继承人，有重大不道德或不法行为，或就遗嘱有不正行为时，应丧失其继承权，不应使其能逞其志，而施以民事上之制裁，借以维持道义。”① 但是，从鼓励继承人改过自新、尊重被继承人的意志、解决家庭矛盾的角度，如果被继承人知道继承人因实施丧失继承权的法定行为丧失继承权后，不愿继续追究其责任，仍然愿意将其财产遗留给该继承人，作为充分保障自由意志的民事法律层面就应该尊重被继承人的意愿。由此可见，继承权丧失制度体现了法律的多重价值，本书的研究正是通过对继承权丧失制度中所体现的正义、自由以及秩序法律价值的揭示，从而为我国继承权丧失制度的进一步完善提供坚实的理论支撑。

3. 有助于完善我国的继承权丧失制度

如前文所述，自我国于 1985 年制定继承权丧失制度的立法及相关司法解释以来，距今已有三十多年的历史。当时，由于我国刚刚走出计划经济时代，国民经济水平整体较低，继承纠纷相对较少，形式也比较简单。故虽然关于继承丧失制度的规定还不完善，但是足以满足那个时代背景下社会现实的需要。不过，三十多年的快速发展，让我国的社会财富不断增加，国民的生活水平也发生了质的变化。此时，继承领域的纠纷日益增多，情况也日渐复杂，为了争夺遗产而发生的各种各样的恶性事件与日俱增。《民法典》第 1125 条虽然完善了原来《继承法》中规定的继承权

① 史尚宽：《继承法论》，中国政法大学出版社 2000 年版，第 89 页。

丧失制度，增加了继承权丧失的法定事由，也对继承权丧失后的恢复进行了说明，但这并不代表我国继承权丧失制度已经足够完善。比如，在阴某甲与张某维、阴某乙继承纠纷案中，法院虽然认为被告张某维所提供的遗嘱被鉴定为非被继承人阴某甲本人所写，但就遗嘱的内容而言并非从根本上丧失其他继承人继承权，而且被告作为被继承人唯一的继承人，即便伪造遗嘱，亦达不到丧失继承权的程度，不能视为情节严重，故被告张某维的行为不足以丧失继承权。[①] 这一问题在《民法典》颁布后仍然无法得以妥善解决。这不仅给被继承人和其他继承人的利益造成了损失，而且对家庭的伦理秩序造成了破坏，在一定程度上也给社会的稳定和发展造成了障碍。现在的社会生活日新月异，现实生活不断产生新的问题，在面对这些新问题时，我国现行继承权丧失制度的种种不足都逐渐暴露出来。为回应现实需求，有必要对继承权丧失制度进行修改和完善。本书对于继承权丧失制度所进行的系统研究，其目的就在于反思我国继承权丧失制度的缺陷，从而进一步从制度层面来对其内容加以完善。

二、国内外研究现状

（一）国内研究现状

如前文所述，我国的继承权丧失制度尚不完善。比如，继承权丧失的法定理由相对较少，还不足以震慑与惩罚对被继承人、其他继承人、遗嘱实施不法行为的继承人；受遗赠人、必留份权利人或者酌给遗产请求权人等其他遗产利益取得人在实施继承权丧失制度中的法定丧失继承权行为时，我国《继承法》没有规定继承权丧失制度是否应当适用于他们等。总体而言，在我国，关于丧失继承权的规定较为笼统，不够具体。而现实生活中继承纠纷的情况越来越复杂，不断出现新问题，使得修改和完善我国继

① 参见（2015）南民初字第11017号民事判决书。

承权丧失制度成为亟待解决的重要课题。针对这一课题，我国学术界提出了重构继承权丧失制度的不同主张。

我国大陆学术界目前研究或涉及研究有关继承权丧失制度的代表性著作有：费安玲的《罗马继承法研究》（2000 年）；周枏的《罗马法原论》（2001 年）；郭明瑞、房绍坤、关涛的《继承法研究》（2003 年）；徐国栋的《绿色民法典草案》（2004 年）；王利明的《中国民法典学者建议稿及立法理由·继承编》（2005 年）；杨立新、朱呈义的《继承法专论》（2006 年）；程维荣的《中国继承制度史》（2006 年）；陈朝壁的《罗马法原理》（2006 年）；张玉敏的《中国继承立法建议稿及立法理由》（2006 年）；吴永科主编的《继承法律制度研究》（2007 年）；陈苇主编的《中国大陆与港、澳、台继承法比较研究》（2007 年）；刘春茂的《中国民法学·财产继承》（2008 年）；张平华、刘耀东的《继承法原理》（2009 年）；陈苇的《外国继承法比较与中国民法典继承编制定研究》（2011 年）；梁慧星主编的《中国民法典草案建议稿附理由·继承编》（2013 年）；陈苇主编的《中国继承法修改热点难点问题研究》（2013 年）；刘耀东的《继承法修改中的疑难问题研究》（2014 年）；杨立新的《继承法修订入典之重点问题》（2015 年）；张玉敏的《继承法律制度研究（第二版）》（2016 年）；和丽军的《继承权丧失研究》（2017 年）。

我国台湾地区学术界目前研究或涉及研究有关继承权丧失制度的代表性著作有：史尚宽的《继承法论》（2000 年）；林秀雄的《民法亲属继承争议问题研究》（2000 年）；戴炎辉、戴东雄的《继承法》（2004 年）；林秀雄的《继承法讲义》（2012 年）；陈棋炎、黄宗乐、郭振恭的《民法继承新论（第九版）》（2014 年）。

在上述这些学术著作中，对于继承权丧失制度都有相关的论述。其中，周枏教授的《罗马法原论》用了整个第四编的篇幅介绍了罗马法中的继承法律内容，包括罗马法中的继承权丧失制度。费安玲教授的《罗马继承法研究》从源头上对罗马古代继承制度的产生以及发展变化过程作了详细的论述。程维荣教授的《中国继承制度史》介绍了中国继承权丧失制度的背景及产生、发展、变化的历史，为本书的写作提供了坚实的历史背景基础。史尚宽教授的《继承法论》对继承权丧失制度作了体系性的阐述。陈苇教授的《外国继承法比较与中国民法典继承编制定研究》对两大法系中的代表性国家的继承权丧失制度作了较为全面、系统的比较研究，同时分析了我国继承权丧失制度的不足，提出了完善建议。和丽军博士的《继承权丧失研究》对于继承权丧失制度的研究有一定的个人见解。比如，其认为继承人只要对其他继承人实施杀害行为，该继承人的继承权均应丧失，无论其是否以争夺遗产为目的；再如，其主张继承人无论基于何种法定事由而丧失的继承权，都可因被继承人的原谅而恢复。

我国学术界目前研究或涉及研究有关继承权丧失制度的代表性论文有：龙翼飞、阴赵丹的《(民法典)继承宽宥的制度价值与法律适用》(2022年)，[①] 其认为我国法律规定的继承权丧失后的恢复不仅适用范围狭窄，而且适用的条件非常严苛。他们认为如此规定使得继承人彻底丧失了继承遗产的机会与可能，与我国鼓励严重违反伦理道德甚至违法人员弃恶从良、改恶从善，促进社会、家庭和睦团结的法律宗旨相违背。杨立新的《我国继承制度的完善与规则适用》(2020年)，[②] 其认为我国法律对继承权丧失的法定事由范围规定得过于狭窄，某些规定明显不合理，对一些重要的法定情形还没有作出规定。王利明的《继承法修改的若干问题》(2013年)，[③] 其认为应从法律上严格区分继承权的终局丧失和非终局丧失，而且对于适用继承权终局丧失的各种情形应有更为详尽的规则。和丽军的《继承权丧失事由对其他遗产权利的

---

① 龙翼飞、阴赵丹：《(民法典)继承宽宥的制度价值与法律适用》，载《理论学刊》2022年第4期。

② 杨立新：《我国继承制度的完善与规则适用》，载《中国法学》2020年第4期。

③ 王利明：《继承法修改的若干问题》，载《社会科学战线》2013年第7期。

适用》（2017 年），[1] 其认为当其他遗产权利人对被继承人实施继承权丧失事由所列之行为时，其从被继承人处取得相应遗产利益的权利，诸如特留份、必留份、酌情分得遗产权及遗赠等，也应当丧失。翟云玲、刘耀东的《论继承权丧失制度》（2012 年），[2] 其认为继承人以欺诈、胁迫的手段，强迫或者阻碍遗嘱的设立、变更、撤回的行为，应当被列入丧失其继承权的法定事由当中。宋豫的《完善我国继承权丧失制度的若干思考》（2006 年），[3] 其认为不应对虐待被继承人与伪造、篡改和销毁遗嘱保留"情节严重"的限制。皮锡军的《外国继承权丧失制度比较研究》（2008 年），[4] 其认为应该对虐待被继承人与伪造、篡改和销毁遗嘱保留"情节严重"的限制，否则有随意丧失继承权之嫌。

综上所述，关于继承权丧失的法定事由方面，学界的争论主要集中在因故意杀害被继承人而丧失继承权的法定事由是否需要有所限制、是否应对虐待被继承人与伪造、篡改和销毁遗嘱保留"情节严重"的限制以及是否应增加继承权丧失的事由三种情况上。关于继承权丧失的程序，学界主要有两种不同见解：一是认为立法应当坚持目前所主张的当然丧失继承权方式，即实施有丧失继承权事由的继承人从继承开始之日起自动发生丧失继承权的效力，无须以法院判决为条件。二是认为我国法律对继承权的丧失应采取通过法院诉讼的方式，即应规定丧失继承权的宣告程序，否则不利于对继承人继承权的保护。关于继承权丧失的效力，学界主要有两种见解：一是认为法律所规定的继承权丧失事由，适

---

① 和丽军：《继承权丧失事由对其他遗产权利的适用》，载《江苏警官学院学报》2017 年第 1 期。

② 翟云玲、刘耀东：《论继承权丧失制度》，载《北方法学》2012 年第 5 期。

③ 宋豫：《完善我国继承权丧失制度的若干思考》，载《河北法学》2006 年第 1 期。

④ 皮锡军：《外国继承权丧失制度比较研究》，载陈苇主编《家事法研究》（2007 年卷），群众出版社 2008 年版。

用于部分受遗赠人和酌情分得遗产权利人。比如，因“为夺取遗产而杀害其他继承人的”而丧失继承权的法定事由一般不适用于受遗赠人和酌情分得遗产权人，因“遗弃或虐待被继承人”而丧失继承权的法定事由不适用于受遗赠人和酌情分得遗产权人。二是认为继承权丧失的事由既适用于法定继承权的丧失，也适用于受遗赠权的丧失。关于继承权的终局与非终局丧失方面，学界主要有三种见解：一是认为除了故意杀害被继承人发生继承权的终局丧失，继承权丧失的其他法定事由均为继承权的非终局丧失，只要被继承人生前宽恕和继承人确有悔改表现，继承权就不应丧失。二是认为除继承人为争夺遗产而预谋杀害其他继承人发生继承权的终局丧失以外，继承权丧失的其他法定事由均为继承权的非终局丧失。三是认为对继承权丧失的法定事由，应当全部都规定为非终局丧失，以尊重被继承人的意愿。

（二）外国研究现状

在许多国家，如德国、法国、日本、瑞士、俄罗斯、意大利大陆法系国家与英国、美国等英美法系国家中，继承权丧失制度已经发展成为较为全面、系统的继承法制度，具体包括继承权丧失的法定事由、继承权丧失的法定程序、继承权丧失的法律效力和继承权丧失后的恢复规则等。这些国家的学术界对于继承权丧失制度的研究成果也较多：大陆法系国家中关于德国继承权丧失制度的代表性译作有雷纳·弗兰克、托比亚斯·海尔姆斯所著的《德国继承法》，[①] 该书对德国继承法中的继承权丧失制度进行了系统研究，包括对继承权丧失的法定事由、继承权丧失的具体方式等都进行了深入探讨。该书指出，在德国，继承权丧失的原因是以封闭形式列出的。其规定的继承人不得继承主要有下列几类原因：一是继承人故意非法杀害被继承人的，无论既遂还是未遂。

① ［德］雷纳·弗兰克、托比亚斯·海尔姆斯：《德国继承法》（第六版），王葆时、林佳业译，中国政法大学出版社 2015 年版。

二是继承人违背被继承人的意愿，促使或妨碍被继承人做成或者废止死因处分的。具体手段包括：将被继承人置于不能够做成或者废止死因处分之境地直至被继承人死亡的，或者用欺诈或胁迫的手段促使被继承人做成或者废止死因处分的，或者故意使用了不法行为阻碍被继承人做成死因处分或废止死因处分时。三是实施侵害遗嘱的犯罪行为，也就是说，继承人对遗嘱实施《德国刑法典》规定的直接或间接伪造、更改或扣留文件、更改边界标记等行为，并犯下了罪行。[①] 书中还指出，如果有人主张他人的继承权丧失，其必须通过诉讼方式提起撤销诉讼，这在性质上是一种形成之诉，诉讼中的被告是继承权丧失之人。在诉讼中应采用职权调查原则。同时书中还指出，与继承权丧失一样，受遗赠人与特留份权利人的权利也会因其实施了继承权丧失法定事由中所列行为而丧失。

作为英美法系国家的代表，英国与美国虽然没有采取民法典的形式对继承权丧失制度予以规制，但两国学界对该制度的理论作深层分析的判例或著作也有很多，如 Andrew Iwobi, *Essential Succession* (second edition), London: Cavendish Publishing Limited, 2005。[②] 此书系统地对英国继承法的渊源、立法的基本原则以及继承法的具体内容作了介绍，而且也用专章探讨了丧失继承权的规则，并指出，在英国，继承权丧失的规则会由于个案的不同而出现适用上的差异。但整体来说，除了故意杀人、过失杀人、帮助自杀这几类行为，其他行为导致继承人的继承权丧失的可能性较小。[③] 研究继承权丧失制度的学术专著和学术论文还有：McClean Beevers, *Morris on the Conflict of Laws* (2005)；[④] Frederick Pollock

① 庄敬华、徐久生：《德国刑法典》，中国方正出版社 2004 年版，第 132 页。

② ［英］安德鲁·伊沃比：《继承法基础》（第二版），武汉大学出版社 2005 年版。

③ ［英］安德鲁·伊沃比：《继承法基础》（第二版），武汉大学出版社 2005 年版，第 127~130 页。

④ McClean Beevers, *Morris on the Conflict of Laws*, London: London Press, 2005.

and Frederic William Mainland, *The History of English Law before the Time of Edward I* (2003);① Katherine Fisher Drew, *Law and Society in Early Medieval Europe: Studies in Legal History, Vivarium Reprints* (2008);② J. B. Clark, *Parry & Clark on the Law of Succession* (2003);③ Anthony R. Mellows, *The Law of Succession* (2013);④ Gerry W. Beyer, *Wills, Trusts, and Estates: Example and Explanations* (2015);⑤ Ken Mackinaw, Mark Burton, *Outline of succession* (sixth Edition) (2012);⑥ Carolyn S. Bract, *Family Protection Under Kentucky's succession law: Is the Family Really Protected?*⑦; Seashell, Paul G. *The power of Dissuccession: Proposal for Reform.* Georgetown Law Journal, Vol. 52, Issue 3 (Spring 2014); Brashier, Ralph C. *Dissuccession and the Modern Family*, Case Western Reserve Law Review, Vol. 45, Issue 1 (Fall 2015)。其中，Gerry W. Beyer, *Wills, Trusts, and Estates: Example and Explanations* (2015) 以案例的形式介绍了美国的继承权丧失判例法及美国《统一遗嘱检验法典》(Uniform Probate Code 2010) 在实践中的运用。Katherine Fisher Drew, *Law and Society in Early Medieval Europe: Studies in Legal History, Vivarium Reprints* (2008) 则介绍了继承权丧失制度存

---

① Frederick Pollock and Frederic William Mainland, *The History of English Law before the Time of Edward I*, Cambridge University Press, 2003.

② Katherine Fisher Drew, *Law and Society in Early Medieval Europe: Studies in Legal History, Vivarium Reprints*, London: London Press, 2008.

③ J. B. Clark, *Parry & Clark on the Law of Succession*, sweet & Maxwell, 2003.

④ Anthony R. Mellows, *The Law of Succession*, Butter worth &Co, 2013.

⑤ Gerry W. Beyer, *Wills, Trusts, and Estates: Example and Explanations*, Aspen Publisher, 2015.

⑥ Ken Mackinaw, Mark Burton, *Outline of succession* (sixth Edition) Lexis Butterscotch, 2012.

⑦ Carolyn S. Bract, *Family Protection Under Kentucky's succession law: Is the Family Really Protected?* Kentucky Law Journal, Vol, 76. 12 (2014-2015).

在的原因及欧洲大陆早期继承权丧失制度的发展。

三、研究思路和方法

（一）研究思路

本书以继承权丧失制度作为研究对象。第一章为继承权丧失制度的基本理论考察。该部分从继承权丧失的概念入手，并将之与继承权取消、继承权放弃等概念进行比较，同时对该制度存在的合理性、必要性以及存在的基础进行了全面、深入地探讨研究。第二章具体论证了继承权丧失制度的价值取向和功能。继承权丧失制度的存在既是法律保障被继承人或者其他继承人的人身权益及被继承人意志自由不受继承人侵害的需要，也充分地体现了法律的正义、自由以及秩序基本价值取向。在这一章，笔者就继承权丧失制度的理论基础，即继承权丧失制度的价值取向和功能定位进行了专门论证，以期为中国民法典继承编中的继承权丧失制度进一步完善提供较为充分的理论支持。第三章对继承权丧失制度的历史沿革进行了纵向梳理。这一章主要研究和探讨了继承权丧失制度的产生和发展过程，分析了继承权丧失制度的历史起源及其发展沿革的脉络，还分析了其变化的原因。在这一章，笔者以时间轴为线索，研究和梳理了从古至今不同的历史阶段继承权丧失制度的起源和发展，以及各个时期该制度的内容和侧重点。同时对于不同的历史阶段，继承权丧失从最初的身份和财产一并丧失发展演化为单纯的财产继承资格丧失这一过程作了论述。本书通过对这一章的论述，旨在厘清继承权丧失的历史沿革及其发展脉络。第四章是外国继承权丧失制度的考察和比较研究。为对我国继承权丧失制度存在的问题及解决办法提供域外立法借鉴，本书对德国、法国、瑞士、日本、俄罗斯、意大利这六个国家的继承权丧失制度的相关立法以及以英美两国为代表的英美法系国家中继承权丧失制度之立法与判例进行考察，并对前述国家的继承权丧失制度进行了比较评析。第五章对我国的继承权丧失制度的立法现状以及目前立法当中存在的主要问题作了进一步探讨。在这一章，本书从我国继承权丧失制度的立法现状入手，参照前面几个章节所揭示的现代继承权丧失制度立法价值取向及立法趋向，指出了我国立法对继承权丧失制度的立法缺陷和疏漏。第六章考察和分析我国学者建议稿中有关继承权丧失制度的内容。我国学者在对继承权丧失制度的理论进行了深入研究的基础上，先后在六部继承法建议稿中提出了继承权丧失制度的立法建议及其理由，这些建议稿集中反映了我国学术界目前对继承权丧失制度的研究成果。这一章比较分析了这六部学者建议稿中对继承权丧失制度规定的异同，为后文的立法建议部分打下坚实的基础。第七章在吸收与借鉴域外立法经验和比较分析我国学者观点的基础上，针对我国立法在继承权丧失制度上的立法缺陷和疏漏，结合我国的实际情况，提出完善建议。

（二）研究方法

本书主要采用了下列四种研究方法来对继承权丧失制度进行分析和研究：

1. 历史研究法

要深入研究一项制度，对其产生、发展、变化的过程进行探寻是必不可少的环节之一，本书即对继承权丧失制度的由来与演进进行了考察与分析。通过此研究，一方面理顺了继承权丧失制度从出现到发展的时间脉络，反映出该制度在演进历史中所呈现出来的种种特征；另一方面也揭示了该制度在不同的历史时期、不同的社会环境所呈现出来的不同特征，从而加深人们对该制度背后的社会动因与经济动因的理解。

2. 文献研究法

本书通过对有代表性的六部继承法领域立法学者的建议稿和诸多现有的与继承权丧失制度研究相关的学术文献进行归纳分析，并对我国学者的相关观点予以简介和总结，探寻出专家学者为何对同一问题有着的不同规则设计，分析哪种设计更符合我国司法实践，在吸收前人的研究成果的基础上结合我国实际，最终得出结论。

3. 价值研究法

本书在对继承权丧失制度的理论正当性进行论证研究时，主要采用了价值研究法，即从法律价值的视角对现行的继承权丧失制度进行剖析。所有的法律制度都是建立在一定的价值基础之上的，并以其价值基础作为存在的必要条件。但是，由于继承法中的制度本质上具有身份性和伦理性，导致其存在独特的价值标准、与其他的法律制度具有明显差异。对该价值标准作出准确的界定与把握是对该制度进行修订、完善，使其更加符合民意的理论基础。本书正是通过对继承权丧失制度所体现出来的正义、秩序、自由的法律价值方面进行综合论证，以求确定继承权丧失的法定事由、继承权丧失的法律程序、继承权丧失的法律效力、继承权丧失后能否恢复以及在何种条件下可以恢复等具体内容。

4. 比较分析法

本书系统地归纳整理并对比了大陆法系和欧美法系当中比较具有立法代表性的国家的继承权丧失制度相关资料，从起源到现行法律，通过比较分析找出了这些国家继承权丧失制度当中所呈现出来的异同点，同时追溯分析这些异同点产生的原因及其作用所在，力求借鉴这些国家成熟、有效的继承权丧失制度之立法经验与规范，解决我国在继承权丧失方面立法的理论缺陷。与此同时，结合我国的实际国情，在充分地尊重继承法本土化特征的基础上，找出最符合我国司法实践与民众继承习惯的继承权丧失制度改良方案，以此来解决我国现行的继承权丧失制度当中存在的一系列固有问题。

四、主要创新点

首先，本书第一次从价值论的角度详细阐释继承权丧失制度的正义、秩序、自由价值取向，为继承权丧失制度立法、司法的价值判断提供参考。每种制度在其设计的背后一定有着特定的价值考量，这种价值也是法律得以修改和完善的法理依据。法律不是来自圣贤的教诲，更不是来自上苍的赋予，法律就是当彼此的权益发生重叠和冲突时，人们所发展出的游戏规则。法律的产生是为了解决问题，本质上是一种工具性的措施，具有功能性的内涵。从这个意义上而言，法律价值属于一定主体的需要与法律之间的对应及满足关系的范畴。本书即研究我国继承权丧失制度具有的价值，并从其蕴含的正义、秩序、自由三大法律价值中具体展开论证，为我国继承权丧失制度的进一步完善提供坚实的理论支撑。

其次，本书汲取了前人的研究成果。我国立法没有规定必留份权、酌给遗产请求权是否因必留份权利人、酌给遗产请求权人的行为符合继承权丧失制度中的法定事由特征而丧失，这对实施同样行为的继承人来说是不公平的，也不符合法律的正义、秩序、自由价值取向。本书通过系统的论证，得出上述遗产取得人在实施了继承权丧失法定事由所规定的行为时，也应该丧失取得遗产权利的结论，具有一定的理论创新性。

最后，我国《民法典》较之原先的《继承法》，虽然在继承权丧失的法定事由方面的规定有所增加，但仍然过于简单，不够具体和明确，在法律实践中难以适用，如继承权丧失事由规定得不全面、非终局丧失的事由范围规定过于狭窄等。继承人享有的继承权作为能够直接继承被继承人财产的权利，其存在与否对继承法律关系中的各个当事人利益影响甚巨。实际的社会生活是复杂多变的，继承人对被继承人或其他继承人或遗嘱的违法或不道德行为不仅表现形式不同，而且恶性程度不同，行为的性质也不同。本书即是从继承权丧失事由之增补入手，系统地对继承权丧失的法定事由提出完善建议，以保证该制度在具体的司法实践中更加具有可操作性。

第一章 继承权丧失制度的基本理论考察

继承权指的是继承人依法取得被继承人遗产的权利，是以身份关系为基础的财产权，是“自然人按照被继承人所立的合法有效遗嘱或法律的直接规定而享有的继承被继承人财产的权利”。[①]继承权的创设是因为被继承人死亡产生了民事权利义务主体消灭的法律后果，为避免财产处于无主境地、维护交易安全，故其生前的民事权利和义务需要有人取得。由此可见，继承权的存在与否关系重大。依照“私权神圣”这一法理，在没有法定理由的情况下，继承权不能够被随意丧失。在《大陆法系》（第二版）一书中，约翰·亨利·梅利曼教授提到，“在现代民法典中占统治地位的观念是个人的私有财产权和个人的契约自由”“民法典中所突出的个人财产权和契约权，保证了个人权利不受国家侵犯”。[②]与此同时，《中华人民共和国宪法》（2018 年修订）第 13 条也规定：“国家依照法律规定保护公民的私有财产权和继承权。”但是，如果在继承人对被继承人所立遗嘱实施了损害等行为，或者是对被继承人、其他继承人实施了重大的违法行为并损害了被继承人或者其他继承人的合法权益之后，仍然允许行为人原本所享有的继

① 陈苇主编：《婚姻家庭继承法学》（第四版），中国政法大学出版社 2022 年版，第 245 页。

② ［美］约翰·亨利·梅利曼：《大陆法系》（第二版），顾培东、禄正平译，法律出版社 2004 年版，第 2 页。

承权继续存在于现行的法律秩序当中，使其利己的目的得逞，多得甚至独得遗产，那就会颠覆我国历来强调的家族本位、重视血脉传承的传统家庭伦理观念。虽然该继承人仍处于法律所规定的继承顺序，同时客观上也具有继承能力，但是此时行为人的行为已经破坏了其与被继承人之间的由于共同生活或者血缘而形成的亲密关系。如果该继承人继续被允许继承被继承人的遗产，则与继承制度的维护家庭伦理、强调亲属之间互助互爱之初衷相违背，也与社会现行的道德秩序和法律秩序背道而驰。因此，在这种情况下就需要法律用强制的方式来对该继承人的继承权利进行否定，以此来惩戒实施上述违法行为的继承人，从而维护社会的伦理秩序、道德秩序甚至是法律秩序的稳定，继承权丧失制度也就应运而生。为保证对继承权丧失制度作出全面准确的把握，本章通过对继承权丧失制度含义的界定以及对其内容的阐释和具体分析，以明确对继承权丧失制度之认识。

第一节　继承权丧失概念内涵的界定

在继承法中，继承权丧失的地位非常重要，其不仅能够纠正继承人不当取得利益的不合理后果，更能制裁继承人不当取得利益的行为。要对继承权丧失进行深入研究，首先就要对其概念进行明确界定，同时将其与其他相近的概念进行区分，以此来掌握继承权丧失之本质特征与内涵。

一、继承权丧失概念探讨

当继承人对于被继承人或者其他继承人有不道德行为或重大违法行为，或是对遗嘱有损害行为时，法律用强制手段丧失其继承人的资格，这就是继承权丧失的基本含义。由此可见，继承权的丧失就是由于继承人对被继承人或者其遗嘱实施了违法或是损害等行为，或者其他继承人实施了重大违法行为后，由法律以强制手段剥夺其继承资格，从而使其不再享有对被继承人遗产的继承权利。

众所周知，任何人不得从自己的违法行为中获利，任何利益的取得都要通过合法的方式。道理虽然简单，但其中蕴含了丰富的法律知识和思想内涵，具有自然法意义上不言而喻的公理，同时具有自然法的精神，即公平和正义。详言之，任何人的任何行为，都要严格地遵守法律的规定，这样其预期的利益才能得以实现。行为人因为其行为而得到的利益都要从法律之中找出理由，利益是否应该取得，应当由法律作出评判。如果行为人因为其违反法律的行为而享有了客观利益，法律是要追究获利者责任的，继承权丧失即因此而设。此处需要注意的是，应将继承法上规定的“不分遗产”与继承权丧失进行区分。我国继承法只规定了有扶养能力和有扶养条件的继承人不尽扶养义务的，在分配遗产时，应当不分或者少分。有扶养能力和有扶养条件的继承人不尽扶养义务的行为，损害了社会公德、社会公共利益，不利于被继承人的赡养和社会的稳定，应受惩戒。根据该行为的性质、后果应该酌情减少甚至取消其应继承的遗产份额，属于法院根据案件的不同情况酌分遗产的自由裁量权范围。此处的不尽扶养义务可能会构成继承权丧失法定事由中的“遗弃”。也就是说，根据继承法的规定，只要继承人对被继承人构成“遗弃”，其继承权当然一定丧失。“遗弃”是不尽扶养义务中较为严重的情况，但是否应认定继承人为“不尽扶养义务”，从而不分给其遗产，属于法官自由裁量权范围，不同的法官可能会有不同的判断。

据此，从以上对继承权丧失的由来分析可以看出，在继承权丧失中，法律通过强制的手段丧失继承人的继承权时存在一个基本的前提：继承人对被继承人所立遗嘱实施了损害等行为，或者是对被继承人、其他继承人做出了严重的不道德行为甚至是重大的违法行为，而且继承人所做出的不道德行为或违法行为的直接作用者必须是特定的被继承人或与该被继承人有关的其他特定继承人，才有可能导致其继承权丧失之后果。如果这一前提不成立，那么任何人都无权使继承人的继承权丧失。当然，此处所指的丧失的继承权是该继承人之于特定的被继承人所享有的继承权利，当其继承权丧失时，仅对该继承人之于该被继承人的继承权生效，不会影响其之于其他被继承人的继承权利。

二、继承权丧失概念与其他相近概念的界分

继承权丧失有可能会与继承权放弃、继承权取消等诸多同为继承法中的概念存在或多或少的相似之处。为了更加准确地理解继承权丧失的含义，有必要将其与含义相似且联系紧密的概念进行比较与区别，从而厘清它们之间的关系，这在对继承权丧失的研究中是一个至关重要的步骤。

（一）继承权丧失与继承权取消

继承权丧失指的是原本应由该继承人享有的继承权，由于该继承人实施了法律规定的几种不法行为而被强制丧失。而继承权取消则是指虽然该继承人没有实施法律所规定的应当依法丧失其继承权的行为，但由于被继承人的主观原因，同样造成了继承人无财产可继承的结果。即被继承人通过遗嘱对自己的财产实施了将该继承人排除在外的完全处分，从而使该继承人因其遗嘱而失去了继承其财产的机会。有学者认为，继承权丧失当中还应该包括继承权的取消。① 但本书认为，继承权的取消与继承权的丧失从本质上来看存在极大的区别。虽然继承权的取消之后果与继承权丧失之后果从表象上看起来是相同的，其最终都导致了继承人继承权的丧失，但是二者之间不同的是，继承权的取消是指被继承人在其遗嘱中对其遗产作了与法定继承之规则中法定继承人的应

---

① 张玉敏：《继承法律制度研究》（第二版），华中科技大学出版社 2016 年版，第 12~13 页；宋豫：《完善我国继承权丧失制度的若干思考》，载《河北法学》2006 年第 1 期。

继份不同的处分决定，而由于被继承人的这一主观行为，导致了某个或某些法定继承人失去了其原有的应继份资格。根据我国《继承法》的相关规定，在没有影响到既无劳动能力又无生活来源的继承人的必要继承份额之利益的前提下，被继承人有权自由处分其遗产而不受任何干涉。因此，由于被继承人的行为所导致的某继承人的继承权取消既不需要有任何法定的理由，同时也不带有民事制裁的色彩，其仅仅是由于被继承人行使自己遗嘱自由的行为所导致的结果。而与之不同的是，继承权的丧失是由于某继承人实施了对被继承人、其他继承人或者被继承人的遗嘱的不当行为，侵犯了被继承人或者其他继承人的合法利益，从而导致了其继承权丧失之后果。在继承权的丧失中，继承人的行为与其所承受的继承权丧失的后果之间有着必然的因果关系，其与继承权的取消有着本质上的不同，二者不可混淆。

由此可见，继承权丧失是由于法定事由存在，法律为维护社会道德伦理和继承秩序强制外力介入作用的结果，不以继承人或被继承人的意志为转移。而继承权取消则是指虽然没有出现继承权丧失之法定事由，但基于遗嘱自由的法定原则，被继承人主动处分其财产而使得该继承人无法继承其财产的结果。

具体来讲，继承权取消指的是在被继承人的遗嘱当中，被继承人将自己的全部遗产指定地留给某一部分特定的继承人（无论其属于法定继承顺序中的先顺序还是后顺序继承人）。此时，未被指定的那部分法定继承顺序中的先顺序继承人则由于被继承人遗嘱的原因未能获得被继承人的指定，从而失去了继承的机会。被继承人之所以有这个权利，是因为“本质上，财产权是一种自由权，其可以看作是在每一个私人和组织的活动范围边缘画了一个圈。与没有这个圈的情况相比，在这个圈之内，财产的所有人所拥有的自由权利更大，而且，此时，财产所有人是主人，国家若需要干涉，则必须解释和证明其干涉行为的正当性；而如果在这个圈之外，那么财产的所有人则有必要解释和证明其所作出的行为的正当性，同时也要证明其权威性。此时，一个多数人必须服从财产所有人的空间即宣告形成”①。依照该理论，自然就会得出在遗嘱继承中意定高于法定的结论，我国《继承法》奉行的也是遗嘱继承优先于法定继承的原则。基于我国法律所规定的遗嘱继承优先的原则，只要被继承人所立的遗嘱没有违反继承法中的强制规定（如必留份、特留份等），那么被继承人就有权利通过遗嘱的形式来自由处分自己生前的所有财产，其效力高于法律规定的继承顺序。因而，在其处置身后财产的时候，被继承人当然有权自由选择财产的继承人，而不必严格遵循法律所规定的遗产继承顺序。不仅如此，为了体现遗嘱自由，法律还赋予了被继承人通过遗嘱将其财产自由赠与其他非法定继承人的权利。因此，根据遗嘱所具备的法律效力，在完全适用遗嘱继承的情况下，即使某些在法定继承顺序中的先顺序继承人没有实施继承权丧失的法定事由，没有丧失继承权，在继承开始以后，其也不再享有继承遗产的权利，因为此时被继承人的遗产已经由遗嘱中指定的其他继承人或受赠人享有。在这种情况下，那些继承人因未在遗嘱当中被指定而无法对遗产享有继承的权利，这只是适用遗嘱继承规则的自然结果，是被继承人遗嘱自由权利行使的自然结果，同时也是财产所有权绝对的相关理论在继承法当中应用的结果，是继承制度中私法自治原则的实际体现。恰如黑格尔所言，在个人自由当中，财产权是至关重要的，其实际上体现了一个人的自由意志，也是一个人自由的外在领域。“从自由的角度来讲，财产是其最初的定在，它本身是本质的目的”②。

由于被继承人在其遗嘱中的分配遗产指定，而使得继承人不能够享有遗产继承权的情况，与继承人因为自己所做的违背道德

① 马俊驹、余延满：《民法原论》（第四版），法律出版社 2016 年版，第 79 页。

② ［德］黑格尔：《法哲学原理》，范扬、张企泰译，商务印书馆 1961 年版，第 54 页。

或违法犯罪行为而导致自己的继承权丧失的情况之间有着本质上的区别，所以从严格意义上来说，继承权丧失指的是由于法律原因，继承人丧失了原本应当由其享有的遗产继承权，而不包括由于被继承人遗嘱中对财产的处分使得继承人失去了遗产继承机会的情况。换言之，继承权丧失制度，仅仅是由于法律出于对继承人的严重不道德行为或违法犯罪行为的制裁而设定和存在的。若继承人在有了上述的行为并对被继承人或者其他继承人的利益有直接或间接的损害后，其继承权仍被保留在现有的法律秩序当中，那么就是与当前社会的道德秩序及法律秩序相违背的。因此，法律就必须用强制的方式来否定其继承的权利，从而使社会的伦理、道德以及法律秩序得到维护。

（二）继承权丧失与继承权放弃

继承权放弃是指在继承开始之后，继承人因为主观原因依法主动放弃继承权利的单方面法律行为。在世界大多数国家的继承法律制度中，继承开始之后，继承人有主动放弃继承的权利。当其主动放弃继承时，则法律在继承法律地位上认可其于继承开始后就不再享有继承之权利。与此同时，也就当然不必承担及履行遗产相关之义务，即其在继承开始后不再作为继承人存在。“该制度的设立初衷是为了尊重继承人的主观意愿，进而尽快地确定继承人的范围，同时也能够平等地保护继承人、其他遗产取得人、遗产债权人的合法权益。”①

在古代，继承权是不允许被放弃的，因为古代社会的继承是身份继承，继承不是单纯意义上的财产移转，更是象征生命延续之活动，承载着人们祖先人格之延续。“古罗马最初采用的就是强制概括继承主义，即把概括的权利和义务作为一个整体来继承，当一个人接受了另一个人的法律外衣时，一方面承担其全部义务，

① 陈苇主编：《外国继承法比较与中国民法典继承编制定研究》，北京大学出版社2011年版，第85页。

另一方面享有其全部权利。"① 继承权放弃制度是在进入近现代社会时才传入我国的。"在古代，我国实行的是宗祧继承制度，且继承样态为当然继承主义，在该继承样态中，继承权不允许放弃。我国自古以来就有'父债子还'的传统，父亲生前所背负的债务，无论其金额是否大于遗产的总额，子女都负有无限的偿还责任，然而，这一制度对于继承人的束缚显而易见，也与现代的民法精神相违背，同时也不符合意思自治的原则。"② 由此可见，这一制度对继承人来说是极为不利的，也违反了现代继承法当中家庭成员责任自负、人格独立的法治理念。而且，作为民法的重要组成部分，继承法理应高举民法意思自治原则的大旗。因此，从其性质上就决定了要求继承法充分地尊重继承人之主观意愿。所以，大多数国家都采取自愿继承的原则，在继承法中赋予继承人选择的权利，以此维护其合法权益。换言之，当继承开始时，继承人依法享有接受继承的资格，但是否事实接受继承，取决于继承人自己主观的意愿。例如，《瑞士民法典》第 566 条第 1 款规定："法定继承人及指定继承人可以抛弃继承权。"《德国民法典》第 1946 条规定："一旦继承开始，继承人即可接受或拒绝遗产。"

进一步论之，对继承权放弃从立法的角度予以肯定，也平等地保护了继承人与遗产债权人的合法利益。对继承人来说，这一制度的立法化使其摆脱了古时候强制继承的束缚，拥有了在一定时期内选择继承或放弃继承的权利。此时，继承人有权根据自己的主观意愿，主动选择概括继承或者以编制遗产清单的条件来限定继承。与此同时，若遗产中的债务成分过重，继承人可以选择放弃继承从而解除法律上的继承关系。这二者都充分地保障了公民财产的相互独立，若继承人主动放弃继承，则其就不必再背负

---

① ［英］梅因：《古代法》，沈景一译，商务印书馆 1984 年版，第 101 页。

② 张玉敏：《继承法律制度研究》（第二版），华中科技大学出版社 2016 年版，第 205 页。

沉重的遗产债务。[①] 对遗产债权人来说，该制度使其能够充分地利用遗产来清偿债务。即“通过对放弃继承和限定接受继承规定严格的期限和形式，防止继承人利用其有利地位诈害被继承人的债权人，保证遗产债权人拥有就遗产优先获得清偿的权利”[②]。

由此可见，继承权的放弃指的是继承人对遗产继承权的主动放弃，与继承权丧失是两个截然不同的概念。首先，二者的产生原因有着本质的区别。继承权的放弃是继承人主观意愿决定的结果，而继承权的丧失则是由于继承人的违背道德或违法犯罪行为而使得继承权被依法丧失的结果，不以继承人的意志为转移。其次，二者的时间期限不同。对放弃继承的期限作出明确规定有利于遗产的保全以及及时分配，同时也有利于及时清偿遗产债务。因此，大多数国家的民法典都明确地规定了继承权放弃的期限。如《德国民法典》第 1944 条规定，只能在继承人知悉遗产的归属和有资格作为继承人开始起 6 个星期之内放弃继承；《瑞士民法典》第 576 条规定，继承人自知悉得为继承之时起 3 个月内放弃继承；我国《继承法》规定，继承权的放弃始于继承开始之日、止于遗产处置之日。而对于继承权的丧失，法律没有时间期限的限制，其既可以发生在继承开始之前，也可以在此之后。只是一旦构成继承权丧失的法定事由，继承权的丧失溯及继承开始发生效力，该继承人自始无继承的资格。

综上所述，继承权丧失是从继承权存在到继承权失去的一个客观结果，其完全是对继承人的否定评价，从而排除无论是被继承人还是继承人的主观意愿，无论是继承权取消还是继承权放弃，要么是因为被继承人对诸多继承人的好恶，要么是由于继承人在权衡利弊后的自我选择，都掺杂着个人主观意志自由的因素，并

---

① 黎乃忠：《限定继承制度研究》，群众出版社 2017 年版，第 123~126 页。

② 王丽丽：《财产继承中债权人利益保护问题的法律思考》，载《宁夏社会科学》2012 年第 5 期。

不能够体现法律对继承人行为的否定评价。由此可见，继承权丧失在反映继承权失去这一客观结果的同时，也反映了法律对继承人行为的否定评价甚至是对其不法行为实施民事制裁的后果。在继承权丧失中，“丧失”是指“用法律的手段强制丧失”，这里强调了公权力的色彩，突出了公权力介入私领域的过程。此时，继承人的继承权是由于法律的强制措施而丧失的，是一个动态的过程，同时也体现了法律的威慑力及强制力。

第二节　继承权丧失制度的主要内容

继承权丧失旨在体现任何人不得因为违法行为而获利的法律原则，也是对继承人的不道德行为或违法行为的民事制裁手段，否则人人都争而效仿，社会秩序与伦理道德将会就此荡然无存。对于继承人来说，民法强制其继承遗产的权利丧失无疑是一种非常严厉的惩罚。然而，民法毕竟是以保护民事权益为目的的，性质上属于权利法，其思想上也称为私权神圣，故保护民事权益是民法的基本原理、基本原则、基本理念。由此可见，民法本是保障民事权利的，是权利的宣言书。因此，为了尽可能地避免对私权造成损害，法律不仅要对继承权丧失的原因作出列举限定，还需对继承权丧失后是否可以和如何恢复予以明确，在严格控制和依法制裁之间找寻一个平衡点。换言之，继承法强制使行为人的继承权丧失，是制裁，也是预防，既不能够纵容和无视继承人的不道德或违法行为，也不能对继承人过于苛刻。此外，当受遗赠人、必留份权利人、酌给遗产请求权人等其他遗产利益取得人实施继承权丧失法定事由所规定的行为时，继承权丧失的效力是否及于上述遗产利益取得人，法律也应该明确。当然，继承法规范毕竟为私法规范，充分地尊重被继承人的主观意愿是其应有之义。如果被继承人在生前已经原谅了继承人对自己的不法行为，愿意让其继承遗产，法律为什么还要干涉呢？在实际生活中，的确存在继承人实施了继承权丧失法定事由中的行为之后真诚悔过，也得到了被继承人的原谅的情形，于此情形下法律如果仍然强制使其继承权丧失就显得不再有意义，也与社会生活实际需要不符。而以上诸多内容的总和即构成了继承权丧失制度。综上，继承权丧失制度应包括继承权丧失的法定事由、继承权丧失的程序、继承权丧失的效力和继承权丧失后的恢复四方面内容。

一、继承权丧失的主要法定事由

继承权丧失的法定事由，指的是致使继承人丧失继承权的法定客观情况。在继承权丧失制度中，为了确保继承权丧失不会被滥用而特别规定，欲取消继承人继承之资格，继承人的行为必须构成丧失其继承权的法定事由，没有法定事由继承权不得丧失。对于继承权丧失的法定事由，各国法律的具体规定虽有不同，但也有诸多共同点，归纳起来包括以下几种行为：继承人故意杀害被继承人的，继承人故意杀害其他继承人的，继承人遗弃、虐待被继承人的，继承人伪造、篡改、隐匿或者销毁遗嘱的，继承人以欺诈或胁迫手段妨害遗嘱自由的。

（一）故意杀害被继承人的

无论是否发生在继承法领域，杀害行为都是一种性质极其恶劣、后果极为严重的犯罪行为，当其发生在继承法领域时，继承人故意杀害被继承人无疑是继承权丧失的最典型事由。综观本书所考察的世界各国立法，无一例外地将其作为继承权丧失的事由之一，而且居于首位，我国也不例外。我国《继承编解释一》第7条规定，继承人故意杀害被继承人的，不论是既遂还是未遂均应确认其继承权丧失。

故意杀害被继承人的行为可分为预备、着手、未遂或既遂几个阶段。“当继承人开始实施具有紧迫现实危险性的、具有导致人死亡的行为，则认定为是杀害行为的着手，若被继承人因此被杀害，且结果能够归属于杀害行为的，就构成杀人的既遂；若行为虽具有导致被继承人死亡的危险性，但是并未直接导致死亡的，则根据行为发生的程度以及结果没有发生的原因，可以认定为杀害行为的预备、未遂或终止的情形。"① 无论是哪个阶段，继承人对被继承人实施了故意杀害的行为，均构成对自然人生命权的侵害，继承人的不法行为甚至会导致被继承人生理上的死亡，这是一种罪大恶极的行径，为社会所普遍认同的伦理道德所深恶痛绝，实施该行为的继承人之继承权理所当然应该丧失。例如，在兰某甲、高某等与兰某乙法定继承纠纷案中，兰某乙因怀疑其妻唐某（本案被继承人）与他人有染，将其杀害。经成都市中级人民法院审判，兰某乙被判处无期徒刑，剥夺政治权利终身。根据我国《继承法》的规定，兰某乙的继承权依法强制丧失。②

具体而言，继承人故意杀害被继承人，指的是二者之间存在这样一种特定的行为关系，即由于继承人的行为使得被继承人受到了生命安全的威胁甚至是损害，而继承人明知其行为必然造成或者可能造成非法侵害被继承人生命安全的结果，主观上仍然放任或者希望该结果的发生。生命权是自然人人格权中最为重要的一种，受到刑法、民法和行政法等法律的严密保护，其具体内容应为生命安全之维护。当继承人对被继承人做出了侵害被继承人生命或者有可能导致其生命丧失的非法行为时，该继承人会被刑事法律制裁。在很多国家的民法典中还有其对该被继承人的继承权丧失的规定，并且这种情况还被列在继承权丧失的法定事由的首位。

本项继承权丧失的法定事由有两个构成要件，缺一不可，并且必须同时存在。

---

① 张明楷：《刑法学》，法律出版社 2011 年版，第 322 页。

② 参见（2017）川 0114 民初 6193 号民事判决书。

1. 存在继承人杀害被继承人的事实

继承人杀害被继承人是指继承人终结被继承人生命的行为，也就是在被继承人的生命自然结束之前，继承人提前终结其生命的行为。这种行为的方式不限，无论是作为还是不作为，无论是物理方式、精神方式还是心理冲击方式，都可以作为杀害被继承人的行为认定。要构成本项继承权丧失的法定事由，首先要求存在继承人杀害被继承人的事实，即被继承人在继承人的杀害行为发生时必须仍有生命。若在杀害行为发生的时刻被继承人已经死亡，继承人误将被继承人的尸体当作有生命的人而做出杀害行为的，属于刑法上的对象不能犯，不能够认定该行为属于杀害行为。除此之外，该继承权丧失法定事由中的“杀害”不包括“伤害致死”。具体而言，若被继承人的死亡是由于继承人的故意伤害而造成的，但在该故意伤害行为发生时，继承人并没有主观意愿造成被继承人死亡的，则不应丧失继承权。因为整个继承权丧失制度都必须在正义、秩序、自由三个价值的指导下构建，而因故意伤害行为而导致其他继承人死亡的，其主观上没有杀害其他继承人的故意，没有以增加自己遗产份额为目的，没有扰乱继承秩序、干扰被继承人和其他继承人的自由，不能体现继承权丧失制度的正义价值，故不得适用继承权丧失制度。换句话说，故意伤害致人死亡不属于继承权丧失的法定事由，因为该行为侵犯了其他的法益，只能说该行为同时侵犯了被继承人的生命权，而依法对这一行为作出充分、完整的评价，便是认定为故意伤害致人死亡。当然，有一种例外的情况，即继承人因为先前的故意伤害行为导致了被继承人重伤的后果。此时，其应当认识到被继承人正遭受死亡的威胁却不施救，从而放任被继承人死亡，那么此时就可以认定为不作为的故意杀人行为。对行为人先前的故意伤害行为也就不作评价，应认定构成故意杀害被继承人之法定事由，丧失其继承权。事实上，侵犯生命权的行为中总要经历一个侵犯健康权的过程，所有的杀人行为都符合伤害行为的构成要件。可以说，故意杀害行为是故意伤害行为中的一个特例。

2. 继承人必须具有故意杀害被继承人的意图

所谓继承人必须具有故意杀害被继承人的意图，指的是继承人明知其行为会导致被继承人生命终结之结果，而放任或者是希望此结果的发生。凡具备此种情形，即认定为继承人在实施杀害被继承人行为时存在故意，至于行为人的目的动机则不作要求。也就是说，不应该考虑继承人谋害被继承人出于何种动机，只要其实施了故意杀害的行为，不论其是为了取得遗产还是其他目的，其继承权都应当丧失，而不以继承遗产为必要。这正如学者所言："继承人而有此种行为，可谓罪大恶极。其敢冒天下之大不韪为之者，盖希冀继承之早日实现，或图谋侵占财产耳。设使如斯心事卑劣之徒竟得继承遗产，殊违背被继承人之本意。况以法律明认其有继承权，不几等于间接以法律奖励犯罪乎！"① 因此，如果继承人对被继承人所实施的杀害行为不是为了夺取遗产，也应该属于继承权丧失制度的调整范围，法律应该丧失该继承人的继承权。比如，在武甲与原某的继承纠纷案中，原告武甲认为，原某杀害武某，依法应丧失其对武某的法定继承权。原某辩称，其并非因争夺遗产而杀害武某，仍然享有对武某的法定继承权。法院审理后认为，在我国《继承法》规定的继承人因故意杀害被继承人而丧失继承权这一法定事由中，并未要求实施该行为的继承人必须具有争夺遗产之目的，故原某因故意杀害被继承人武某，而且现已依法被判处有期徒刑 15 年，属于法定丧失继承权之情形，应当丧失原某继承权。②

除了继承人实施杀害被继承人的目的动机不作为法律丧失继承权的考量因素，该项事由的成立还要求继承人不是因过失致被继承人死亡。笔者认为故意和过失不是对立的关系，两者只是责

① 罗鼎：《民法继承论》，上海法学编译社会文堂新记书局 1946 年版，第 49 页。

② 参见（2017）鲁 0112 民初 1819 号民事判决书。

任程度不同。从法律评价上来看，故意是更严重的情形，所以故意是可以被评价为符合过失条件的。那就意味着，如果继承人导致被继承人死亡，且在故意杀害还是过失致人死亡之间存在疑问，依据存疑时有利于行为人的原则，按过失致被继承人死亡论处，继承人不丧失继承权。另外，若继承人有教唆或帮助被继承人自杀的行为，是否构成因故意杀害被继承人而继承权丧失的法定事由？对此，本书认为，若继承人的行为达到了支配、控制被继承人的程度，则应认定为故意杀害被继承人的行为；反之，若没有达到该程度，只是引起或帮助被继承人自杀，则不应认定为故意杀害被继承人的行为。在司法实践中，未成年人或者完全丧失辨认能力的精神病人等无刑事责任能力人如果实施了故意杀害被继承人的行为，是否会导致其继承权丧失？对于未成年人故意杀害被继承人的情形，学术界存在争议。有学者认为，应当以 14 周岁为严格的年龄界限。若未满 14 周岁的未成年人实施了故意杀害被继承人的行为，则不应当丧失其继承权；而如果已满 14 周岁的未成年人实施了此行为，则应丧失其继承权。① 也有学者认为，无论行为人是否年满 14 周岁，无论其是否被依法判处刑罚，只要实施了杀害被继承人的行为，其继承权均应当丧失。② 而对于完全丧失辨认能力的精神病人来说，由于此类人已经完全失去了认知的能力，完全不能够理解自己行为的社会意义和自然意义，因此法律对其施加惩罚没有任何意义。

（二）故意杀害其他继承人的

本项继承权丧失的法定事由有两个构成要件：

1. 继承人主观上有杀害其他继承人的故意

在此项法定事由中，行为人应当对其他继承人采取了一种或一种以上旨在导致其死亡的行为，这一行为的目的在于剥夺其他

① 刘春茂主编：《中国民法学·财产继承》，人民法院出版社 2008 年版，第 103 页。
② 和丽军：《继承权丧失研究》，法律出版社 2017 年版，第 195 页。

继承人的生命，以此为限。故而因故意伤害行为导致其他继承人死亡的，其主观上没有杀害其他继承人的故意。换言之，他们没有希望或放任死亡结果的发生。也就是说，若该行为缘起于故意伤害或过失，则无论是否造成其他继承人伤亡，均不符合该法定事由，也就不适用本款规定，不丧失其继承权。此外，故意杀害的行为不仅仅限于继承人本人实施，也可以是由他人代为实施或者行为人命令、胁迫、指示、教唆、协助他人实施等。只要这一行为出现，且行为的对象是其他继承人，则无论行为既遂还是未遂，无论行为人是主犯、共犯还是教唆犯，无论直接还是间接，只要行为人被判处刑罚，其继承权同时丧失。

2. 对“其他继承人”的界定

针对这一项继承权丧失的法定事由，还应该对“其他继承人”这一概念的明确范围作出准确的法律界定。与上一项继承权丧失事由不同的是，在继承人杀害其他继承人的情形中，我国《民法典》第1125条第1款第2项沿用以前《继承法》的规定：如果要丧失对该继承人的继承权，实施杀害行为的继承人必须具有“为争夺遗产”的目的动机，即继承人杀害其他继承人时不具有“为争夺遗产”之目的，就不应该丧失该继承人的继承权。“实际上，继承人杀害其他继承人的原因往往是复杂多样的，如果一概而论，对其丧失继承权则显得宽泛，而法律之所以强调‘为争夺遗产’的目的，更加体现出了‘因犯罪行为而导致的与行为人内心愿望相反的法律效果’，此限制有利于倡导和指引人民守法。”① “不是出于争夺遗产的目的而对其他继承人实施了杀害行为，与继承事实之间并没有太大关联，在对行为人课以刑罚的同时，不必丧失其继承权。”② 但本书对此观点持不同意见。在本书所考察的具有

① 宋豫：《完善我国继承权丧失制度的若干思考》，载《河北法学》2006年第1期。

② 郭明瑞、房绍坤、关涛：《继承法研究》，中国人民大学出版社2003年版，第25页。

代表性的各个国家的立法例当中，在对“继承人杀害其他继承人”作为继承权丧失的法定事由进行规定时，只有俄罗斯把“继承人杀害其他继承人而丧失继承权需以谋夺遗产利益”作为判断的一个目的要求，[①] 而其他国家对此均未作要求。在司法实践中，让法官通过实际物化的证据来判定行为人是否有“以争夺遗产为目的”的行为动机是相当困难的。在实际的家庭生活里，各家庭成员之间难免会因为这样那样的问题出现摩擦，而在彼此之间出现了意见上的分歧之后，家庭成员之间的距离变得生疏、关系出现裂痕、心理出现排斥，这都是非常常见的现象。如果家庭成员之间因为某些生活琐事发生争吵，情绪激动之下，难免会出手打架，甚至闹出人命。在这种情形之下，行为人所做出的杀害行为的目的和动机是很难认定的。如果此时行为人坚持辩解自己仅仅是因为一时冲动而失手致人死亡，也没有其他直接、充分的证据可以证明行为人有着争夺遗产这一行为目的与动机，那么仅凭法官作为第三方在审判当中根据种种迹象来进行判断是十分困难的。另外一种更加可能的情况是，杀人者早就有争夺遗产的想法，而故意假借矛盾冲突实施杀人行为。在这种情况下，如果没有直接、确切的证据，法院也很难确定其是否应当丧失继承权。

有学者认为，“继承人杀害其他继承人，指的是继承人为了达到争夺遗产的目的，而对同一继承顺序的其他继承人或先于自己继承顺序的其他继承人实施了杀害行为，其中包括对被继承人在其遗嘱中指定的继承人实施杀害行为”。[②] 但本书认为，在遗嘱继承当中，遗嘱在生效之前通常处于保密状态。在对遗嘱内容不知情的情况下，继承人为了达到其争夺或独占遗产的目的而故意对遗嘱指定之继承人实施杀害行为，这是一个概率事件，需要很大的运气成分，除非他能够杀死所有的遗产合法继承人。因此，为

---

① 《俄罗斯联邦民法典》，黄道秀译，北京大学出版社 2007 年版，第 385 页。

② 刘春茂主编：《中国民法学·财产继承》，人民法院出版社 2008 年版，第 107 页。

争夺遗产而故意杀害遗嘱中指定的继承人这一提法本身就存在疑点。因为在遗嘱执行前，实施故意杀害行为的行为人无法确定谁才是遗嘱中指定的继承人。

（三）遗弃、虐待被继承人的

遗弃被继承人，指的是依法应承担赡养、扶养、抚养义务又具有此能力的继承人，故意不履行其对无独立生活能力的被继承人的赡养、扶养、抚养义务的行为。凡继承人有此行为，无论后果是否严重、行为情节是否恶劣，也无论其行为是否已经构成犯罪，法律均会丧失其继承权。[①] 因为“抚养实际上本就是指扶助没有独立生活能力的人，使其能够正常生存下去，故抚养除了提供生存所必需的条件外，在其生命、身体处于危险状态的情况下，还必须给予救助，更不能将其置于危险境地”[②]。换言之，继承人的遗弃行为已经危及被继承人的生存权，法律当然应当丧失其继承权以昭惩戒。不仅如此，如果遗弃的情节特别严重，造成恶劣社会影响的，继承人还会被追究刑事责任。例如，我国刑法将有义务、有能力赡养、抚养、扶养亲属，而拒绝承担赡养、抚养、扶养责任的遗弃行为规定为遗弃罪。[③]

本项继承权丧失法定事由的构成要件是：其一，遗弃行为的对象是年幼、年老、患病或者无独立生活能力的被继承人。在这项法定事由里，若被继承人有独立生活能力，那么虽然继承人拒绝履行义务的行为仍然会受到道德的谴责，但是在法律意义上，这种行为并不构成遗弃。其二，继承人对被继承人有赡养、抚养、扶养的义务，但拒绝履行。在我国，除了配偶、自然血亲、拟制

① 陈苇主编：《婚姻家庭继承法学》（第三版），群众出版社 2017 年版，第 325 页。

② 陈兴良：《口授刑法学》，中国人民大学出版社 2010 年版，第 231 页。

③ 《中华人民共和国刑法》第 261 条规定：“对于年老、年幼、患病或者其他没有独立生活能力的人，负有抚养义务而拒绝抚养，情节恶劣的，处五年以下有期徒刑、拘役或者管制。”

血亲身份可以在当事人之间形成继承权利义务关系，当事人之间的姻亲关系和抚养关系也有可能形成继承权利义务关系。但是，事实上存在此类关系并不代表当事人之间就一定会存在法定的赡养、抚养、扶养的法律关系。由此，二者间是否存在法定的赡养、抚养、扶养法律关系是构成该法定事由的基本前提。其三，该项法定事由的成立有一个前提，即继承人具有赡养、抚养、扶养被继承人的能力。若继承人不具备独立生活的能力和条件，对其来说，赡养、抚养、扶养无疑成了一种苛求。因此，如果继承人没有足够的能力承担赡养、抚养、扶养被继承人的义务，其不赡养、抚养、扶养的行为不构成遗弃。此外，更加不能把由于被继承人的错误思想或者错误行为所导致的二者之间的争执、怨恨或者冷淡的关系，以及在短时间内二者间没有亲密接触或没有往来的情况称为遗弃，这不符合继承权丧失制度的立法旨意。① 在现实生活中，继承人不尽赡养义务可能有多种原因。对于赡养类案件而言，应采取不同方法来化解双方矛盾：因分家不公引发的赡养纠纷，要采取情感疏导法，激发赡养人之间的手足之情以及对父母的感恩之心；因老人再婚引发的赡养纠纷，要采取道德伦理说教法，教育子女要体谅父母独居的苦衷，消除对老人的误解，而不能一概都采用继承权丧失的方式予以惩戒。比如，在朱某甲、朱某乙等与朱某的继承纠纷案中，朱甲与刘某某协议离婚时约定婚生子朱某由朱甲抚养，刘某某不支付抚养费。但事实上，朱某是随其母刘某某共同生活，朱甲未支付抚养费。朱甲在患病期间的护理和死亡安葬均是由朱某甲、朱某乙、朱某负责，这期间朱某刚大学毕业参加工作不久。法院认为，继承权的丧失是指本来具有继承资格的人因犯有某些严重违反人伦道德的罪行，或严重的不道德行为，而丧失作为继承人的资格，不再享有继承遗产的权利。

---

① 刘春茂主编：《中国民法学·财产继承》，人民法院出版社 2008 年版，第 108 页。

结合本案的实际情况，朱某并未遗弃被继承人，不应该丧失继承权。①

一般来说，继承人和被继承人之间通常都存在着婚姻、血缘或者收养等亲属关系。而不同的国家基于二者之间亲属关系的密切程度之不同，对不同的继承人与被继承人间的法定权利和义务作出规定，其目的就是保障在人类繁衍的过程中，继承人与被继承人之间的相互扶持、支持和依靠。然而，在现实生活中，并不缺少拒绝履行法定赡养、抚养、扶养义务却又想分得遗产的亲属。有的法定继承人对被继承人不闻不问，遗弃被继承人；有的法定继承人虽然知道被继承人生活困难，却仍然长期拒绝履行赡养、抚养、扶养被继承人的法律义务；更有甚者，还通过各种手段或方法虐待或侮辱被继承人，这不仅是无情和违背伦理道德的行为，更是需要法律对之予以制裁的违法甚至是犯罪行为。此时，若允许行为人继承被继承人的遗产，不仅与情、与理、与法相悖，更会败坏社会风气，甚至酿成家庭悲剧，也与促进和维护家庭的和睦团结这一继承制度存在的根本目的背道而驰。赡养、抚养、扶养被继承人是继承人的法定义务，不承担义务就要受到法律的制裁，我国继承法明文规定对遗弃、虐待被继承人的继承人丧失继承权。

综上所述，该项继承权丧失事由中的继承人，通常仅限于有义务赡养、抚养、扶养被继承人的家庭成员。也就是说，二者间的遗弃和虐待首先要基于法律上的赡养、抚养、扶养义务的存在而存在，义务的承担也需要承担者本身具有承担义务之必要的能力。此处需要注意的是，酌分遗产人和受遗赠人虽不属于法定继承人的范畴，但由于他们也是遗产的受益人，因此如果他们实施了遗弃、虐待被继承人的行为，也应丧失酌分遗产权和受遗赠权。

虐待指的是继承人实施了使得被继承人精神上或身体上遭受

① 参见（2015）渝二中法民终字第00642号民事判决书。

痛苦的行为。这一行为如果构成了犯罪，也有着相应的论处。[①] 刑法当中所指的虐待，是某一家庭成员对与之一起生活的其他家庭成员实施了责骂、殴打、饥饿、捆绑、限制人身自由、不予医治疾病、强迫进行体力劳动等使其身心受到摧残且情节恶劣的违法犯罪行为。[②] 而继承法中所指的虐待行为，“则是指继承人对被继承人进行精神上或肉体上的摧残折磨”[③]。与刑法的规定相类似，这种特定的虐待行为具体指的是，继承人经常或持续性地对被继承人实施责骂、殴打、捆绑、冻饿、强迫体力劳动、不予医治疾病或其他限制其人身自由的行为，或者采用其他手段对其从身体上或是精神上施以折磨，从而对其造成具有伤害性后果的行为。虐待不仅包括身体上的折磨，还包括精神上的折磨，有两个显著的特点，即持续性和长期性，而这两个特点也是区别虐待与家庭暴力的明显特征。因此，上一项事由中的继承人恶意拒绝履行赡养义务的行为，同样存在虐待。另外，父母在对子女教育时的打骂行为也有可能被认定为虐待。但是，如果只是由于一时激愤，将来有可能不会出现同样的行为，从而做出上述行为时，不应认定为虐待。[④] 此处需要注意区分的是，在现实当中，很多父母都有对子女体罚或殴打的行为，其目的是培养子女勤奋的精神或是坚强的意志，又或者是使子女能够深刻地从所犯的错误当中吸取教训，避免再次犯错甚至误入歧途，此时的体罚行为则不应认定为虐待。此外，虐待行为的发生通常行为人具有主观故意性，并因主观上的故意而经常或持续地采用上述方式对被继承人进行精神上或身体上的折磨，从而给被继承人造成创伤。根据我国《继承

---

① 《中华人民共和国刑法》第260条规定：“虐待家庭成员，情节恶劣的，处二年以下有期徒刑、拘役或管制。犯前款罪，致使被害人重伤、死亡的，处二年以上七年以下有期徒刑。”

② 阮齐林：《刑法学》，中国政法大学出版社2011年版，第217页。

③ 陈苇主编：《婚姻家庭继承法学》（第三版），群众出版社2017年版，第325页。

④ 史尚宽：《继承法论》，中国政法大学出版社2000年版，第105页。

法》的规定，继承人并非实施了虐待行为就一定会丧失继承权，只有在虐待的情形达到了严重程度时，继承权丧失才会发生，且此时不论继承人是否被追究刑事责任。如果虐待的情形不严重，则不能丧失该继承人的继承权。而法律上究竟对“情节严重”是如何认定的，对此《继承编解释一》当中也有明确的规定，即在对“情节严重”进行认定时，可综合考虑虐待行为发生之时行为人所采取的手段、行为的持续时间、造成的后果和社会影响等几个方面来进行确定。“只要继承人对被继承人的虐待行为具有经常性、持续性和长期性等几大特点，而且行为人所采用的手段较为恶劣，造成了很坏的社会影响，那么就可以认定为情节严重。”①

作为社会中的一员，即便当事人之间不存在任何法定的权利义务关系，也应当恪守社会的伦常，何况继承人与被继承人之间往往存在着密切的亲情关系甚至是血浓于水的血缘关系。遗弃或虐待被继承人也为社会伦理道德所强烈谴责与否定，而“伦理一方面以自身的约束力规范了主体行为，另一方面又凭借法律的强制力得到更普遍、更彻底的认可和遵循；如果法律与伦理对人的行为模式评价不一致时就会造成硬的法律对软的伦理的破坏”②。如果遗弃或虐待被继承人的行为在伦理上被评价为负，但法律上并未有明确的否定性评价，则法律的不明确会抑制缩减当事人的行为代价。长此以往，伦理对遗弃或虐待被继承人的行为的调整就会失去力量，这种行为的泛滥几乎是可以预料的。因此继承人应当遵循社会伦理道德之要求，充分地发扬家庭成员之间的互助精神，而不是直接有悖道德甚至违反法律，对被继承人实施遗弃或虐待等恶劣行为。因此，只要继承人对于作为财产所有者和继承人亲属的被继承人实施了遗弃、虐待的行为，于理于法都应当

① 郭明瑞、房绍坤、关涛：《继承法研究》，中国人民大学出版社 2003 年版，第 27 页。

② 王淑芹：《道德法律化正当性的法哲学研究》，载《哲学动态》2007 年第 9 期。

丧失其对该被继承人的继承权。否则，既无法显示出对遗弃或虐待被继承人行为的否定和处罚，更无法维护社会普遍的伦理道德秩序。

（四）以欺诈或胁迫手段妨害被继承人遗嘱自由的

欺诈是指“继承人以隐瞒真相或虚构事实的方式使被继承人产生错误认知或误解，或者继承人利用被继承人先前已有的错误认知或误解而使其对遗嘱作出正常状态下不可能为之的意思表示”①。从行为本身的形式上看，欺诈包括隐瞒真相和虚构事实两类，而这两种行为的目的是相同的，都是使被继承人对遗嘱作出错误的或与其本身意思不同的安排。换言之，被继承人的错误认知是该行为所致，或者说继承人的欺诈行为达到了足以让一般人产生错误认知的地步。此时，即使在该行为发生之前被继承人就已然有了或者即将出现错误认知，仍不影响该行为的成立。但是，若在此行为发生后，被继承人并没有发生认知的改变，其对遗嘱的安排也并没有因为继承人的行为而作出更改，那么在这种情况之下，欺诈行为就不满足构成要件，也就不能够成立。

胁迫是指继承人通过告知被继承人足以令其心生惧怕的恶害来威胁被继承人。也就是说，如果被继承不按继承人的要求来处理遗嘱的相关事宜，那么被继承人将会在当场或未来的某一时间遭到恶害。“继承人以此使被继承人产生惧怕心理，从而迫使其做出与自己内心真实意思相违背的表示。”② 胁迫的内容通常可以分为两类：一类是暴力胁迫，如告知被继承人要毁坏其房屋或车辆、要绑架其亲人等；另一类是精神胁迫，即告知被继承人要公开其隐私、损毁其声誉、破坏其名誉等。由此可见，胁迫的内容有很多，可以包括被继承人或其亲属的生命、财产、身体、名誉、自

① 郭明瑞、房绍坤、关涛：《继承法研究》，中国人民大学出版社 2003 年版，第 26 页。

② 张平华、刘耀东：《继承法原理》，中国法制出版社 2009 年版，第 43 页。

由等各个方面。这里的胁迫所提到的行为，并不一定要真正实施，只要通过明示或者暗示的方式让被继承人能够心生惧怕足矣。而且，胁迫的行为是由继承人本人还是由他人代为实施都不在所问之范围。同时，胁迫的内容在假定实施时，也不一定必须具有违法性质。

被继承人对于其所拥有的遗产应当享有完全的所有权，因此只要其对自己拥有所有权的财产所作的任何处分没有违反国家的规定，那么任何组织和个人，包括国家都不得干涉。而在实践中，继承人与被继承人在大多数情况下都是亲属关系，因此于法于情都更不应该也不可以对被继承人的财产处分自由横加干涉。正是由于这一原因，当被继承人由于受到了继承人的欺诈或者是胁迫，而做出了实施行为的继承人所期望的遗嘱行为时，继承人的行为就已经违背了遗嘱自由的原则。为了贯彻所有权绝对的原则，法律应当充分保障被继承人的遗嘱自由，因而当继承人以欺诈、胁迫等手段侵害了被继承人的遗嘱自由权时，理应对其丧失继承权来进行制裁。因此，在上述所分析的各个国家的立法例当中，很多都把继承人用欺诈、胁迫的手段妨害被继承人遗嘱自由的行为作为继承权丧失的一项法定事由，如《意大利民法典》第 463 条规定，以欺诈、胁迫等手段促使或阻止被继承人修改或撤销其遗嘱的，该继承人的继承权应丧失；《日本民法典》第 891 条规定，以欺诈、胁迫等非法手段促使或者妨碍被继承人订立、修改或撤销其遗嘱者，其继承权应丧失。我国原《继承法》对此没有作出任何明确的规定，这可以说是我国立法当中的一个重大疏漏。虽然根据我国已废止的《继承法》第 22 条第 2 款之规定，当继承人实施了上述行为后，遗嘱被认定为无效，但继承人的继承权并不会因此而丧失。但是，当继承人实施了上述行为，其与被继承人之间的共同伦理关系就已然因其行为而破坏，而且妨碍了被继承人遗嘱自由权利的行使，令被继承人所订立的遗嘱违背其真实意愿，即“破坏遗嘱处分制度，违反诚实信用原则”①。根据我国原《继承法》的规定，当继承人实施了上述行为，仅仅会导致遗嘱无效之结果，继承人的继承权不会因此丧失。可以说，继承人不会承受其行为所带来的一切不利之后果，这是对继承人的不法行为的纵容，没有任何的惩戒意义。“这些行为都侵犯了被继承人的遗嘱自由权利，而且严重违反了诚实信用原则，此类行为的性质与危害跟伪造、篡改、销毁遗嘱相比，并没有本质的区别。当被继承人由于受到了继承人的欺诈或者胁迫而作出了相应的遗嘱行为时，继承人的行为本就已经违背了遗嘱自由的原则。”② 为了更好地维护社会公益、降低道德风险，也为了充分保障被继承人的遗嘱自由权，《民法典》对我国继承权丧失制度事由进行了补充，将“以欺诈、胁迫手段迫使或者妨碍被继承人设立、变更或者撤回遗嘱，情节严重的”这一行为明确列入继承权丧失的法定事由。

（五）伪造、篡改、隐匿或者销毁遗嘱的

被继承人有权利采用遗嘱的形式，遵循自己的主观意愿来分配和处置自己的财产。此时，只要其所订立的遗嘱没有违反法律的强制性规定，那么其遗产就应当完全遵照其生前的意愿来分配。换句话说，只要遗产的所有人生前订立了遗嘱，那么在其去世之后，其留下的遗产就应当首先按照其合法遗嘱的分配方式来处置。只有其所立的遗嘱被依法宣告无效，或在依遗嘱处置之后遗产仍有剩余，又或是遗产的所有人没有订立遗嘱的情形之下，才会按照法定的继承顺序处置其遗产。因此，我们可以这样理解，遗嘱是遗产所有人生前所表达的在其去世之后生效的意愿，同时也是遗产所有人对自己的财产所有权的一种行使形式。而且，这种财

① 张玉敏：《继承法律制度研究》（第二版），华中科技大学出版社 2016 年版，第 71 页。

② 梁慧星（课题负责人）：《中国民法典草案建议稿附理由：继承编》，法律出版社 2013 年版，第 143 页；张玉敏（课题负责人）：《中国继承立法建议稿及立法理由》，人民出版社 2006 年版，第 36 页。

产所有权的行使受法律保护，无合法正当理由，任何个人、集体乃至国家都无权干涉。而继承人一旦实施了伪造、篡改或者销毁遗嘱的行为，则会直接扭曲甚至改变被继承人的意志，妨碍其实现遗嘱自由，且妨害了其行使财产所有权。基于“任何一方不得将自己的意思强加给另一方”的法律原理，任何人将自己的意思强加于对方，均将承担对自己不利的法律后果。

伪造遗嘱指被继承人在生前并未订立遗嘱，而继承人自行制作虚假遗嘱的行为，或者被继承人虽然在生前订立了遗嘱，继承人也有可能对该遗嘱作出如隐藏而不公布于众等其他违法行为，进而另外制造一份虚假的遗嘱。在该项继承权丧失法定事由中，继承人的主观目的可能是争夺或独占其遗产，也可能是其他，而本事项不考虑继承人的行为动机和行为目的，只要继承人实施了此行为，均应认定为“伪造遗嘱”。

篡改遗嘱指的是被继承人在生前订立了遗嘱，但是继承人后来发现该遗嘱不符合自己的意愿或对自己不利，从而故意地改变遗嘱内容的行为。一般而言，继承人实施篡改遗嘱的行为往往是为了达到某种别有用心的目的，但构成篡改遗嘱进而丧失继承权并不限于继承人改变遗嘱内容的行为是为了一己私利，只要实施了这一行为，就限制甚至是违背了被继承人处置财产的意志，即构成篡改遗嘱行为。伪造与篡改之间的差别很明显：伪造是无中生有，彻底改变了被继承人的真实意志；而篡改则是曲解或改变遗嘱当中重要的观点，其作用的对象可以是与遗嘱相关的任何文字或意思。

销毁遗嘱指的是被继承人生前订立了遗嘱，而继承人因其主观故意而采取各种手段使该遗嘱遭到破坏甚至是灭失的行为。这一行为侵犯甚至是丧失了被继承人对自己的财产通过遗嘱的方式进行处置的权利，完全否定了被继承人的意志，也在最大程度上侵犯了被继承人的财产所有权。一般来说，实施这一行为的继承人通常带有为自己争取更多的遗产甚至是意图垄断所有遗产的目的，但这并不是这一行为必需的构成要件。换言之，无论继承人的目的或动机如何，只要实施了这一行为，就构成了本项继承权丧失的法定事由。

隐匿遗嘱是指继承人故意将被继承人的遗嘱进行隐瞒或者藏匿，不拿出来让其他继承人知道。显然，该遗嘱对藏匿的继承人不利。例如，在现实生活中，有人因为遗嘱可能对其将来继承财产不利，就借用自己保管的机会把遗嘱藏起来，导致遗产无法按照被继承人的意愿进行分割。

继承人所实施的伪造、篡改、隐匿或销毁遗嘱的行为，违背或扭曲了被继承人的主观意志，同时也侵犯了被继承人以及其他继承人的合法权益。其中，销毁遗嘱的行为更是对被继承人意志的完全否定。一旦继承人有上述行为，则对被继承人的遗嘱自由造成了实际的妨害，只是妨害的程度有所不同。在被继承人去世之后，遗嘱即将生效时，遗嘱的执行人或者其他继承人才发现该遗嘱系伪造、被篡改或因被隐藏、销毁而灭失，但此时被继承人已离世，从而无法对遗嘱上记载的全部信息加以核实，遗产也无法按照被继承人真实有效的意思表示而得到分配，这实属侵犯遗嘱自由、破坏继承秩序的重大违法行为。因而，我国《民法典》也将继承人的这四种行为规定为继承权丧失的法定事由。但需要注意的是，继承人继承权的丧失与否直接涉及公民财产利益的得失，必须慎之又慎，故法律规定继承人所实施的伪造、篡改、隐匿或销毁遗嘱的行为并不必然导致丧失该继承人的继承权的法律后果。根据《民法典》的规定，继承人所为之伪造、篡改、隐匿或销毁遗嘱的行为必须达到法定的“情节严重”的程度，即侵害了缺乏劳动能力又无生活来源的继承人的利益，并造成其生活困难的，继承人才会丧失继承权。如果该行为并未达到情节严重的程度，只能认定遗嘱无效，而不能丧失该继承人的继承权。

二、继承权丧失的程序

在通常情况下，只要继承人实施了符合继承权丧失的法定事由当中的行为，且这些行为具备了继承权丧失法定事由的构成要件，则该继承人会依法丧失对其行为对象即这一特定的被继承人的继承权。而对于继承权丧失，如果丧失的程序不同，则会导致其丧失的生效时间及法律后果有所不同，所以对此需要作出明确规定。目前，世界各国对于继承人的继承权丧失程序，有的采取双轨制继承权丧失程序，即无须其他任何条件或程序，只要继承人实施了继承权丧失法定事由中的行为，其继承权就直接丧失。只是继承人或者其他遗产利害关系人对该继承人的继承权是否丧失发生争议时，则该利害关系人可向人民法院提起确认之诉，以确认该继承人的继承权丧失与否。也就是说，只有在继承人或者其他遗产利害关系人对该继承人的继承权是否丧失出现争议时，才可以向法院提起诉讼，法院依法确认该继承人的继承权是否丧失。该方式有着简便、高效的优点，但在司法实践中很容易引发继承权是否应当丧失的争议。因此，在另外一部分国家的立法中，即使继承人的行为具备了继承权丧失的法定事由的构成要件，其继承权也不会当然丧失，而是适用单轨制的继承权丧失程序，即在继承事实开始之后，由与遗产相关的其他利害关系人对该继承人向法院提起撤销其继承财产的诉讼，法院经核实后作出丧失其继承权的判决，此时继承权丧失才正式生效。详言之，继承权丧失主要有下列两种方式：

（一）单轨制继承权丧失程序

继承权丧失的单轨制程序，指的是当继承人实施了继承权丧失法定事由所规定的行为时，其继承权并不立刻丧失，而只有通过一定的诉讼程序，由法院对此作出判决且判决生效后，继承人对该被继承人的继承权才正式丧失。例如，《德国民法典》规定，若继承人实施了足以取消其遗产继承资格的不法行为，则其没有资格继续继承被继承人的遗产，但此时其继承权不会自动丧失。与该遗产相关的其他利害关系人、组织或单位，只能向法院提起撤销其继承之诉，且其效果仅作用于与该遗产相关的其他利害关系人、组织或单位知道继承权的撤销原因之后一年的时间内作出。同时，在该时间期限之内适用消灭时效。另外，自继承事实开始之后过去三十年，该撤销权也将被排除。[①] 即在这种继承权的丧失方式之下，只有当与该遗产相关的其他利害关系人、组织或单位以继承不够格为由向法院提起诉讼，并经由法院依法核实继承人确为继承不够格时，继承权丧失才会发生法律效力。此时，遗产原先所发生的归属改变视作没有发生。《日本民法典》中也有类似的明文规定：在继承事实开始之时，若本应作为继承人者对被继承人实施了继承权丧失的法定事由中所列的行为，且被继承人本人没有向法院提起对该继承人继承资格予以撤销的诉讼，而是在遗嘱中体现对该继承人继承资格的废除，当其遗嘱生效之后，可由该遗嘱的执行人向法院提起诉讼，请求法院废除该继承人继承资格。[②]

（二）双轨制继承权丧失程序

双轨制继承权丧失程序指的是继承权当然丧失与宣告程序并行。即继承人所实施的行为一旦构成了继承权丧失的法定事由时，无须再经由法院的判决和宣告，其继承权立刻当然丧失。目前，很多国家都采用这一方式，如《瑞士民法典》第 479 条规定，丧失继承人的继承资格无须经由其他任何程序，只要继承人实施了继承权丧失的法定事由中所列的行为之一，则其继承权直接丧失。这里所讲的当然丧失特指继承人一旦实施了符合继承权丧失的法定事由的行为，则无须经过法院的判决和宣告而当然丧失其对特

① 参见《德国民法典》第 2082 条、第 2339~2342 条、第 2344 条、第 2345 条。

② 《日本民法典》(2017 年修改版)，刘士国、牟宪魁、杨瑞贺译，中国法制出版社 2018 年版，第 193 页。

定被继承人遗产的继承权。但是，当遗产利害关系人对该继承人的继承权是否丧失发生争议时，则该利害关系人可向人民法院提起确认之诉，以确认该继承人的继承权丧失与否。也就是说，只有在当事人双方对该继承人的继承权是否丧失出现争议时，才可以向法院提起诉讼，法院依法确认该继承人的继承权是否丧失。但需要注意的是，如果继承人所实施的行为同时构成犯罪，但没有其他的利害关系人、组织或单位主张丧失其继承权的，法院是否能够直接根据其犯罪行为对其继承权是否丧失的问题一并处理？本书认为，鉴于我国法院内部的部门划分和职责分工（刑庭与民庭通常联系是比较少的），以及现今法官们普遍繁重的工作压力，不应该苛责法官去主动处理该犯罪行为人继承权丧失与否的问题。若继承人的行为触犯了刑法，即构成了犯罪，此时若无人主张丧失其继承权，刑事审判庭的法官在对其进行刑事审判的过程中不可能作出附带继承权丧失的民事判决。这是因为刑事审判庭的法官所考虑的问题是如何对该行为人定罪量刑，而此时，行为人与受害人之间是否存在继承与被继承的关系或者是否同为某一被继承人的继承人并不在定罪量刑的考虑范围。如果强制要求刑庭对此一并处理，则刑庭法官在处理每一起刑事案件时都需要逐一地审查确定犯罪嫌疑人与受害人之间是否存在或存在着怎样的继承关系，犯罪嫌疑人的行为是否符合继承权丧失的法定事由等烦琐的事项，这在司法实践中明显是不现实的。

虽然学者们对继承权丧失的程序制定呼吁多年，但在此次我国编纂《民法典》时，仍然未对继承权的丧失究竟是采用单轨制继承权丧失程序的方式还是采用双轨制继承权丧失程序的方式作出明确规定，只是在《继承编解释一》第 5 条中规定，在遗产继承中，继承人之间因是否丧失继承权发生纠纷，向人民法院提起诉讼的，由人民法院依据民法典第 1125 条的规定，判决确认其是否丧失继承权。从这一规定当中可以看出我国对继承权丧失的法律程序所持的态度，即只要继承人实施了我国《民法典》和《继承编解释一》所规定的继承权丧失的法定事由中的行为，其继承权就会当然丧失，无须再经过起诉、审判、判决最终宣告等程序。即便是在遗产继承的过程中，继承人之间因为某一继承人的继承权是否丧失而产生纠纷时，法院也受理了当事人在继承权是否丧失的问题上的起诉，也只是以判决的形式根据《民法典》和《继承编解释一》规定对继承人的继承权丧失与否进行确认，而非继承权丧失的必经程序，故我国采用的只是双轨制的继承权丧失程序。

继承权丧失制度作为民法当中一种罕见的制裁规则，自从它被加以确定以来，就是通过对实施不法行为的继承人之惩戒，来保护继承秩序、维护社会公德、保障国家正常的法律秩序的。与此同时，继承权的丧失制度也保护了遗产所有人的财产处置自由权利。在历经漫长的发展之后，继承权丧失已然从早期的刑民不分发展成为仅独立为民事制裁的性质。同时，通过当然丧失或经由特定程序丧失的方式对继承人的继承权进行丧失。针对继承权丧失的不同方式的分类讨论，体现了该制度的功能属性，也体现了该制度在世界各国立法中存在的差异。

三、继承权丧失的效力

继承权丧失的效力指的是继承权丧失的法律后果，主要包括两个方面：

（一）继承权丧失的时间效力

在继承权丧失制度中，其时间效力指的是继承权丧失发生效力的时间，即继承权丧失的时间。在采用当然丧失主义的国家立法中，继承权丧失从继承之初起便自动生效。而在采用非当然丧失主义的国家立法中，即使继承权丧失并不立刻生效，但在继承开始一段时间之后，法院依法确认继承人的继承权丧失时，继承权丧失也自继承开始之时起追溯效力。

此处需要讨论的是，在继承事实开始之前，继承人尚未实际取得继承权时，继承人是否会因其实施的特定行为而导致其“继承期待权”丧失。因为如果继承权并不存在，就根本谈不上继承权丧失的问题。对此，学术界有一种观点认为，在继承开始之前不存在继承权，也就不存在继承权的丧失。[①] 但有相反的观点认为，在继承开始之前，继承人拥有继承期待权。这一权利指的是在被继承人死亡、继承开始之前，继承人在未来的某一时间将可以继承被继承人财产的、法律推定继承人事实上拥有的一种法律地位。而对继承期待权的丧失，指的是对继承人被认可的可以继承被继承人遗产的地位或希望的权利的丧失。因此，在继承权丧失之中，理所当然地包含了继承期待权的丧失。一旦继承人实施了上述的法定事由中的行为，则其应当丧失对被继承人遗产的继承资格。[②]“继承权丧失的效力，固于法定事由发生时而发生失权之效果。故如继承权丧失事由发生于被继承人死亡即继承开始之前，继承人失权的效果也自然在该事由发生时发生。”[③] 本书认为，这种财产的继承地位或者希望，仅在被继承人死亡后才能实现。也就是说，在被继承人死亡时，继承人所拥有的继承期待权才能够转化为继承权，这一继承权使得其最终得以取得遗产。换句话说，在被继承人死亡之前，有继承资格者取得遗产的希望是存在不确定性的。“此时的继承权，作为在继承开始之前继承人的地位，既非对于继承财产为支配的地位，亦非确定的地位，对于被继承人的财产未有任何的权利。”[④] 而且，从法律角度来说，对这一希望没有任何必然的保护措施，此时权利的属性是稀薄的，不具有权利的基本特征。因此，也就不存在所谓的继承期待权。在我国，法律层面上所公认的期待权只包括两种：第一种是在各方约定的条件成就之前，保留所有权买卖交易中的买受人取得动产

① 刘春茂主编：《中国民法学·财产继承》，人民法院出版社 2008 年版，第 137 页。

② 和丽军：《继承权丧失研究》，法律出版社 2017 年版，第 199~200 页。

③ 史尚宽：《继承法论》，中国政法大学出版社 2000 年版，第 109 页。

④ 马俊驹、余延满：《民法原论》（第四版），法律出版社 2016 年版，第 906 页。

所有权的期待权；第二种是在时间期限届满之前或条件成就之前，附开始期限或生效条件的合同当事人对于该合同项下的所应当享有的权利存在的期待权。之所以仅有这两种，是因为法律上的期待权除了需要具备取得权利的构成要件，还需要受到法律的保护。例如，对于“附条件之法律行为当事人，于条件成否未定前，若有损害相对人因条件成就所应得利益的行为者，负赔偿损害之责任”[①]，我国《民法典》第159条规定，“当事人为自己的利益不正当地阻止条件成就的，视为条件已成就”。而在被继承人事实死亡之前，有资格的继承者对被继承人的财产希望通过继承的手段取得其所有权的“期待地位”是不确定的，是虚幻的，无论《民法典》还是其他法律，对这一“期待地位”都不提供法律层面的保护。因此，这一“期待地位”是不受法律保护的，而且其权利的属性也过于稀薄，故而不属于权利，也就没有继承期待权。换言之，在现实当中，基于“继承于被继承人死亡时开始”这一事实，即使法定事由中的行为发生于继承开始前，该继承人的继承权丧失的时间通常表现为同步于继承开始的时间，“其事由于继承开始前发生者，唯丧失推定继承人之资格，即该推定继承人向将来丧失取得继承权之希望的地位”[②]；如果继承权丧失的法定事由发生在继承开始之后，“其事由于继承开始后确定或发生者，应溯及于继承开始之时发生效力。事实上为继承者，自始如同未曾为继承人”[③]。换言之，在被继承人死亡、继承开始后，该继承人被确定为实施了继承权丧失的法定事由中所列行为的，继承权丧失即发生法律效力。此时，该继承人继承权丧失的效力也应追溯到继承开始时。即使此时没有发现该继承人有法定事由之行为，到行为被发现时其继承权也应当丧失，这一做法也符合继承权丧失

① 史尚宽：《债法各论》，中国政法大学出版社2000年版，第305页。

② 林秀雄：《继承法讲义》，台湾元照出版公司2012年版，第33页。

③ 陈棋炎、黄宗乐、郭振恭：《民法继承新论》（第9版），台湾三民书局2014年版，第73页。

制度制裁功能的规范意图。

（二）继承权丧失对人的效力

从本质上来说，继承权丧失制度属于对实施了特定的违法行为的行为人所采取的丧失其对应特定被继承人继承权的制度，这一制度对人的效力的发生主体不应局限于继承人本身，同时会影响到其直系亲属或其他继承人的利益。而且，继承权丧失除了影响继承权，还会影响到法律规定的其他继承遗产的权利，甚至有可能会影响到继承关系之外的法律上第三方的利益。

1. 继承权丧失对继承人的效力

要讨论继承权丧失对继承人的效力，首先应该界定清楚哪些为“继承人”。按照各国的立法规则，除配偶之外，法定继承人为依法确定的与被继承人之间有着血缘关系的，按照法定顺序与规则有资格继承被继承人遗产的自然人。由于各国习俗与传统以及社会需要的不同，在不同国家法律的发展过程中，继承人范围的确定、继承顺序的确定以及同一顺序继承人遗产分割的原则等都各有不同。而我国则打破了上述国家所遵循的确定继承人范围的“以血缘关系为基础”的确定方式，我国《民法典》将除配偶之外其他姻亲关系或曾有事实上的扶养关系的人也纳入了法定继承人的范围。从我国《民法典》及其相关司法解释来看，既没有血亲和姻亲关系的区别，也没有直系和旁系的区别，因此我国法律上规定的继承人范围比较庞杂和广泛。该范围具体包括因配偶关系、血缘关系及拟制血亲关系而生的继承关系。此外《继承编解释一》还规定，养祖父母与养孙子女的关系视作养父母与养子女关系时，二者间也可互为第一顺序继承人。而存在事实扶养关系的继父母、继子女、继兄弟姐妹之间虽然没有血缘关系，但由于其与被继承人的配偶之间存在血缘关系（如有扶养关系的继子女）或与被继承人的血缘关系人的婚姻关系人存在血缘关系（如继兄弟姐妹），他们以婚姻为媒介与被继承人之间存在联系，只要彼此之间具备事实上的扶养关系，就会成为互有继承权的关系人。

除了上述法律规定的配偶关系、血缘关系及拟制血亲关系，姻亲关系或是特殊的扶养关系也会导致相互间继承关系的产生。我国《民法典》规定，丧偶的女婿或儿媳，已经承担了对岳父母或公婆的主要赡养、扶养责任的，将以其岳父母或公婆的第一顺序继承人的身份存在，其继承权不会受到子女代位继承的影响。同时，不管其是否再婚，也不会影响其子女的代位继承。因而，此类人也属于法定的继承人范围。

有一点值得注意的是，继承人的继承权被依法丧失，是由于其对被继承人实施了严重的不道德行为或是违法犯罪行为，因而依照法律的规定失去了对特定的被继承人的遗产继承资格。这一法律后果只发生在特定的继承人与特定的被继承人之间，发生在其继承关系之中，除了特定的二者，对其他的继承关系没有影响，也就是说，继承权丧失只具有相对效力。换言之，在特定的继承关系中，继承权的丧失不影响其他的继承关系中该继承人行使其继承权。正如一些学者所言，“继承人继承权的丧失，唯就对于该被继承人之关系而发生，该无继承资格仅为相对的，而非为绝对的”①。因此，继承人丧失了对某个被继承人的继承权，但他仍有资格成为另一个被继承人的继承人。换言之，继承人依法丧失继承权的，并不是完全丧失，其对任何其他人的继承权不受此丧失的影响。例如，继承人实施了销毁其父亲遗嘱的行为，那么就应依法丧失其对其父亲遗产的继承权，而这不会影响其继续享有对其母亲或者其兄弟姐妹、祖父母、外祖父母等的继承权。继承人为争夺遗产而杀害其母亲，依法应当丧失其对其母亲的继承权，但是这不影响其对于其父亲、兄弟姐妹、祖父母、外祖父母的遗产所享有的继承权。但是，如果其父亲作为被继承人时，其母亲和子女对其父亲均为继承人。此时，若其为了争夺遗产而杀害其

---

① 陈棋炎、黄宗乐、郭振恭：《民法继承新论》（第9版），台湾三民书局2014年版，第74页。

母亲，那么可以将其这一行为认定为杀害其他继承人，此时，按照我国《民法典》的相关规定，其应当丧失对其父亲的继承权，而又因为其对其母亲实施了杀害行为，故其对其母亲的继承权也应当丧失。

总的来说，丧失某一继承人的继承权，不意味着丧失了其对于与之存在继承关系的所有被继承人的继承权，而是依照现行法律的有关规定，甚至其作为继承人的不同身份，与其行为对象的被继承人之间的法律关系而定的。因此，当某一继承人做出了应当丧失继承权的行为时，由于身份的不同而产生的不同继承权也会依照其与行为的对象间的关系而依法决定是否予以丧失。这种认定方式不会因特殊情况下存在于各种继承关系中继承权的同时丧失而改变继承权丧失制度的相对效力。

2. 对其他遗产取得人的效力

从严格意义上来讲，继承权的丧失制度指的是对于依法享有继承权的继承人采取丧失其合法继承权的手段的制度，而也是以此作为对其所实施的威胁或损害被继承人的生命安全或财产安全的不当或不法行为，或者其所实施的妨害被继承人遗嘱自由的行为的惩罚。

在此制度中，被依法丧失继承权的人当然应当是法定继承人。但从整个继承法制度的层面来看，继承人的范围除了法定继承人，还包括有权同法定继承人一起取得被继承人遗产的非法定继承人。这些非法定继承人若实施了法定事由中对于被继承人或者与继承有关的其他事项的行为，也会被依法丧失对该被继承人取得遗产的权利。

根据我国《民法典》的相关规定，上述的这类有权同法定继承人一起继承被继承人遗产的非法定继承人包括两种：一是酌分遗产人，即依靠被继承人扶养的、没有劳动能力的、没有收入来源的非法定继承人，或者对被继承人尽了较多非义务扶养的非法定继承人。二是受遗赠人。在以德国和法国为代表的一些国家，受遗赠人的范围包括了法定继承人。而在我国，受遗赠人仅仅指的是被继承人在生前通过遗嘱的形式赠与其遗产的非法定继承人。根据我国《继承法》的规定，当受遗赠人实施了应当丧失继承权的法定事由中的作用于被继承人或者与继承有关的其他事项的行为时，若其仍继续享有接受遗赠的权利，则对法定继承人与其他非法定继承人不公，也违背了社会道德中的理性认知。此次编纂《民法典》时明确规定，继承权的丧失制度对受遗赠人也同样具有法律效力。

此外，继承权丧失制度对人的效力还包括对于继承权丧失的继承人之晚辈直系亲属的效力。这里就涉及了代位继承权的性质问题。对这一问题，历来就有固有权说和代表权说两种截然不同的学术主张。固有权说认为，代位继承人的代位继承权是其自身所享有的权利，其基于此权利参与被继承人的遗产继承，其继承权不以被代位继承人是否继续享有继承权为转移；而代表权说又称为代位权说，这一主张认为，代位继承人是代表被代位继承人参加被继承人的遗产继承的，这不应当是其固有的权利，而是因为取代了享有继承权的被代位继承人之地位从而获得的继承份额。[1] 如果按照“固有权说”的主张，即使被代位继承人所享有的继承权被依法丧失，其同样可以依自己的权利而继承被继承人的遗产；反之，按照“代表权说”的主张，当被代位继承人所享有的继承权被依法丧失时，其不再继续享有继承被继承人的遗产的权利。

由于学术观点上的这一分歧，历来对于继承权丧失的继承人的晚辈直系血亲是否继续享有对被继承人的代位继承权，世界范围内的立法例有两种不同的规制方式：第一种倾向于“固有权说”的主张，认为继承权丧失对丧失继承权的继承人的晚辈直系血亲不发生法律效力。也就是说，即使某一继承人的继承权被依法丧

① 郭明瑞、方绍坤、关涛：《继承法研究》，中国人民大学出版社 2003 年版，第 78~79 页。

失，其晚辈直系血亲仍旧继续享有对该被继承人的代位继承权，这也是大多数国家立法例所持立场。比如，《德国民法典》第 2096 条规定，继承开始时，若被继承人的晚辈直系血亲的继承权已丧失，则与该继承人有血统关系的且仍然生存的晚辈直系血亲即可享有代位继承的资格。《法国民法典》第 755 条规定，允许继承资格丧失的继承人的子女和直系卑血亲具有代位继承的资格，即使该丧失了继承权的继承人在继承开始之时仍然健在。第二种则倾向于"代表权说"的主张，认为继承权丧失对丧失继承权的继承人的晚辈直系血亲同样应当发生法律效力，即被依法丧失继承权的继承人的晚辈直系血亲不再继续享有对该被继承人的代位继承权。比如，根据《俄罗斯联邦民法典》之规定，若该法定继承人的继承权已被遗嘱丧失，或因其实施了继承权丧失事由中所规定的行为后而被依法丧失，则该继承人的后代不享有代位继承权。①我国立法也持"代表权说"的立场，如我国《继承编解释一》第 17 条规定："继承人丧失继承权的，其晚辈直系血亲不得代位继承。如该代位继承人缺乏劳动能力又没有生活来源，或者对被继承人尽赡养义务较多的，可以适当分给遗产。"对此，本书认为，这一规定有着不合理性。当继承人的继承权丧失后，其晚辈直系血亲也就不再享有代位继承的权利，而这对保护继承人的晚辈直系血亲的利益是不利的。代位继承人的继承权是其固有的权利，即使继承人丧失了继承权，也不应当影响到其晚辈直系血亲的代位继承权利，应当允许继承权丧失的继承人之晚辈直系血亲代位继承其丧失继承的应继份。

四、继承权丧失后的恢复

继承人由于自己的行为而被依法丧失其继承权，这是法律为了满足维护社会秩序的需要以及维护社会伦理道德而对其所实施

---

① 《俄罗斯联邦民法典》，黄道秀译，北京大学出版社 2007 年版，第 396 页。

的民事制裁手段，以此来保证个体行为与社会的道德伦理纲常不会偏差太远。在继承关系中，法律通过这一制度维护了人类社会中最基本的家庭伦理道德，并对严重违反社会伦理道德的行为采取强制性的手段来进行处罚，以此确保各家庭成员之间不会因为遗产的争夺而违背甚至是丧失最基本的道德准则，同时也维护了社会的法律秩序。从这一层面来讲，继承权丧失是当继承人对被继承人实施了严重的不道德行为或是违法行为时，法律对其的一种惩罚，也是其应当承担的责任和付出的代价。这既是维护整个社会正常有序运行的必然选择，也是从社会层面进行系统管理的有效规范。

然而，在遗产领域，如果继承人实施了继承权丧失所列举的法定事由，那么其将会永久失去对遗产的继承权利。对此，被继承人的意愿可能会有所不同，若是在继承人实施了上述的不道德或不法行为之后，被继承人仍然愿意将遗产留给继承人，那么从尊重被继承人对其身后财产的处分权利的角度出发，继承人已经丧失的继承权就可以因被继承人的原谅而重新存在，这就被称为继承权丧失后的恢复。

由此可见，继承权丧失又可以分为两类：一为终局丧失，二为非终局丧失。终局丧失，顾名思义，即丧失的继承权在法律上不得以任何手段或方式来恢复。而被非终局丧失的继承权则可以由于被继承人的谅解而被依法恢复，在非终局丧失中，丧失的继承权可以因被继承人的原谅而恢复到丧失之前的状态，与此同时，对其继承权予以丧失的法律决定被撤销或视作被撤销。世界不同国家对继承权丧失后的恢复是否应当具备法律效力有着不同的看法，在是否应当恢复以及国家用强制手段干预继承权丧失的程度应当有多少上也是说法不一。有的国家将保护公民意志自由权作为规定的基础，而有的国家则是将保护社会一般的伦理道德、继承秩序作为基础。在我国，继承人丧失了的继承权可以在满足特定条件下因被继承人的谅解而被依法恢复。“这既发挥了一定的教育作用，帮助继承人认识以及改正自己的错误，进一步促进家庭的和睦团结，同时也充分地尊重了被继承人的个人意志”[①]“同时，也充分地贯彻了养老育幼的原则，使继承人有弃恶从善的机会”[②]。

事实上，继承权终局丧失与非终局丧失范围的宽窄是立法政策的产物。如果重视法律的惩戒功能，则适用继承权终局丧失的法定事由应该占的比重大；如果重视法律对当事人意志的尊重，则继承权非终局丧失的法定事由应该较多，而且承认继承权丧失也可以成为代位继承的原因后，继承权丧失的惩戒功能将会大打折扣。根据继承权丧失的含义，对继承人的继承权予以丧失，实质上是对该继承人对被继承人、其他继承人或被继承人的遗嘱所实施的违法行为的一种惩处，其本质在于通过民事法律规范来对实施了此类行为的继承人进行民事制裁，正是由此该继承人的继承权才丧失。从本书所考察的继承权丧失制度的历史沿革来看，罗马法时期，当继承人或受遗赠人对财产所有人（被继承人）实施了不道德行为时，从法律角度上，其仍然还是继承人，但是本来应由其取得的遗产部分变成丧失遗产，归国库所有，国库用此遗产清偿了其债务部分之后，再履行其遗赠之分配。此时，继承人仍有遗产取得能力，而之所以不能取得，是由于国家没收的法律效果的存在。这里的没收事实上是具备刑事制裁之作用的。“该没收含有刑事制裁的意义，实为民刑责任尚未明白分化之制裁规定。”[③] 而在这之后继受了罗马法的各个国家，均对此类继承人的此类行为实施民事制裁，废除了原本通过没收的手段将其应继份遗产收归国库的做法，而将这部分遗产转归给其他继承人所有。也就是说，在这些国家，继承权丧失已经不再有没收这一效力，

① 佟柔主编：《继承法教程》，法律出版社 1986 年版，第 70 页。

② 杨立新、朱呈义：《继承法专论》，高等教育出版社 2006 年版，第 79 页。

③ 陈棋炎、黄宗乐、郭振恭：《民法继承新论》，台湾三民书局 2011 年版，第 67 页。

而仅仅作为一种民事制裁措施。[①] 现代的继承权丧失制度，当继承人有法定事由中的重大违法行为时，若该行为构成犯罪，则除对其科以刑罚之外，附加的民事制裁的结果便是丧失其继承权。对于被继承人来说，在其明知继承人对其实施了违法行为后却仍然愿意遗留给该继承人财产的，继承权的这种恢复方式是否具有法律效力？国家可以在多大程度上干预被继承人此类行为的效力？这两个问题都值得进一步思考。

继承人的继承权被依法丧失的原因通常是继承人的行为先违反了法律或严重地违反了道德。此时，基于继承人的行为，法律决定丧失其继承权。而几乎所有国家的立法都对继承人的继承权丧失之后的恢复持肯定态度。但在此基础上，各国立法选择的继承权丧失之后得以依法恢复的行为考量范围却大不相同。目前，世界各国关于继承权丧失的法定事由的规定主要包括一般违法、严重违法即犯罪和严重违反道德规范三大种类。继承人本身所享有的继承遗产的权利也正是因其实施了这三类行为或之一而丧失。在继承人的继承权丧失后，世界上绝大多数国家均允许其恢复，以此来保证被继承人的财产处分自由得以实现，同时也让继承人有了悔过并再次获得遗产的机会。不管各国对此持何种价值选择，也不管各国对此持怎样的态度，总的来说，防止国家法律过度地干预私权已经成为世界立法的一个基本趋势。从国家公权力的角度来说，法律对继承人为了争夺遗产而实施违法或严重违反道德的行为，依法丧失其继承权是合法的，是有正当性的。公权力以此来保护其他继承人的继承权，若行为人的行为构成犯罪的，甚至要依法从重处罚。此后，基于继承权的私权性质，被继承人在意志自由的基础上，无论继承人的行为如何，都自愿将遗产留给继承人，则法律也应当对此意志予以充分尊重，而不应当过分干涉公民的私权利与自由。只有这样，才能够真正保护公民的财产

① 史尚宽：《继承法论》，中国政法大学出版社 2000 年版，第 94 页。

权利，充分尊重被继承人的意志自由，保证继承法的精神符合保护公民财产权的本质。

在我国，根据《民法典》第1125条的规定，继承人具有该条第一款第三项至第五项的行为，其确有悔改表现，被继承人表示宽恕或者事后在遗嘱中将其列为继承人的，该继承人不丧失继承权。即以下三种行为属于相对丧失继承权的行为：一是遗弃被继承人或者虐待被继承人情节严重；二是伪造、篡改、隐匿或者销毁遗嘱，情节严重；三是以欺诈、胁迫手段迫使或者妨碍被继承人设立、变更或者撤回遗嘱，情节严重。也就是说，继承人虽然实施了以上丧失继承权的行为，但事后确有悔改表现，而且被继承人生前又表示宽恕，或者事后在遗嘱中将其列为继承人的，该继承人不丧失继承权。《民法典》第1125条的继承权丧失后的恢复规定保障了被继承人的遗嘱自由，尊重了被继承人的个人意愿，体现了民法的意思自治原则，给继承人犯错后一个悔改的机会。

只要被继承人原谅了实施前述三种行为的继承人，则适用继承权丧失后的恢复规则，不再当然剥夺继承人的继承权。

第二章 继承权丧失制度的价值取向分析

每种制度在其设计的背后一定有着特定的价值考量，这种价值也是法律得以修改和完善的法理依据。法律制定的初衷在于人类调整社会生活的需要，法律最终的目的是维护社会秩序、保护守法民众、服务社会大众、顺应世道民心，同时捍卫公序良俗。但法律毕竟为人造物，人类希望从法律当中得到某种利益。换句话说，人类对于法律有着某种期许值，而这一期许值即法律价值。平实而言，法律就是当彼此的权益发生重叠和冲突时，人们所发展出的游戏规则。法律的产生是为了解决问题，是一种工具性的措施，具有功能性的内涵。从这个意义上而言，法律价值属于一定主体的需要与法律之间的对应及满足关系的范畴，而其所体现的，也是法对主体的需要的积极意义，是法律正在保障的或是值得法律保障的利益。[①] 也就是说，法律价值实际上就是法律对人的积极意义或者对人的有用性。法律能够实现哪些社会目的？主观的判定会因为不同人的不同认知而有所不同。庞德指出："在法律史的各个经典时期，无论是古代或近现代的世界里，对价值准则的论证、批判以及合乎逻辑的适用，都曾一度是法学家的主要活

① ［日］川岛武宜：《现代化与法》，申政武、渠涛等译，中国政法大学出版社2004年版，第246页。

动。"[①] 对法律价值进行探讨的原因是，近些年来中国的法律一直处于一个发展的过程，在这个过程中，法律被不断地完善，但是不可否认，这其中仍然存在很多欠妥之处。若不对法律价值的研究加以强调，不将诸如正义、秩序、自由等目的性价值研究透彻，那么我国的立法、执法以及司法都将很有可能偏离其应有的轨道。法律一旦偏离了其应有的轨道，没有实现其本应实现的价值，就有可能成为恶法，所以法律价值的地位极其重要，对法律价值的研究也就更为重要。

进一步讲，法律价值是法律制度存在的目的，同时其作为整个法律体系的目标和原则，是评价法律规范和实践的明确标准。[②] 所有的立法活动都需要以法律价值作为其思想的先导，而且需要在法的价值的指导之下方得进行，"任何值得被称为法律的制度，必须关注某些超越特定社会结构和经济结构相对性的基本价值"[③]。近现代继承制度是近现代私有财产制度之下的衍生产物，而现代继承制度作为一个仅为财产继承的制度，现代继承法的主要任务已经与以往的祭祀无关，而是保障继承人的基本生活和社会交易的安全。所谓的继承人的生活保障指的是遗产所负有的照顾老幼病残的职责，从而避免由于共同生活群体当中某一个个体的死亡，而导致其他个体的生活陷入绝境，因而继承人所享有的继承权具有保障其他共同生活成员（个体）基本生活的重要功能。而在社会交易的安全保护方面，如果被继承人生前所背负的债务因其死亡而消灭，那么对债权人显然是有失保护的，而且对于社会交易的安全是有碍的。当然，对被继承人的债权人所进行的保护，不能够与对继承人基本生活的保障产生冲突。既然继承权有着如此

① ［美］庞德：《通过法律的社会控制/法律的任务》，沈宗灵译，商务印书馆1984年版，第113页。

② 吕世伦、文正邦：《法哲学论》，中国人民大学出版社2009年版，第353页。

③ ［美］博登海默：《法理学：法律哲学与法律方法》，邓正来译，中国政法大学出版社2004年版，第5页。

至关重要的意义，不仅能够保障继承人的生活，同时能够保证社会交易的安全，那么法律又是基于何种理由对继承人的继承权予以丧失，继承权丧失制度的价值又何在呢？无论于法于理，这一点均须清楚说明。“亲属之关系，本由自然而成立，非法律所产生。亲子也、夫妇也，各本乎天性与爱情之作用，自能各尽其道，何取乎法律之干涉乎？然亲属间相互之关系，仅持道德之维系，其功用或有时而穷。亲属法者，即明定亲属间身份关系，及其权利义务之所在，俾各晓然预期应尽之职务而无敢或违，将小之于共同生活，固足以维系，大之于社会秩序，亦足以安定。”① 由此可见，为了维护良好的社会道德、家庭秩序及遗产继承秩序，同时维护被继承人遗嘱自由权利，继承权丧失是一种必要的制度，继承权丧失制度的存在至关重要。而欲对这一制度进行深入研究并达到最终完善之目的，首先需要对其正当的理论基础进行剖析，从中提炼出既符合法理要求，又能满足制度本身实现的基本理论。鉴于此，本章中笔者就继承权丧失制度的理论基础（功能定位和价值取向）作了深入、专门论证，以期能够为我国未来继承权丧失制度的进一步充实和完善奠定足够的理论基础。

作为继承法的一个重要组成部分，继承权丧失制度当然受到继承法总体价值取向的影响，但是这并不意味着其价值就可有可无。相反的，继承权丧失制度有自己的价值取向。为了对其蕴含的理论以及现实意义进行深入探究，同时揭示其存在的目的，以及在实际的司法实践中对社会所产生的积极影响，就需要对其法律价值进行分析。作为继承领域至关重要的一项法律制度，继承权丧失制度的根本目的便是维护社会的道德及家庭秩序、保障被继承人的遗嘱自由、维持良好的遗产继承秩序、维护“任何人不得于其不法行为中获利”这一法律原则，切实地彰显出现代私法追求的自由、正义和秩序之法律价值，这既能够体现出法律与时

① 钟洪声：《中国亲属法论》，世界书局 1933 年版，第 1 页。

俱进的时代性，也符合社会发展的方向，更是与民众的利益相契合的。

第一节　正义价值

一、正义是法的首要价值

“正义是法律所应当始终奉行的一种价值观。”① 可见，正义是法的本质，也是“善”的化身，其在法律用语中是出现频率最高的词语，其地位高于一切。作为一种有序的活动过程与活动状态，良好的社会秩序一定是以正义为特征，而正义的结果也恰恰是秩序的建立。“自从人类有了道德上的是与非以来，社会中就有了正义的观念，这一观念从人类蒙智初开时就不断地发展、丰富，同时也随着社会的更替不断演进。”② 任何一个时代，其社会的正义观念都在一定程度上引导和制约了法的发展，这一点在法的制度中有着明确的体现，同时也是法发展变化的纲要精神及灵魂。正义观念遍布了社会的各个领域，其不仅存在于民众的头脑里，还时时刻刻存在于社会的舆论中，而且这种正义观念直接作用于人们的行为，成为人们的行为以及对他人行为评价的道德依据。在法对行为的调节作用中，所有的调节方式都是基于人们的正义观念存在的。

但正义到底应当是什么以及如何界定，古今中外对此众说纷纭。可以说对于正义价值，一千个人的眼里就有一千个哈姆雷特，每个人的正义观念并没有达到完全的一致，甚至存在巨大的差异，或是根本对立。许多学者在论述正义价值时往往具有模糊性，解

---

① ［英］彼得·斯坦、约翰·香德：《西方社会的法律价值》，王献平译，中国法制出版社 2004 年版，第 86 页。

② 卓泽渊：《法的价值论》（第三版），法律出版社 2018 年版，第 273 页。

释不清而又无法回避是正义价值的真实写照：“正义有着一张普洛透斯似的脸，变化无常，随时可呈不同形状并具有极不相同的面貌，当我们仔细查看这张脸并试图解开隐藏在其表面背后的秘密时，我们往往会深感为惑。”① 查士丁尼民法大全也曾经尝试对正义进行定义：正义乃是能够使每个人获得其应得的东西的一种永恒不变的意志，正义在这里被认为是人类精神上的一种态度、公平的意愿以及承认他人的要求与想法的主观意向。比如，对于私权神圣，人们常把它与所有权绝对的、无限制的行使等同起来，然而却忽略了一点，私权神圣在特定的个体与个别的特定利益之间有着坚不可破的联系的同时，也对于特定个体就全部特定利益作出了公正的分配。任何人的私权均因为客观上不存在他人的恣意侵夺从而变得神圣，而这神圣又来源且依赖于对他人私权神圣的尊重。柏拉图在《理想国》一书中对法的正义问题进行了集中研究，把理性作为正义的最高准则。他认为，每个人都具有理性、志气和欲望三种品性。理性使人拥有获得知识的能力，而外在表现则是知识和智慧；志气有使人发怒的能力，如果志气能够接受理性的支配，则外在的表现为勇敢；欲望若接受理性的支配，则外在表现为节制。而当理性支配了志气和欲望时，人们便获得了正义的德性。② 柏拉图认为法是维护正义的手段和工具，仅此而已。他还认为，如果人们理性当中的“善”占据了优势，甚至是处于绝对的支配地位，那么正义便自然产生，此时不需要有法。但是，人都是有恶性的，无论恶性隐藏得多深，一旦人对自己的恶性放松了控制，那么恶性便活跃起来，即使一直都非常善良的人也难免如此。如果人们不能够自主地对自己加以约束，那么就只能服从外在的权威，这样一来，所有人才能够尽最大可能地在

---

① ［美］博登海默：《法理学：法律哲学与法律方法》，邓正来译，中国政法大学出版社 2004 年版，第 39 页。

② ［古希腊］柏拉图：《理想国》，郭斌和、张竹明译，商务印书馆 1986 年版，第 212~213 页。

同一规则的治理之下平等而友好地生存、生活，而这一外在的权威便是法。法的作用就是禁止人们放纵自己的欲望，同时遵照已经制定的行为规范去行动，让那部分不能按理性来行动的人得以约束自己，所以法的最终目的是维护人正义的品德。这种外在的权威也恰恰是国家权力所在，是国家能够维持正义秩序的一种手段。法惩罚那些行为欠公正的人，此时恶行得以抑制，正义的美德得以伸张，法甚至可以促使这些人通过不断地约束自己而逐渐成为一个有道德的人。亚里士多德继承并发展了柏拉图的正义观。在他看来，法永远离不开正义与美德的要求。法的制定和实施、作用的大小、变革与否都要适度，既不能过度，也不能不足，都要以符合正义作为标准。从而，人们服从法也就是服从正义。他说："要使事物能够真正符合正义和公平，就需要有毫无偏私的权衡；法恰恰是一个这样的权衡。""人类由于志趋善良而有所成就，成为最优良的动物，倘若人类不讲礼法、违背正义，那么就会堕落为最恶劣的动物，悖德而又武装起来，势必引致世间莫大的祸患；而恰巧，人类生而就具备这些能力，这些能力本应由其的智虑及善德加以运用，但是，也未必不可以被运用以逞其狂妄，甚至济其罪恶。于是失德的人就会贪婪无度、淫凶纵肆，沦落为最残暴、最肮脏的野兽。城邦以正义为原则，正义衍生礼法，而凭之可断人间是非曲直，正义恰是树立社会秩序的基础。"① 西塞罗也是理性正义的主张者，他认为法是最高的理性，其产生于自然法，指导人应做的事，禁止人不应做的事。法是理性在人类理智中稳定而且得以充分发展的结果。理性是人与上帝共有的第一份财富。"真正的法律"与"正义"是同义语。在他看来，正义是唯一的，它对整个人类社会加以约束，同时建立在一个应用于支配和禁止的正当理性的法的基础之上。无论民众是否真的了解那个

---

① ［古希腊］亚里士多德：《尼各马可伦理学》，廖申白译，商务印书馆 2003 年版，第 187、190 页。

法，无论哪个法在哪里、是否以书面的形式记载和呈现，都必然是正义的。正义的起源在法中能够找到，因为法是一种自然的权力，是理智的人的精神和理性，是衡量正义与非正义的一个标准。①

由此可见，作为一种社会观念及准则，正义价值在社会意识中非常深刻且广泛，并一直引导着法的发展。而“正义是法的首要价值”这一命题正是在这样的三层意义上才得以成立的。其一，从立法层面来看，法是一种指导人们行为的准则，是对社会行为的一个恒定的评价标准，也是国家“惩恶扬善”的最终根据，同时更是有力的武器。由此，法在制定时必然是以社会的一定正义观念作指导的，而且在法当中要将这些正义观念体现出来，之所以绝大多数人乐于遵守法律所设定的规则并形成良好的社会秩序，是因为法律在制定时是符合普遍的社会正义理念的，如果法律所体现的正义价值与社会大众的普遍认识相去甚远甚至背道而驰，虽然能够在短时间内以强制力迫使人们遵守该法律的规定，但长此以往会使社会的正义观发生扭曲。其二，从执法层面来看，执法者所进行的执法活动首先也要以正义观念作为指导，任何执法活动都不能摆脱正义观念的影响。因为在法律正义价值实现的过程中，司法裁判的引领作用至关重要，将具有正义价值判断的司法裁判融于社会的主流价值中，才能凸显裁判的权威性作用。法律对正义的实现不仅是保护受害人以矫正业已发生的损害后果，更在于保护无辜的人使其不受错误的责任追究。其三，从守法层面来看，法的遵守也同样需要以一定的正义观念作为行为的思想依据。

---

① ［古罗马］西塞罗：《论法律》，王焕生译，上海人民出版社 2006 年版，第 113~115 页。

二、法的正义价值实现方式

法的正义价值主要通过法对人与人之间的权利和义务分配来实现：人们生活于社会群体中，在没有人我分别、没有经济差异的原始时代，人当然是无所谓权利和义务的。而随着私有观念和制度的形成与发展，人们的权利和义务观念逐渐明确。为了避免弱肉强食丛林法则对人类共同体的破坏，彼此利害与共、休戚相关的人们逐步摸索出一套游戏规则，界定彼此的权利和义务，目的就是在面对大自然的考验时，能增加存活与繁衍的概率。法对权利和义务的分配原则正体现了法的正义状况，同时引导着社会的正义方向，这成为法的正义原则。

同时，作为一种大家共同遵守的规范，法对正义价值的追求还体现为法对权利保障的规定。因为一旦权利无法顺利实现，也就导致了不正义。保证权利能够顺利实现，就能够克服妨碍或侵犯权利的不正义，从而使正义得以修复或是保存。与此同时，法也对义务作了明确规定，其中包括义务的内容、性质、范围及其实现的方式等。如果义务不能被全面、实际地履行，那么权利将不复存在，甚至会受到侵犯或者破坏，这种情形也会导致不正义的出现。法对义务的相关规定中也包括了对义务保障的规定，换句话说，法强制那些不能够自觉履行义务的人履行其义务，同时也阻止那些逃避或不正当履行义务的不正义行为的发生，这样一来，义务所负载的正义才最终得以实现。法就是通过上述方式来完成对权利和义务的分配以确定法之正义的。

按上文所述，法的正义标准的确立是建立在法对权利和义务分配的基础之上的，而要保证法的正义存在并得以真正实现，还需要有国家强制力的保证。法通过国家强制力的手段使法的权利和义务分配现实化、具体化。在现实生活中，有法存在的地方就一定会伴随着违法行为。而从法所确立的权利和义务的角度来看，违法行为的存在即意味着法所确立的权利被滥用或者法所划定的义务不被履行。权利的滥用必然使他人的权利受到侵犯，从而产生不正义；义务的不履行又必然妨碍他人权利的实现，同样会产生不正义。

另外需要强调的是，法的正义价值虽然主要通过对人与人之间的权利和义务分配实现，但法律规范上的法的正义毕竟是一定正义观念的法律化，其与社会实践中法的正义在既定的情形下有着非常大的差距。法通过对权利和义务的分配而显现出的正义，只是法律规范中法的正义，不是社会实践中法的正义，也不是一般意义所讲的正义，更不能代表全部的正义。法的正义最终能否转化为社会现实的正义，既取决于法的可行性、适应性，也取决于法的正义的实现条件、实现手段或方式、实现途径等。

三、正义价值在继承权丧失制度中的体现

继承权丧失制度就是通过对继承人违法行为的惩罚来保障法律中正义价值的实现。任何对被继承人、其他继承人、遗嘱所实施的违法行为都破坏了继承法对权利和义务的既定分配，进一步背离或损害了法的正义价值。因此，社会有必要也有责任使法的正义价值得以回归。而这一回归的方式中就包括对继承人违法行为的惩罚，而且对继承人违法行为的惩罚也是使法的正义价值回归最为有效的方式。法通过对继承人施以惩罚的方式使其恶行得到抑制，终止其对正义的继续损害，进而使得行为人扭曲了的正义标准得到矫正，以恢复正常的社会正义准则，同时使行为人的行为所产生的不正义得以中和或抵消。对违法的继承人施以刑罚的过程，使正义得到了体现，使不正义得以中止，最终确保了正义能够真正地免受侵犯。比如，在继承权丧失制度中，“故意杀害被继承人”与“故意杀害其他继承人”都将受到丧失继承权的惩罚，正如学者所言：“继承人有此种行为实为罪大恶极。其敢冒天下之大不韪而为之，盖希冀继承之早日实现，或图谋侵占财产耳，设使如斯心事卑劣之徒竟得继承遗产，殊违背被继承人之本意，

况以法律明认其有继承权，不几等于间接以法律奖励犯罪乎。”[1]可见，设立该项继承权丧失事由的重要理由就是维护社会中的普遍正义观。在继承关系中，各个继承人之间本就存在浓厚的亲情及亲密的血缘关系，按照传统的伦理精神，他们之间应该是协同支持和互助友爱的，如果继承人对被继承人或其他继承人实施了故意杀害等犯罪行为，不仅触犯了刑事规范，更违背了社会的普遍正义观。

此处值得讨论的是，“故意杀害其他继承人”这一法定继承权丧失事由是否应加入“以争夺遗产为目的”的限制条件，本书认为不应将此项限制条件写入法条。因为民事审判与刑事审判毕竟有所不同，在刑事审判中，由于涉及剥夺行为人的自由甚至是生命，故法官对行为人的主观意图查究会非常仔细，到底是故意还是过失，到底是“以争夺遗产为目的”还是由于其他家庭琐事纠纷导致的故意杀害，都会一探究竟。但民事审判毕竟只是涉及财产纠纷，法官工作的重心还是在于对财产的分配及处理上，在探究行为人的主观动机方面就会相应投入较少的精力与实践。如果坚持将“以争夺遗产为目的”作为该继承权丧失法定事由的构成要件，就可能会因为民事审判与刑事审判之间的不同而缩小对继承人实施故意杀害其他继承人的行为的惩处范围。换言之，如果按这一条件来处理与继承相关的事宜，则很大一部分实施故意杀害其他继承人行为的继承人将会因为难以证实其行为是否“以争夺遗产为目的”，而不会丧失继承权。于情而言，这也绝对不是被继承人愿意看到的结果。因此，本书认为，要构成此项继承权丧失的法定事由，有“故意杀害”一项已然足够，对于其是否“以争夺遗产为目的”在所不问。“虽然其行为也有使遗产归于自己或更有利地归于自己的主观故意的动机，但是因为有了这一结果已

① 罗鼎：《民法继承论》，上海法学编译社会文堂新记书局1946年版，第49页。

然足够，所以其目的与动机为何已不为必要。”① 因此，不管行为人出于何种动机，这种行为都无一例外地应当受到法律这一承载着社会普遍正义观的规范的谴责。如果此时行为人仍有继承遗产的权利，这就违背了继承法追求家庭和谐、兄友弟恭的本质，且有悖于公平的观念，与社会普遍正义观更是严重不符。所以，当继承人实施了这种不法行为时，法律不仅要对其进行刑事制裁来维护社会的稳定与安全，更需要用民事制度的手段对其施以惩罚以彰显社会基本伦理与正义。此时，也只有丧失了该继承人特定的继承权，才有助于恢复社会受损的普遍正义观。日耳曼法谚有云：“染血之手，不得取得遗产。”因此，对这类行为人的继承权，无论其基于何种目的和动机，都应该予以丧失，只有这样才能够达到对其进行制裁的目的，才能维护社会普遍的正义观。

除此之外，在现实生活中，也并不缺少拒绝履行法定赡养、抚养、扶养义务却又想分得遗产的亲属。有的法定继承人对被继承人不闻不问，遗弃被继承人；有的法定继承人虽然知道被继承人生活困难，却仍然长期拒绝履行赡养、抚养、扶养被继承人的法律义务；更有甚者，还通过各种手段或方法虐待或侮辱被继承人，这种行为不仅背离法律的正义价值要求，而且违背社会伦理道德准则，因此需要法律对之予以制裁。此时，如果实施这些行为的继承人还能够得到被继承人的遗产，就会悖情、悖理、悖法，败坏社会风气，酿成家庭悲剧，也与促进和维护家庭的和睦团结这一继承制度存在的根本目的背道而驰。赡养、抚养、扶养被继承人是继承人的法定义务，不承担义务就要受到法律的制裁，因此我国继承法明文规定遗弃、虐待被继承人的继承人丧失继承权。

---

① 史尚宽：《继承法论》，中国政法大学出版社2000年版，第99页。

第二节 秩序价值

在秩序意义层面上，任何法律的存在目的都是追求和保持社会一定、有序的状态。“所有秩序，无论是我们在伊始的混沌状态中所发现的，或是我们想要致力去促成的，都能够从法律当中引申出其名称。”① 没有哪种法不是为一定秩序服务的，所以法是否服务于秩序这一问题是根本不存在的。而真正存在的问题是，法服务于怎样的秩序、谁的秩序。“与法永相伴随的基本价值便是社会秩序。”② 对于法的其他价值来说，法的秩序价值是其存在的前提与基础，也是法秩序价值的目的与发展。比如，秩序价值相对于自由价值而言，秩序是自由得以保障的必备要素，若秩序不再存在，则自由变得岌岌可危。每个人的内心中都希望能够得到真正的自由，而这真正的自由却可能无法实现，究其原因，便是没有一个良善的秩序存在，倘若失去了秩序的保障，自由便是受限的，甚至是无法实现的。由此可见，法的秩序价值是法与法的其他价值连接的中介，也是法的基础价值。

一、秩序价值是法的基础价值

秩序是法的追求，同时也是法其他价值存在的基础，没有秩序，法的其他价值也就无从谈起。法律秩序的形成有两大基础：第一是在社会要实际有着多元利益的存在，这是秩序赖以存在的社会基础；第二是要有一种超乎实证法之上的，更普遍、更高、更神圣的法律，也就是自然法，以对实证法加以论证或批判，这

---

① ［德］拉德布鲁赫：《法学导论》，米健、朱林译，中国大百科全书出版社 2007 年版，第 1 页。

② ［美］彼得·斯坦、约翰·香德：《西方社会的法律价值》，王献平译，中国人民公安大学出版社 2009 年版，第 38 页。

是法律秩序得以存在的理论基础。① 康德指出，法律与道德之间存在着本质的区别，道德是基于个体的内在而存在的，而法则是对于所有个体的外在的约束。② 法是由立法机关所制定的，这一实在性也使法有了客观确定的一种形式，使每个个体都能有一个确定的可以依照的标准，最大程度上摆脱规则的主观任意性，同时也为秩序的建立奠定了基础。道德则是凭借主体的主观道德意识及对德行的尊重，其是诉诸主体内心的，是主观的，并不具有客观的必然性。法律则超脱于个人的主观意识之外，同时由国家机构强制监督执行，以保障其能够切实实现。

秩序之所以是法的基础价值，第一点原因是法对社会的意义。社会是人与人结合在一起并相互作用而形成的一个统一的整体。法具有对社会组织和调节的意义。因为社会的存在，才有了包括法在内的所有的社会规范的形成。而只有在法以及其他社会规范的组织、调节作用下，社会才能够不断地维系和演进。

法对社会的意义，首先是使人与人之间可能共存，同时建立起最必要的人际秩序。除法之外，能够维护人际秩序的规范还有很多，但在这些规范中，无疑只有法才是人们最可能由于受外在压力的逼迫而不得不遵行的准则。法对于社会的这一意义实际上就是法的秩序价值的体现。

其次是其本身的性质使然。秩序是人们在社会生活中相互作用的正常结构、过程或者变化模式，是人这一主体之间互动的状态和结果。“秩序的维系在某种程度上是以存在一个合理的、健全的法律制度为条件的，而正义者需要秩序的帮助才能发挥它的一些基本作用。”③ 可见，秩序价值既是法存在的依据，也是法调整

① ［美］昂格尔：《现代社会中的法律》，吴玉章、周汉华译，译林出版社 2001 年版，第 58 页。

② 邓晓芒：《康德哲学讲演录》，广西师范大学出版社 2005 年版，第 77 页。

③ ［美］博登海默：《法理学：法律哲学与法律方法》，邓正来译，中国政法大学出版社 2004 年版，第 319 页。

的结果。管理失去了秩序就算不得管理。因为当处于混乱时，管理者的权力是无法行使和贯彻的。当失去秩序时，剩下的只有混乱，而在混乱中，混战与弱肉强食是不可避免的，丛林法则就会大行其道，此时奉行和平与共存的法就没有了存在的空间。法一旦被创立，首先就要追求秩序，同时在一定的秩序中发挥其作用，进而追求其他的价值。

最后是法的其他价值的要求。法的价值既包括法的秩序价值，也包括法的正义价值和自由价值等其他价值，而其他所有的价值都建立在秩序价值这一基础上。之所以如此，是因为没有了秩序，安全便没有了保障，甚至会受到威胁。此时，其他所有的价值都只能成为梦想或是奢望。庞德曾经指出："当法律秩序已经认定和规定了需要其设法保障的某些利益，并授予或承认了某些权利、权力、自由和特权作为保障这些利益的手段时，其就必须为使那些权利、权力、自由和特权得以生效提供手段。"① 法的其他价值都是建立在秩序价值的基础上的。

二、法的秩序价值实现方式

法的秩序价值，具体是通过以下方式实现的：

（一）划定利益范围及追求利益的界限

所谓划定利益范围指的是法为了实现秩序价值而对利益采取的首要措施。秩序与无序是互相对立的。无序的出现通常源自或表现于利益的归属不清。在社会中，很多法的冲突都是由利益归属的混乱造成的。同样，在继承法的法律规范与实践中，利益归属也是纠纷的关键和核心，所以法律在进行裁决时，也要弄清楚利益的划分，并以此为依据。在法律纠纷中，利益的归属从来都是一个重大的焦点，因此划定利益归属就成了法的作用的重要体

① ［美］庞德：《通过法律的社会控制/法律的任务》，沈宗灵译，商务印书馆1984年版，第76页。

现。法通过划定社会利益，确定各利益的范围与内容，同时也为各种利益划出了明确的界限。法对利益归属的划定有利于社会中的每个主体正常地享有自己的合法利益，同时正确地对待他人的合法利益，也有利于司法机关解决社会各主体间的利益纠纷，保护各主体的合法利益，最终实现司法机关的司法职能。法通过利益的划定来确保社会秩序的形成、维持和巩固，从而保证社会的整体稳定。

（二）分配已划定的利益

分配利益，是法实现其秩序价值的又一种重要方式。社会利益从来就不是固定的，而是时时刻刻变化和流动的。在这一过程中，必然会涉及利益的分配与重新分配。而此时，利益的分配分式能否得到社会成员的认同，就成为社会秩序良好与否的一个先决条件。在通常情况下，所处利益地位不同的人对同一种利益分配方式必然持不同的心理态度，这是社会中的固有矛盾。而当利益分配严重不平衡时，利益受害者必然持坚决反对的态度。很难想象一套不具有合理利益分配秩序的法律制度能够提供持续稳定的社会秩序，因为人们可以忍受一个不合理的社会利益分配秩序，但这种忍受也是有时间限度的，要求人们长时间忍受一个不合理的社会秩序几乎是不可能的。而作为社会管理者来说，为了减少甚至是避免利益分配不平衡所造成的无序状态，往往会以国家强制力为后盾，使得利益的分配方式法律化，此时便是法的价值的展现。法通过对利益的分配方式作出相关规定，在社会中确定一个利益的分配标准，这样一来，就能够使社会中的利益分配有法可依，最大限度地减少因利益分配而引发的冲突，使利益分配趋于有序化。比如，在继承法中，对于遗产的法定继承顺序的相关规定就是这一特点的具体体现。与此同时，法对利益的分配方式作出的规定，也为司法机关解决利益分配的冲突提供了相应的依据。法通过处理利益分配纠纷案件来修复社会秩序，进而使社会始终处于一个有序的状态。总之，法通过确定利益分配来创设以及维持良好的社会秩序，同时社会各阶层也通过法对社会利益分配的调整来实现其对理想秩序的追求。

（三）协调利益之间的冲突

协调利益，是法实现其秩序价值的第三种重要方式。不同的利益之间当然存在一些矛盾和冲突。而社会管理者通过对法的规范功能的充分运用，使社会成员的行为无限趋向于符合法所规定的行为模式，这是实现社会有序化的一种方式。法具有规范性及规范功能，它能够指引人们的行为，告诉人们什么是可以做的，什么是必须做的，什么是不可以做的。所谓的法的规范功能主要包括五种：指引功能、教育功能、预测功能、评价功能以及必要的制裁功能。① 规范方式中的秩序化方式是人类文明的象征，也是社会进步的结果，通过这种规范方式所建立起来的必然是善良的、尊重人权的、符合人性的、自由的、充满生机的秩序。但有一点必须承认，那就是法不可能全面地保护每一种利益，因为有些利益之间存在着本质的冲突。比如，自然人的人格尊严和言论自由同为自然人的利益。但是，如果法机械地保护自然人的人格尊严这一利益，那么很多时候其言论自由就不复存在；而如果听任自然人随意地享有言论自由，那么自然人的人格尊严就无法得到保障。因此，法要在两大利益之间进行协调，直至得到二者能够协调共存的结果。再如，个人利益、集体利益、社会利益、国家利益之间的矛盾也是随处可见的，其中，如果某一项利益被绝对化了，那必然就无法保障其他各项利益。此时就需要法的协调作用使它们之间减少冲撞以及冲撞的耗损，并且在一定的时期内，还要达到它们之间的共存甚至是互补。倘若法的这一功能不能够实现，则社会就会因利益冲突而陷入混乱，秩序将变为无序。法的规范实践反复表明，利益确需法的协调。而法对利益的协调也正如其对利益的划定和分配一样，可以以诉讼及非诉讼两种方式来

① 付子堂主编：《法理学进阶》（第四版），法律出版社 2013 年版，第 147 页。

实现。法对利益的协调既为社会利益协调中的诉讼提供了司法依据，也为非诉讼提供了行为准则。

三、秩序价值在继承权丧失制度中的体现

继承法首先是为一切民事主体参与继承规定的行为规则，此种行为规则以国家强制力为保障，如果不遵守，发生继承纠纷，诉请法院裁判的，法院应以继承法作为裁判基准。继承法正是通过为民事主体预设行为规范和为法官裁判继承纠纷案件预设裁判规范，来实现正确调整民事关系的立法目的的。在遗嘱继承中，遗产就自然按照因法律认可的遗嘱而产生的继承秩序而流动。在没有遗嘱的情况下，为了避免各继承人之间因为遗产的争夺而引发混乱，法对继承秩序作出了规定，这一规定任何人都不能随意违反，其表现便是法对继承顺序的安排。法律所规定的各法定继承人的继承顺序，关系到各个继承人以什么地位来参与继承，是否能够得以继承遗产，具有至关重要的意义。在通常情况下，法定继承顺序的确定需要考虑下列几点因素：一是血缘关系因素。与被继承人之间血缘关系越近的继承人，其继承顺序越在先，反之则在后。二是婚姻关系因素。配偶与被继承人之间不存在血缘关系，但是其确是由婚姻而产生的一种姻亲关系。在家庭关系中，配偶是最基本的成员，与被继承人之间的关系也极为密切，理所当然应作为法定继承人，而且要尽可能地使其继承遗产。三是扶养关系因素，即继承人和被继承人之间互相扶养关系的亲疏。这既包括法定的相互扶养的权利义务关系，也包括事实存在的扶养关系。扶养关系近者继承顺序在先，反之在后。因此，在法律已经事先明确规定了继承人的顺位的情形下，其中就已经隐含了社会所认可的，而且每个人都必须遵循各个继承人所享有的遗产利益的预定法律继承制度的安排。被继承人死亡后，在其没有立遗嘱或者遗嘱无效的情形下，被继承人的遗产便自然按照法律所预先规定的继承秩序安排得以流转。无论依据的是社会的道德伦理

精神，还是家族或家庭的机能，法律都希望各个继承人的遗产取得权能在互谅互让以及和睦团结的风尚当中随着遗产的有序继承而得以实现。那么在这一过程中，如果有继承人为了谋夺遗产而实施了不道德的甚至是违法的行为（如故意杀害同顺序或先顺序继承人等），法律事先规定的遗产继承的秩序便会因为行为人的非法行为而变动。“继承人虽有继承能力，且可位居继承顺序，但如其与被继承人之共同生活关系，业已破坏，倘仍许其继承被继承人之遗产，即不能维持道义，有违承认继承制度之本旨。”[①] 此时，对该行为人用法律的手段使其丧失继承权，让其恶毒的目的不得实现，甚至让其将原本能够获得的遗产利益尽皆失去，才能够让遗产的继承秩序得到保障。因为人的行为，既是理性的，又是自利的，法律正是利用人的这种特性来影响他们的行为。人们遵守法律不是畏惧法律，而是来自他们对法律效果的判断。如果守法带来的收益大于违法带来的成本，那么人们会选择守法；反之，人们则会选择规避法律和违反法律。

第三节 自由价值

一、自由是法的核心价值

自由是法的核心价值，良好的法律都应该以是否符合自由为衡量标准，法律制定的目的在于保障人更好地实现自由，而不是限制人的自由。进一步言之，“法是社会主体需求的记载和满足”[②]，而自由是人之所以为人的基石。某个人只有自由的时候，才能称其为一个完整的人，也只有一个完整的人，才能明白自己的需求，进而去追求并最终实现。整个社会也才会在个体发挥自

① 史尚宽：《继承法论》，中国政法大学出版社2000年版，第325页。

② 时显群：《法理学》，清华大学出版社2010年版，第143页。

身天赋、不断追求美好生活中实现进步与发展。如果一个人做任何事都要受其他人控制和指挥，那他就只是个傀儡、工具而已。真正完整意义上的人，是享有自由意志的人。也就是说，当他在考虑问题、作出决定时，是基于自由的意志，基于自身的考虑。自由是伴随着人类而来的永恒的追求，但在实践中存在各种障碍。所以法律在制度层面上就应该让人们有个良好的制度可以依靠，然后去实现自己的自由，故自由是法必须和必然追求的基本目标。亚里士多德曾说："自然人都应当遵守一邦所制定的生活规则，各人的行为均受其约束，与自由相对的，法律不应被当作奴役，法律勿宁是拯救。"① 西塞罗更进一步提出"为了得到自由，我们做了法律的臣仆"的至理名言，其中对法与自由的关系作了辩证的论述。近现代以来，西方国家的诸多学者对法的自由价值作了广泛且详尽的论述。其中，洛克的论述有着显著的地位。他说："按照法律真正的含义，与其说是限制不如说是指导更为恰当，每个自由且有智慧的人都凭借法律去追求他的正当利益……法律的目的不是限制甚至废除自由，相反的，恰恰是扩大与保护自由。"② 洛克认为，社会中人的自由，事实上是除了经由人民同意的、在国家内建立的立法权，不受任何法权的支配。除了依据其委托由立法机关制定的法律，不受任何法律的约束，也不受任何意志的统辖。因此，自由是相对的，并不是为所欲为，想如何生活就如何生活，不受任何约束的自由。在政府统辖之下的人们所享有的自由，应该有着一种长期有效的规则作为准绳，这一规则定当为社会中所有成员共同遵守，且是由社会所建立的。霍布斯认为，"自由者，无阻碍之谓也，自由者，乃于其智力所及而愿做之事，能做之而无阻之谓也""人类天然之自由，必由国法为之节制，盖

① ［古希腊］亚里士多德：《政治学》，姚仁权译，北京出版社 2012 年版，第 276 页。

② ［英］洛克：《政府论》（下），瞿菊农、叶启芳译，商务印书馆 1983 年版，第 35~36 页。

国法之存在，此实为其目的”①。孟德斯鸠认为，自由的主要意义是人可以不被强迫去做法律没有强制规定必须要做的事，“作为一个国家，一个有法的社会，其公民个人自由只是允许个人可以不受阻碍地做该做的事，同时也不会受到任何意志的强迫去做不该做的事。我们应明确‘独立’和‘自由’的概念，自由是自主做法律许可的事的权利，若一个人做法律禁止之事，则其必失去自由，因为其他人也会同样有此权利”。② 黑格尔主张，法就是作为理念的自由，法的基础在于精神的层面，其出发点和确定地位应为意志，因为意志自由，所以自由成为了法的规定和实体。在法的每个发展阶段，自由理念都有其独特的法，因为每个阶段都有特定存在于规则之中的自由的定在。③ 在世界法学史上，卢梭的法的自由观也颇有影响，他认为“只有服从人们自己为自己制定的法律，才有自由的存在”④。马克思认为，“法律不是对自由的压制手段，法律是明确的、肯定的而且是普遍的规范，其中，自由的存在有着其独特的性质，它是普遍的、理论的、不取决于个别人的任性的，而法典则是人民自由的圣经”“哪里的法律成为真正的法律，就必定是真正地实现了人的自由”“自由就是进行一切对他人无害的活动的权利，对这种活动的界限是由法律规定的”⑤。

二、法的自由价值的实现方式

从上述学者的观点中可以得出法的自由的内涵——法的自由

① ［英］托马斯·霍布斯：《利维坦》，朱敏章译，商务印书馆 1934 年版，第 139 页。

② ［法］孟德斯鸠：《论法的精神》（下），张雁深译，商务印书馆 1982 年版，第 194 页。

③ ［德］黑格尔：《法哲学原理》，范扬、张企泰译，商务印书馆 1979 年版，第 10 页。

④ ［法］卢梭：《社会契约论》，何兆武译，商务印书馆 1980 年版，第 30 页。

⑤ 《马克思恩格斯选集》，人民出版社 2012 年版，第 531~533 页。

指的是在一定的社会中，人们在法的认可或保障的基础上，按照自己的意志进行活动的权利。法律以自由为前提、为目的，同时自由的实现也必须经由法律的途径。法具有自由价值，说的是法应当是自由的法，是自由的准则和依据，同时也是自由的保障。法是为了确认及保障自由而制定的，法对权利和义务的设定也是为了最终的自由的实现。与此同时，自由也是法实施的出发点和最终归宿。例如，在继承法中，法律规定了被继承人有订立遗嘱的权利，其实就是确认及保障了其遗嘱自由，同时也为了这一自由能够得到真正地实现。

具体而言，法的自由价值主要通过以下两种方式来实现：

首先，从立法角度确立自由的原则，创设自由权并加以保护。例如，美国《宪法修正案》第5条规定，非经正当法律手续，不得丧失任何人的财产、自由或是生命。除此之外，世界各国法律还把一般的社会自由上升为特定的法律自由，即自由权。自由权是社会自由上升到法律层面的一种表现形式，却又不完全等同于一般的社会自由。一般的社会自由有可能但不一定会受到法律保护，而自由权则是由法律规定的，是人们依照自己的意志做出或不做出一定行为免受他人干预或约束的权利。换言之，只有法律规定的而且受到法律保护的自由才是法律上真正意义的自由权。

其次，从本质上来讲，自由与强制是相互对立的，可以说，自由就是免受外部的强制。但自由又是非常脆弱的，极易受到外界的侵犯，因此在某种特定情形下，为了能够使得自由免受侵犯，禁止人与人之间相互侵犯的强制力的存在就成了必然，其突出的表现在于，国家必须要拥有足够的强制力，才能够防止个人之间的侵犯和社会秩序的混乱。但如果放任公权力对私生活的干涉，又会从根本上动摇公民的自由权利，人们动辄得咎，毫无自由可言。因此在现代民主法治社会中，国家的强制力必须受到严格限制，只有在制止严重的违法行为时，国家强制力才允许被使用。比如，继承权丧失制度对于继承人来说，民法强制丧失其继承遗产的权利无疑是一种非常严厉的惩罚，为了尽可能地避免对私权造成损害，法律对于继承权丧失的原因必须要作出非常严格地限制，在严格控制和依法制裁之间找寻一个平衡点。换言之，继承法强制丧失行为人的继承权，是制裁，也是预防，既不能纵容和无视继承人的不道德或违法行为，也不能对继承人过于苛刻。“为了维护自由，同时也为了保障权利，国家应对权力进行必要的限制与制衡。”[①] 究其原因，每个自然人作为一个独立的个体，相对于国家而言处于弱势地位，极易受到国家强权的侵犯。因此，必须要给国家强制预设一个合理的“度”，以此为界限，才能确保国家强制机器不会被滥用，从而保障个体自由不会受到来自国家强制的更加广泛的侵害，进而实现法的自由价值的最大化。

除此之外，必须强调的一点是，没有绝对的、完全不受限制的自由。这是因为个体所享有的自由之间时而会发生冲突，为了减少或避免这种冲突，自由一定要有确定的边界，当个体行为突破这一边界时，国家强制会勒令其承担相应的法律责任。这里所说的法律责任，并不是不允许个人行使其自由的权利，而是让个体的行为限定在一个能够使自由得以良好实现的规则体系中，当个体破坏这一规则体系时，实际上就是在破坏法律自由。自由的享有源于责任的存在，真正的自由是在法律规则内的自由，而不是超脱于法律之外的，完全不受任何约束和限制的自由。自由的享有与法的基础价值——秩序之间是不冲突的，甚至是相辅相成的，秩序的存在使得自由有了被保障的基础要素。若秩序变成了无序，则自由不复存在，每个人都希望能够享有真正的自由，但这一希望有可能无法实现。其原因在于，如果没有一个良善的秩序存在，就失去了秩序的保障，自由便受到了限制，继而有可能无法实现。良善的秩序与自由之间是互为存在的，没有秩序则枉

---

① ［法］孟德斯鸠：《论法的精神》，许明龙译，商务印书馆 2012 年版，第 689 页。

谈自由。作为群体动物，人类为了争夺有限制的，甚至是稀缺的资源，不可避免地会发生冲突。此时，需要有一个制度的框架来减少或缓解这些冲突，而这个框架便是秩序，没有了秩序的存在，自由便难以得到基本保障。比如，交通规则中的红绿灯就与行车自由存在秩序和自由的关系。我们在等红灯的时候，可能就会觉得很麻烦，妨碍到了自由，能够直接走就好了。但如果没有红绿灯的存在，每个十字路口的每个人都不管他人的行车自由，就会撞得一塌糊涂，导致道路堵塞。换言之，如果人们都不遵守秩序所需要的交通规则，那么所谓的行车自由也就丧失了。再如，继承权丧失制度的设置其实就是为了保障人身自由，如果没有继承权丧失制度的存在，看似每个人都有无限的“自由”，实则当冲突发生时，却没有一个解决的机制。当你为了实现自由而去杀害其他继承人或者伪造、篡改、销毁遗嘱，却无继承权丧失制度予以制裁的时候，他人当然也可以为了实现他的自由而侵犯你的利益，那么人类就又回到了丛林中弱肉强食、茹毛饮血的时代。如果存在自由，却没有良性的秩序，社会就很可能陷入一切人对一切人的战争。所有人都觉得自己有无限自由的时候，就意味着进入了相互斗争、相互不妥协的斗争状态，即战争的状态，自由其实也就不复存在了。

三、自由价值在继承权丧失制度中的体现

财产所有权是自然人的一项基本权利，自然人的其他权利也是在这一权利的基础之上才得以实现的。遗嘱自由的权利正是保障自然人的自由权利在其死后得以实现的一项基本的自由权利。为了对自然人的财产所有权这一基本权利进行更好地保护，被继承人的遗嘱自由理应得到充分尊重。当有继承人以欺诈、胁迫等手段促使或妨碍被继承人做出订立、修改或撤销其遗嘱的行为，或者伪造、篡改、销毁遗嘱等不正当行为时，便侵害了被继承人的遗嘱自由，同时侵犯了被继承人的财产所有权及其行为自由。

为了保护自然人的财产所有权不受侵害，制裁一切非法干涉他人遗嘱自由的行为，对此类行为人的继承权理应予以丧失。

由此可见，继承权丧失制度实质上是以在特定情形下丧失继承人的继承权的手段来保障社会伦理道德正常发展并维护社会法律秩序的一种制度。由于其存在，被继承人的遗产才能够依法得以正常流转，无论是以法定的继承秩序还是法律上所认可的遗嘱的形式。同时，这一制度的存在也进一步保障了被继承人的遗嘱自由。“继承权的丧失是对继承人所实施的违法行为进行民事制裁以及课以继承法上不利益的结果。”①

在继承法中，遗嘱自由是私法自治在继承制度中的贯彻和展现，有效的遗嘱是被继承人生前意志的一种法律认可的形式。此时，法律行为产生了立遗嘱人生前所预期的法律效果。“法律行为是私人的，是旨在引起某种法律效果的意思表示，这种法律效果得以产生，实际上是行为人希望其产生，而法律行为的本质，在于使这种意思表示得以实现，在于法律制度用承认这种意思表示的方式在法律世界中实现行为人欲然的法律判断。”② 因此，民事主体通过法律行为来自主地塑造自己与他人间的法律关系，同时使法律行为所产生的效果符合自己的主观期望。正如《十二铜表法》第 5 表第 3 条中的规定：凡在临终时对有关自己家产或监护所做出的处理，不得违反。③ 依此规定，在私法自治的范围，法律对当事人的意思表示赋予法律效果与拘束力。此时，当事人意思表示的内容就成为其行为的规范，相当于法律授权和认可了当事人为自己所制定的法律。这便是私法自治在民法的各项法律制度中得以具体体现以及演化为其他的一系列法律制度的具体原则。正如其在亲属法领域表现为婚姻自由、遗嘱自由，在合同法领域

---

① 林秀雄：《继承法讲义》，台湾元照出版有限公司 2012 年版，第 34 页。

② ［德］迪特尔·梅迪库斯：《德国民法总论》，邵建东译，法律出版社 2000 年版，第 142 页。

③ 江平主编：《十二铜表法》，法律出版社 2000 年版，第 17 页。

表现为合同自由，在物权法领域表现为所有权的享有和行使的自由，其在继承法领域表现为遗嘱人采用遗嘱的方式来表示自己的遗愿，这一意志表示得到了继承法律制度的认可，在其死亡之后发生法律效力。因为有了法律的承认和保障，财产所有人的自由转化为其遗愿，并在其死亡之后得以实现，具体表现为其财产按其遗愿以遗嘱的形式得以分配。此时，从法律的角度，最大限度地实现了其遗嘱自由。

1837 年，英国颁布了《遗嘱法》，将法律认可的遗嘱自由贯彻和体现到了极致。《遗嘱法》对遗嘱的设立持所谓的绝对自由态度，即法定继承人所拥有的继承权被继承人可以任意丧失，被继承人也可基于自己的意愿任意处置遗产，而不必受到保留份或特留份的限制。因此，在当时，“没有遗产应继份的相关规定是英国遗嘱制度的一个重要特点”“自由为绝对的、无限制的，这是英国法律最显著的特色，是只有英国法才能享有的特权”①。但就如上文所分析的那样，自由永远不是绝对的，其必须要在法律规定的限度之内行使，一旦超出了这一限度，自由便不再是自由。法律对遗嘱自由的承认与保障的范围和尺度，与对遗嘱自由的限制密不可分。“若一个自然人可以做法律所禁止之事，则其不再有自由，因为其他人皆享有如此权利。”② 法律对一定权利的制约，本质上并不是为了限制自由，而恰恰是对自由的另一种保护。然而，无论哪项权利的行使，一定会对第三人造成法律影响。换言之，如果某人因为行使了法律所保障的权利而获得了自由，那么必定有人因为履行和尊重这一权利的义务而失去自由。再进一步讲，当一个人超出法律所界定的边界来实现其自由时，便是对自由的滥用。自由并无绝对，法律对此加以限制是为了保障自由得以更

① 何勤华、魏琼主编：《西方民法史》，北京大学出版社 2006 年版，第 412、414 页。

② ［法］孟德斯鸠：《论法的精神》（上），孙立坚等译，陕西人民出版社 2001 年版，第 180 页。

好地实现。比如，在司法实务中，有的被继承人通过遗嘱将其财产全部遗赠给他人，而使其原本的法定继承人无财产可继承，这种行为极易导致二者关系恶化，不利于稳定家庭和亲属关系。因此，限制遗嘱自由及保护特定继承人权益的继承制度是世界各国继承法的通行立法例，法国、德国、日本等大陆法系国家都规定财产所有人处分自己的财产不能违反法律关于“特留份”的规定。

根据私法自治原则，“法无明文禁止即为自由”。当遗嘱人的遗嘱没有违反对于遗嘱自由的具体限制规定时，便应当得到法律的承认，受到法律的保护。遗嘱人作为财产权的所有者，只要其自由处分财产的行为在法律的强制规定以及良好的社会秩序所允许的范围，就不应受到任何干涉和限制。这里所说的干涉和限制既包括来自其他任何个人的干涉和限制，也包括来自国家的干涉和限制。因此，当遗嘱人认为因对其实施了非法行为而丧失继承权的继承人仍然可以继承其遗产时，法律就不应再继续干涉遗嘱人的意志自由。正是由于这一原因，各国的法律都规定继承人丧失的继承权可以因遗嘱人的意愿而恢复，这便是继承权丧失后的恢复。继承人的继承权源自婚姻或血亲关系，遗嘱人的遗嘱自由则是源自其对个人财产所享有的所有权。两种权利同为私权，虽性质不同，但地位平等。继承权丧失制度所需要协调的，正是在不同的继承人之间进行权利的平衡及利益的取舍。而继承权的丧失与恢复，则是对与继承有关的各法律关系主体之间的利益取舍及权利平衡之后的法律决定。当继承人实施了违法行为时，法律强制对其继承权的丧失保护了被继承人的意志，使继承人的主观恶性行为不能得逞，以儆效尤。法律更是直接丧失了其已经享有的继承权，使其失去继续继承被继承人遗产的资格。而对继承人所丧失的继承权的恢复，则体现了法律尊重被继承人自由意志的原则。继承法是民法的一部分，而尊重民事主体意思自治恰恰是民法中的基本原则。既然双方已然达成和解，那么法律当然乐见其成，这也防止了公权力对私权力的过分渗透。

值得讨论的是，是不是在继承权丧失的每一个法定事由中，当继承人得到被继承人的原谅时，其继承权都可以恢复？有学者认为，其他法定事由发生后，如果被继承人原谅该继承人的不法行为，该继承人的继承权可以恢复。但故意杀害的行为除外，包括继承人故意杀害被继承人和其他继承人。因为故意杀害行为就是罪大恶极的犯罪行为，继承人实施了该行为，其主观恶性极大，如果此时仍然允许其继承权得以恢复，既有违道义，也不利于惩戒和预防犯罪行为，更不利于良好的社会道德风尚的形成和维护。① 但笔者认为，在这种情况下，被继承人的继承权应该被恢复，因为这是尊重被继承人意志的体现，同时也是对私法自治原则的贯彻。正如有学者指出的那样，继承人对被继承人实施的故意杀害的行为应受到刑法的制裁，但这并不表示就一定要导致其丧失的继承权不能恢复。毕竟继承权属于私权，对其予以恢复，既尊重被继承人的意志，也能促使继承人弃恶从善，是对养老育幼原则的贯彻。②

① 王利明（项目主持人）：《中国民法典学者建议稿及立法理由·继承编》，法律出版社2005年版，第463页。

② 郭明瑞、房绍坤、关涛：《继承法研究》，中国人民大学出版社2003版，第39页。

第三章　继承权丧失制度的历史演进考察

任何制度的产生，都有其特定的历史根源及社会背景。要对一种制度进行全面、深入地理解，则需从根源上进行探索和分析，把握该制度产生以及发展的路径，了解其历史与现状的关系，因为无论何种制度的发展与变化都离不开其历史起源这一基础。因此，对继承权丧失制度进行研究，有必要对其历史沿革进行研究与考察，同时对基于不同历史阶段的社会需要而产生的继承权丧失制度进行考察，从中找出其发展规律。只有如此，才能更清楚地厘清继承权丧失制度变化与发展的脉络，才能知道今后怎样规范才更为恰当。

第一节　外国继承权丧失制度的历史沿革

在有些国家和地区，继承权丧失之事由出现甚早，随着社会的发展和法律的健全，对于继承权丧失的规制方式也逐渐规范化、系统化。因此，梳理其源流及发展过程，恰好可以为更加完整地理解继承权丧失制度提供帮助。

一、外国继承权丧失制度的缘起

古巴比伦的《汉谟拉比法典》中关于继承权丧失的规定，是有文字记载以来最早的。《汉谟拉比法典》规定：“倘自由民欲逐其子，而告法官云，‘我将逐吾子’，则法官应调查其事，如子未犯有足以丧失其继承权之重大罪过，则父不得丧失其继承权，倘子对父犯有足以丧失其继承权之重大罪过，则法官应宽恕子之初犯，倘子再犯重大罪过，则父得丧失其继承权。”由此可见，在古巴比伦，虽自由民向法官明确表示欲丧失其子之继承权，然其子之继承权并不会因此就直接丧失。此时，法官应依其职责对此进行调查，如果调查结果证实其行为足以丧失其继承权则予以丧失，否则丧失无效。即使调查属实，若其为初犯，也应予以宽恕；只有其再犯时，其父才得以丧失其继承权。由此可见，在古巴比伦时期，法官对于自由民中父欲丧失子之继承权的行为极为慎重，不仅要进行实际调查，还要对其初犯行为予以宽恕，仅再犯者才允许丧失。[①] 有学者认为，该法典规定丧失继承权由家长生前提出并作出决定，即家长丧失，那时还没有明确规定当继承人犯有哪种行为时可以丧失其继承权，因而这种丧失带有较大的随意性。[②] 但由上述法典之规定可以看出，家长欲丧失继承人之继承权必须提起诉讼，由法官调查并作出决定，且对继承人有继承权丧失重大罪过行为之初犯给予宽恕。因此，汉谟拉比时期，继承权的丧失并不具有随意性，相反有着较为严格的程序。

二、外国继承权丧失制度的发展

上溯至立法源流的层面，除了英美国家，当今世界其他各国的民事立法大多缘起于罗马法。即使是那些没有缘起于罗马法的英美国家，其立法精神从某种程度上来说也受到了罗马法的一定影响，如英国普通法中的遗嘱制度、契约原则及信托规则等。“从

① 江平主编：《汉谟拉比法典》，法律出版社2000年版，第77页。

② 刘文：《继承法比较研究》，中国人民公安大学出版社2004年版，第42~43页。

很大程度上来看，民法法典的编纂实际上是一种罗马法现象。”[①]因此，在继承权丧失制度的发展变化当中，考察罗马法的继承权丧失制度是如何发展变化的就具有很大的必要性。

罗马法[②]之初期家庭财产所有制度以“家父”为一家之长，掌有家产，此项家产为家人所共有。[③] 故于家父殁后，归其正统继承人[④]所有。家父如欲使其正统继承人不得享有，则需事先排挤之。基于此，遗嘱人立遗嘱时，宜先废除其不愿之继承人而其遗产归其指定继承人取得。[⑤] 古罗马时期，遗嘱最开始有两种形式：一是和平、安宁时期，人民于民众会议上订立遗嘱。该民众会议每年举行两次，专门为订立遗嘱而举行。二是战前所立遗嘱，即为了参加战争而入伍时所订立之遗嘱。[⑥] 由于此两种遗嘱均为当众订立，故遗嘱人若不将“家子”立为遗产继承人必遭众人非议。因此，根据当时的规定，“家父”基于其家父权的行使，虽有权在遗嘱当中排除其子对遗产的继承，但迫于众人舆论的压力、监督与制裁，很少有人会如此行事。直至罗马王政时代，继承方式不再局限于遗嘱继承，出现了法定继承。此时，遗嘱继承允许被继承人用遗嘱处分其遗产，以此作为其处分权利的延续。“而法定继承则依照法律所规定的继承人的范围、继承顺序以及遗产分配原则

---

① 徐国栋：《〈民法典译丛〉总序》，载徐国栋主编《埃塞俄比亚民法典》，薛军译，中国法制出版社 2002 年版，第 1 页。

② 整个古罗马的历史阶段，从公元前 753 年罗马建城开始，至公元 1453 年东罗马帝国灭亡，共 2206 年。学界所指的罗马法，是指罗马奴隶制国家整个历史时期的全部法律制度。公元 476 年西罗马帝国灭亡，标志着奴隶制在西欧基本结束，开始进入封建社会，从此时起封建社会的法律制度不再属于罗马法范围。本书以学界所指的罗马法为准。陈朝璧：《罗马法原理》，法律出版社 2006 年版，第 3~4 页。

③ 陈朝璧：《罗马法原理》，法律出版社 2006 年版，第 55~56、409 页。

④ 凡于被继承人死亡时，直接受其权力支配之人，并因其死亡而成为“自权人”，均谓之正统继承人。陈朝璧：《罗马法原理》，法律出版社 2006 年版，第 471 页。

⑤ 丘汉平：《罗马法》，中国方正出版社 2004 年版，第 295 页。

⑥ ［古罗马］盖尤斯：《盖尤斯法学阶梯》，黄风译，中国政法大学出版社 2008 年版，第 80 页。

来继承，以此保护宗族的利益。”①“《十二铜表法》中确认，当时是以遗嘱继承的方式为主，辅以法定继承的方式，遗嘱继承的地位优先于法定继承，且二者不得并用。”② 因此，被继承人可以通过遗嘱的方式来指定继承人，从而排除法定继承人继承遗产的权利。根据学者所言，这是由“家父”对“家子”拥有最高的权威所致，其通过遗嘱指定继承人，但其中却不包括法定继承人。换言之，法定继承人被排除在继承的范围。因此，根据《十二铜表法》之规定，任何法定继承人都可能会被“家父”以遗嘱指定的形式排除在外。此时，没有被遗嘱人指定的法定继承人，则当然丧失继承权，这一情形与今天的遗嘱继承大致相同。但跟今无与遗嘱相关之立法所不同的是，在当今的遗嘱继承中，位列第一顺序中的法定继承人因未经被继承人的遗嘱指定而无法参与继承，但这并不属于对法定继承人继承权的丧失。当今世界各国对继承权丧失以及具体的丧失原因都作出了明确规定，但法定继承人因被继承人的遗嘱指定而无权参与继承的情形，均不属于继承权丧失的范围。根据古罗马法的规定，法定继承人因遗嘱中未指定而不参与继承，事实上是“家父”行使其处分“家子”的权利。因此，立遗嘱人在遗嘱中对法定继承人的排除无须具有法定理由。但本书认为，在一般情况下，若法定继承人没有对立遗嘱人做出不道德或违法行为，立遗嘱人通常不会故意排除法定继承人的继承权。所以说，在罗马法中允许立遗嘱人以遗嘱的形式排除法定继承人的情形，与现代继承法中的继承权丧失实际上具有一致的精神。

经过一段时期的发展，到罗马共和国末期，遗嘱已经从公开订立转变成了秘密订立。而且，在当时的社会环境下，其法律法规对于设立遗嘱并没有作出任何限制。但是，当时的整体社会状

---

① 周枏：《罗马法原论》（下册），商务印书馆 2009 年版，第 473 页。

② 江平主编：《十二铜表法》，法律出版社 2000 年版，第 17 页。

况本身就是个矛盾体：一方面，社会生产力相较之前有了大幅度的提高，物质财富也呈现出不断增加的趋势；另一方面，社会的伦理道德却呈现出衰败之势，很多遗嘱人不按社会传统的善良风俗来订立遗嘱，而是肆意地滥用意志自由的权利。[①] 在当时的日常生活中，不按善良风俗行事的现象比比皆是，在亲属中不照顾幼儿、不关心老人的现象层出不穷。有的被继承人甚至宁愿将其遗产留给与之没有任何亲属关系的第三者，也不愿留给亲属，这样一来，使得其子女或父母在其死亡之后连最基本的生活都难以继续维持。为了限制日益膨胀的遗嘱自由权滥用，市民法和大法官法开始逐步地对遗嘱自由作出适当的限制：市民法规定，立遗嘱人在遗嘱中应当正式地表示或是指定法定继承人作为其继承人，不得故意将其排除于遗嘱之外，否则所立遗嘱无效。[②] 除此之外，对法定继承人的设立与废除只能通过遗嘱的方式进行，用其他的诸如书信等方式废除继承人的行为均不产生效力。[③] 对于儿子的继承权的废除，法律限定，在遗嘱当中必须逐一进行明确。例如，在遗嘱中明确表示“废除子甲”“废除子乙”“废除子某某”等，逐一列举。如果要废除作为继承人的孙子女或者女儿的继承权，则不需要如此逐一明确，只要进行概括即可。例如，在遗嘱当中注明“其他均废除”。在对继承权进行废除时，“家长”对其家庭成员享有一项特殊的权利，那便是不需要在遗嘱当中说明废除某继承人继承权的理由。

随着罗马法中的大法官法的进一步发展和改革，对继承法中的遗嘱自由进行限制以及对遗嘱继承人进行废除的规定也发生了一定程度的变化。在大法官法中，“立遗嘱人的直系亲属”这一规

---

① ［意］朱塞佩·格罗索：《罗马法史》，黄风译，中国政法大学出版社 2009 年版，第 117~118 页。

② 周枏：《罗马法原论》（下册），商务印书馆 2009 年版，第 316 页。

③ ［意］彼得罗·彭梵得：《罗马法教科书》，黄风译，中国政法大学出版社 2018 年版，第 35 页。

定也扩大为“立遗嘱人应立和应废的继承人”，这相当于突破了市民法中对应当设立和废除的继承人范围的相关限制。① 大法官法同时还规定，无论立遗嘱人的直系亲属是否已被解放，立遗嘱人均应当将其纳入继承人的范围。此外，法律要求立遗嘱人在对其子女的继承权进行废除时，必须给出合法的理由，否则是非法的，也是无效的。此外，大法官法还规定，如果遗嘱人立遗嘱废除其儿子、孙子等继承人，必须逐一指明方可除名；而如果遗嘱人立遗嘱废除其女儿、孙女或其他女性亲属等继承人，则可概括废除。当然，此方式仅适用于立遗嘱人针对其女性卑亲属。同时，大法官法还将“违反遗嘱的遗产占有权”授予被非法废除的立遗嘱人亲属，使他们仍是合法继承人，可以按照法定继承规则继承遗产。因此，被非法废除的亲属有权针对遗产申请“违反遗嘱的遗产占有权”，但其对以这种方式所获得的财产只有占有权而没有所有权。同时，即使其成功申请了该权利，该遗嘱也不是全部无效，只是非法废除继承人的部分无效，并不影响其他方面的效力。

与大法官法中的规定有所不同的是，在查士丁尼一世统治期间，《查士丁尼法典》规定，遗嘱中要废除男性或女性亲属，都需要逐一指明方可废除。根据当时的法律，立遗嘱人欲废除继承人的，必须有正当的理由，否则遗嘱无效。此外，当立遗嘱人的遗嘱订立完成后，如果其遗漏了法定继承人，那么该遗嘱将全部无效。② 这一点与大法官法有着本质的区别，后者只是规定侵犯被非法废除的继承人的那一部分遗嘱内容无效，遗嘱的其他内容仍然是有效的。若被排除的是其他直系亲属而非法定继承人，如已被解放的子女等，其只能行使“违反遗嘱的遗产占有权”，在该条款生效后不久，这一权利又修改为“遗嘱逆伦诉”。这里所提到的

① 江平、米健：《罗马法基础》，中国政法大学出版社 2015 年版，第 113 页。

② ［意］桑德罗·斯奇巴尼：《民法大全选译之遗产继承》，费安玲译，中国政法大学出版社 1995 年版，第 75~76 页。

“遗嘱逆伦诉”，是指遗嘱人之近亲属对其所立下的违背了人伦道德的遗嘱提起请求撤销的诉讼，这是该遗嘱人的近亲属对自己的继承权的一种保护。而从本质上来看，这是法律对遗嘱自由这一原则所作出的进一步限制。作出此项规定的本意在于迫使遗嘱人在以遗嘱的方式对自己的财产进行处分时，要充分考虑到其近亲属的利益，在一定程度上为他们保留一部分财产，以保证其近亲属能够有能力尽养老抚幼的义务。① 然而，法律同时规定了可以提出“遗嘱逆伦诉”的条件之一：遗嘱必须是在没有充分理由的情况下废除继承人的。根据这一规定，立遗嘱人在遗嘱中可以通过正当的理由来废除法定继承人的继承权。但在当时，具体什么是合法理由，法律对之却没有进行明确规定。默认的要求是废除法定继承人需要合理，但究竟是否合理则完全是由大审院根据当时的具体情况来衡量的。

到了查士丁尼二世时期，法律对遗嘱的废除有了更加严格的限定，如果不是有特别的理由，则不得任意废除尊亲属。在没有法律上的理由时，也不能仅以遗嘱的意愿就排除各种法定继承人参与继承，这里所说的法律上的理由包括：

告发卑亲属有应处以死刑之犯罪行为者，但叛逆罪和不效忠皇室罪不在此限；父为聚麀之卑劣行为者；加危害于直系卑亲属之生命者；加危害于尊亲属之生命者；杀害卑亲属之妻者；对于尊亲属有诽谤行为者；妨害直系卑亲属为遗嘱者；妨害尊亲属为遗嘱者；尊亲属信奉异教者；直系卑亲属犯罪处刑时，不纳赎罪金以援救之者；遗弃患神经病之卑亲属者；虐待尊亲属或对于尊亲属有重大侮辱行为者；对于尊亲属提起刑诉或告发犯罪者，但告发尊亲属犯外患罪或对皇室犯不敬罪者，不在此限；与他人同谋杀害其尊亲属者；女性卑亲属品行不正者；子与其父之继室通

① 费安玲：《罗马继承法研究》，中国政法大学出版社 2000 年版，第 260 页。

奸者；尊亲属心神错乱时，不尽保护之责者。[①]

从不允许亲属参与继承的法律理由来看，继承人杀害被继承人，继承人与被继承人之间存在虐待、侮辱、背德、乱伦等行为均可作为遗嘱丧失法定继承人继承权的理由。此规定比现代所行之继承权丧失制度中的法定事由更加详细，由于这些行为而丧失继承权的继承人，其范围也比现代更加广泛。除继承人对被继承人所实施的违法、不道德行为之外，其他与继承事件本身无关的行为也被列在丧失法定继承人继承权的正当理由范围之内。但是，在这些理由中，却不包括继承人杀害其他继承人行为。此外，依照前款规定，当继承人实施了上述行为时，其继承权并不自动丧失，而只是作为立遗嘱人将其排除在遗嘱之外，使其不能继承遗产的先决条件。只有在继承人有违法、不道德行为，且被继承人在遗嘱中排除其继承权二者相结合的情形下，其继承权才会被强制丧失。

因此，从另外一个角度来说，虽然查士丁尼二世时的法律中没有明确规定继承人的继承权丧失之后是否可以恢复，但上述法律条款中的规定本身就决定了一旦继承人实施了违法、不道德行为，则其继承权就已然处于随时有可能丧失的边缘。若遗嘱人通过遗嘱将其排除在外，则其继承权丧失，这可以看作从法律的角度赋予了遗嘱人有选择是否谅解继承人的权利。所以，从某种程度上来说，这一规定使得遗嘱人拥有了决定继承人的继承权能否被恢复的权利。

综上所述，罗马法时期对继承人继承权的丧失已经有了比较详细的规定。在罗马法早期，为了充分贯彻遗嘱自由这一理念，只要遗嘱人表示出了废除继承人的意思，则其意思就能够直接否定该继承人的继承权，不需要任何理由；到了查士丁尼一世时期，

① ［英］里·尼古拉斯：《罗马法概论》，黄风译，法律出版社2004年版，第285~288页。

法律对遗嘱废除有了更加严格的限定，被继承人只有在特定情况下才可以直接废除继承人，即只有继承人做出了违法、不道德行为时，其才被认为不应当再具有继承资格，从而丧失其继承权。根据该时期的法律规定，只要继承人实施了杀害、欺诈、胁迫被继承人等违法或不道德行为，都是其继承权丧失的最终原因。① 随着时代的发展，罗马法逐渐细化了继承权丧失的法律事由，并制定了明确的规则以便于适用。

三、对外国继承权丧失制度历史发展的沿革评析

从上文所梳理的罗马法的继承权丧失制度之发展来看，继承权丧失制度经过了一个从最早期的内容多样、规范范围较广发展成为现在的相对单一、规范范围明显狭窄的漫长的变革，而且也从最早期的对于身份的继承权和财产的继承权一并丧失发展成了现在的只对单一的财产继承权这一项予以丧失，这是法律发展的结果，而事实上也是社会发展作用于法之变革的必然结果，同时也是地方社会经济的发展及其经济模式在社会结构中作用的结果，从很大程度上来说，这一作用直接影响了继承权丧失制度的核心内容。在城邦分割的罗马时代，由于重商主义的盛行，在继承领域及其他法律制度中，财产权利都被进行了详细规定，并被视为可继承的对象之一。作为继承当中的一项重要的核心内容，财产继承可以通过被继承人所订立的遗嘱来实现。为了能够最大限度地体现出遗嘱自由权，被继承人的遗嘱还可以完全脱离身份关系，指定由其他非亲属关系者来继承其遗产。但是为了维护社会公德及伦理道德，在继承制度的发展过程中，针对继承人为了谋夺财产而杀害被继承人的，发展出了继承权丧失制度。在这一制度中，继承人违反道德准则实施杀害被继承人的行为，其继承权将丧失，并对丧失原因作了具体规定。这与古巴比伦时代相去甚远，《十二

① 何勤华、李秀清：《外国法制史》，复旦大学出版社 2011 年版，第 73 页。

铜表法》仅仅是用较为抽象和笼统的方式来认定继承人所犯下的“严重罪行”，从而对其继承权予以丧失，这无法与罗马法中规范且具体的继承权丧失制度相提并论。

在古巴比伦与罗马法两个时代，继承权丧失之规范有一个共同点，即当法定事由出现时，被继承人可以主动表示对做出此行为的继承人丧失其继承权，而与此同时，又对继承权丧失的行为持较为谨慎的态度。古巴比伦出于慎重考虑，在丧失继承人的继承权时，法律赋予了法官调查权，只有经法官调查核实后，发现该继承人的确有应丧失继承权的法定事由时，继承人的继承权才会丧失。而且，古巴比伦时代甚至规定，对继承人第一次犯罪的情形应予以宽恕，只有在其再次犯同罪时才对其继承权实施丧失。由此可见，在古巴比伦时代对继承权丧失的限制更加严格，法律对此所持有的态度也更加谨慎。

到了罗马法时代，基于国家和人民对意思自治和遗嘱自由的追求，被继承人以遗嘱的方式丧失继承人继承权的权利被广泛行使，进而滥用。为了维护社会伦理道德，保护继承人的继承权，同时也为了能够限制遗嘱人对财产的肆意处分，法律采取了“废除继承人必须有正当理由”的方法来限制，甚至更进一步地规定了继承人可以采用提起“遗嘱逆伦诉”的方式来维护继承权。这一规定所导致的结果是，罗马法时代，法律从放任立遗嘱人的继承权丧失自由转变为对此行为加以明确限制，同时要求丧失应正当合理。而且，对于正当合理的标准也由最早期的一般概括发展到后来的详细规范，并规定了对不同的对象适用继承权丧失应有不同的法律理由。这一法律规定的转变，彻底地遏制了立遗嘱人随意将法定继承人排除在遗产继承之外的情况。由此可见，从古巴比伦到古罗马，对继承人继承权的丧失所持的态度，在法律上经历了从最初的虽然规定较为笼统、抽象但是限制很严格，发展到了自由放任继而被滥用，然后再回到详细规范和适当规制之中，以此来限制甚至意图消除由于遗嘱人对其滥用而给社会和继承关系造成的负面影响。该过程的核心是对继承人继承利益的保护，而手段是惩治与继承相关的违法、不道德行为，目的是保护合法正当的继承能够得以实现。至此，继承权丧失制度完全建立。

第二节　我国继承权丧失制度的历史沿革

一、我国继承权丧失制度的缘起

中国古代向来对孝文化倍加重视，自汉及清，“以孝维治”的思维模式，一以贯之。汉宣帝言：“导民以孝，则天下顺。”① 由此，作为一纲之常，孝道不仅为历代所尊崇，而且与法律制度密不可分，成为中国传统典律的核心价值。② 若出现了继承人故意杀害被继承人或其他继承人的行为之事由时，其继承权当然丧失，与之相伴刑罚也是相当之苛重。《法律答问》记载：“殴大父母，黥为城旦舂。今殴高大父母，可（何）论？比大父母。”“贼杀伤、盗他人为公室告；子盗父母，父母擅杀、刑、髡子及奴妾，不为公室告。”③ 汉重孝道，“杀、殴、詈祖父母、父母为一科。”“子杀、殴、詈直系尊亲属，妇贼伤、殴詈夫之直系尊亲属，皆处弃市刑。”其后，各类行为在主观恶性以及客观效果上之差异在律典中逐次有所体现。刘宋律文中规定：“子贼杀伤殴父母，枭首；骂詈，弃市；谋杀夫之父母，亦弃市。”④ 在某些个案当中，司法官会根据孝道的精神对继承人的不孝行为加重惩罚，如“张江陵骂母致其自尽，在遇大赦时仍处以枭首之刑”⑤。北魏时，“律不逊父

---

① 《汉书·宣帝纪》。

② 程维荣：《中国继承制度史》，东方出版中心 2006 年版，第 375 页。

③ 睡虎地秦墓竹简整理小组：《睡虎地秦墓竹简》，文物出版社 1990 年版，第 111、118、156 页。

④ 《宋书·孔季恭传附渊之传》。

⑤ 《宋书·孔季恭传附渊之传》。

母罪止髡刑"①。随着孝道观念的逐渐深入，对父母的人身伤害已然超出通常意义上的不孝之范畴，南北朝时期将之升格为"恶逆罪"，区别于"不孝""内乱"之罪名。《北齐律》更将"恶逆"纳入"重罪十条"当中严加惩处，且不在八议、论赎之限。唐律则系统地对恶逆罪作出了完整的规定："殴及谋杀祖父母、父母，杀伯叔父母、姑、兄姊、外祖父母、夫、夫之祖父母、父母，皆处斩刑。"此外，如若虐待父母，刑罚所科也是极为严厉，而民事制裁中的继承权丧失，更是自不待言。汉代廷尉议定，"有生父而弗食三日"②，处其子以弃市之刑，若为官员则免黜。西汉丞相薛宣因不供养后母而两次被免官。③ 西晋庾纯亦因"父老不归供养"遭人揭发而被迫辞官。④ 此皆为司法实践之一般惯例，在唐代之前，历朝历代并没有对此作出统一且明确之规定。而时至唐代，"供养有阙"及其法律后果则被明文规定在律典之中。"供养有阙""堪供而阙"者须处徒刑两年。⑤ 有条件而故意不尽孝道者，依《唐律疏议》之说法："《礼》云'七十，二膳；八十，常珍'之类，家道堪供，而故有阙者，各徒二年。"⑥ 若确因家境贫寒而自给靡足，则不一概作犯罪论，故"堪供而阙"实为区分罪与非罪之关键。此后，供养有阙皆为刑法所制裁，各朝代之沿袭大体不变。《北魏律》创设存留养亲之制，将司法中屈法而伸伦理的权宜作法明确化、制度化。《北齐律》则进一步吸纳孝道精神，将不孝行为总结为"不孝""恶逆"两大类罪，列入"重罪十条"，给予

① 《魏书·刑罚志》。

② 张家山二四七号汉墓竹简整理小组：《张家山汉墓竹简（第二四七号墓）》，文物出版社2006年版，第227页。

③ 《汉书·薛宣朱博传》。

④ 《晋书·庾纯传》。

⑤ 《唐律疏议·斗讼四》"子孙违犯教令"条。

⑥ 《唐律疏议·斗讼四》"子孙违犯教令"条。

严厉惩处，为隋唐以后对不孝行为的惩治铺就了基石。①

除了科以上述严厉刑罚，从传统习惯上看，古代中国也不乏纯粹的民事惩罚与制裁措施，如“逐出”“脱离父子关系”“废继”“归宗”等民俗，皆与继承权丧失之效果在一定程度上相类似。例如，“逐出”亦作“赶出去”“另过”，即当家庭有所不和时，父亲采取将儿子逐出同居之家的方式来解决。但是，这种驱逐仅仅表现于生活上的分离状态，与法律上甚至习惯上的“逐出”不同，其不存在财产关系之变化。“脱离父子关系”亦如此，其仅限于当家族成员受到刑罚时，为防止受牵连，家族采取的一种对外防御措施，其继承关系并未发生变化。② 因此，不论“逐出”还是“脱离父子关系”，皆不改变子之家族成员地位，当家产分割时，子亦有继承权利。

与之相较，“废继”“归宗”则相对复杂。古时人们将继承人视作人格之延续，若无子嗣，则苟从“同宗昭穆相当”之人中选之。例如，在《大清律例》卷八户律户役的立嫡子违法条例中，其直接规定“无子立嗣，除法律外，若继子不得于所后之亲，听其告官别立，其或择立贤能及所亲爱者”③。此乃当时对无子立嗣之情形的废继规定，同时也从立嗣关系上对家产继承权利之丧失作出了规定。因此，这里所说的废继，结合当时的历史情况来看，实际上应该说是收养关系的终止更为恰当。“被废继者一方面丧失了身份继承的权利，另一方面也同时丧失了分割家产的权利，这

---

① 龙大轩：《孝道：中国传统法律的核心价值》，载《法学研究》2015 年第 3 期。

② ［日］滋贺秀三：《中国家族法原理》，张建国、李力译，法律出版社 2003 年版，第 53 页。

③ 《大清律例》是乾隆即位后，对大清律原有律例逐条考证、折中损益的结果，于乾隆五年完成。它是中国历史上最后一部封建成文法典，以《大明律》为蓝本，经过上百年的修订完成。它是中国封建法律的集大成者，自汉、唐以来确立的封建法律基本精神、主要制度在其中都得到了充分体现。同时，它的制定又充分考虑了清朝的政治实践和政治特色，在一些具体制度上对前代的法律有所发展和变化。沈大明：《〈大清律例〉与清代的社会控制》，上海人民出版社 2007 年版，第 16 页。

一规定与目前我国的继承法当中对于继承权丧失的规定有着很大程度上的区别。”① 而同在卷八户律户役的立嫡子违法条例中规定“因争继酿成人命者，凡争产谋继及扶同争继之房分，均不准其继嗣，应听户族另行公议承立”②。此为立嗣之消极限制，也为对继承人争继事宜处理之方式。此外，对丧失亲生子女家财继承权，《大清律例》中并无明文规定，唯有因其对于直系尊长不孝，犯重大犯罪或浪费等原因，凭族长将男子革逐之惯例。③

此外，《大清律例》卷六规定：“凡文武官员应合袭荫者，并令嫡长子孙袭荫。如嫡长子孙有故，或有亡殁、疾病、奸盗之类，嫡次子孙袭荫。若无嫡次子孙，方许庶长子孙袭荫。若无庶长子孙，许令弟侄应合取得者袭荫。若庶出子孙及弟侄不依次序僭越袭荫者，杖一百，徒三年。”④ 该条文则是对继承人继承权丧失之明确规定，从其处罚之规可鉴，对“僭越袭荫者”所科之刑罚不可谓不严重，因而此举实则为当时社会秩序中对身份继承制度之维护。据此，当被继承人之嫡长子孙有“亡殁、疾病、奸盗之类”，其一并丧失承袭被继承人官职之权，而此权则顺延之次顺序以下者承袭；若忤此序，而由忤序者承担刑事责任，此乃对官员丧失庇荫之规定。由此可见，在清末民律草案修订之前，对继承权及丧失之规定均以继承人之身份作为基础，并将身份、地位、权利一概而论，并未对财产部分的继承权独立作出规定，这也是我国古时候刑民不分、重刑轻民的以嫡长子继承制为核心的家族继承方式的具体体现。

二、我国继承权丧失制度的发展

1911 年，清政府起草了《大清民律草案》，这一律法宣告了我

---

① 戴东雄：《继承法》，台湾三民书局 2012 年版，第 71 页。

② 《大清律例》，张荣铮、刘勇强点校，天津古籍出版社 1993 年版，第 196 页。

③ 史尚宽：《继承法论》，中国政法大学出版社 2000 年版，第 97 页。

④ 《大清律例》，张荣铮、刘勇强点校，天津古籍出版社 1993 年版，第 162 页。

国近现代继受大陆法系的民法体系的正式诞生。当时，我国终于有了一套完整的民事法律法规体系，同时“该律法直接承认了私有财产继承制度”①。

《大清民律草案》继承编第1467条第1款规定，“继承人若在继承前死亡，或失继承之权利者，其直系卑亲属为继承人，承其应继之分”②。虽然此中并无与现行民法所规定的继承权丧失事由类似之规定，且在大理院解释例和判例中，同样没有提及继承权丧失的相关事由，但对“失继承之权利者”之规定从字面理解，与现代民法中所称的“继承权丧失者”实为相同。此乃我国近代继承权丧失制度的肇始，只是并不十分明确。1926年，北洋政府完成了《民国民律草案》继承编的编纂工作，其第1302条规定，“继承人在继承开始前死亡或者失继承权的，其继承权归其直系亲属所有”。第1303条更是直接明确规定继承权丧失的法定事由，其中就包括继承人对遗嘱实施了更改、伪造、毁灭和隐瞒等行为或继承人对被继承人所立遗嘱实施欺诈、胁迫等行为。此外，该草案还直接规定，凡因此类行为丧失继承权者，均得以因被继承人之原谅而恢复其丧失的继承权。③ 由此可见，这一草案采纳了大陆法系的民事立法精神，也是我国首次对于继承人丧失继承权的法定事由及恢复情形的明确规定。“1926年此草案修订完成之后，虽然没有正式实施，但也曾被各级司法机关援引以定案，后来也直接影响了南京国民政府“民法典”的起草，对国民政府的立法工作产生了很大的影响，因此，此法案具有十分重要的历史价值。”④

到1930年《“中华民国”民法》制定时，“民法典”各章起草的主要参考依据也发生了变化。起初，起草者主要参考德国及瑞士民法中的规定与制度，后来，又参考了日本、苏联及法国民

① 刘文：《继承法比较研究》，中国人民公安大学出版社2014年版，第347页。
② 杨立新主编：《中国百年民法典汇编》，中国法制出版社2011年版，第358页。
③ 杨立新主编：《中国百年民法典汇编》，中国法制出版社2011年版，第361页。
④ 陈晓枫：《中国法制史新编》，武汉大学出版社2011年版，第134页。

法中相关的规定，同时汲取了南京临时政府及北洋政府在法制建设方面的经验与成就。由此可见，“民国时期”民法典的起草已经发展成为对各个主要的大陆法系国家所立民法之全面参照，同时注重保留了多年以前我国所形成的本土特色的法律特点。自此，“中华民国”的民法典体系已臻完备。该法第1140条在将以往的做法承袭延续的同时，又明确规定：若第一顺序继承人在继承开始前死亡或者丧失了继承权，则其直系血亲卑亲属可通过取得代位继承资格而获得相应之继承份额。此外，该法还增加了继承权丧失的法定事由，其中最重要的是增加了“若继承人对被继承人实施了严重虐待或者侮辱行为，且被继承人主动表示将其列入继承权丧失范围”一项，则其继承权丧失。关于继承权丧失后的恢复问题，《“中华民国”民法》根据具体情况的不同作了区分。此法将继承人故意非法致被继承人或其他继承人死亡且被处以刑罚，从而丧失继承权的情形列为不可恢复，同时将那些因粗暴虐待、侮辱被继承人，被继承人表示丧失该继承人继承权的情形列为不可恢复范围。[①]

由此可见，自1911年清朝法律改革以来开始制定《大清民律草案》，到北洋政府1926年制定《民国民律草案》和南京国民政府1930年制定《“中华民国”民法》，虽然其制定过程吸收了早期法制建设的经验和成果，同时注重中国的民事习惯，带有独特的中国本土法律色彩，但主要还是参照了大陆法系国家的民法。尤其是对于丧失继承权的相关规定，都具有前述立法中所规定的丧失继承权制度的延续性。无论是这两部草案还是台湾地区现行的“民法典”，自始至终都保持着对于不得成为继承人的情形的规定：因继承人的故意致被继承人死亡且被判处刑罚，或者变更被继承人的遗嘱，或者采用欺诈、强迫的方式致使被继承人订立违背其

---

① 杨立新主编：《中国百年民法典汇编》，中国法制出版社2011年版，第366~368页。

真实意图的遗嘱，或者涂改、伪造、隐匿被继承人遗嘱的。只不过，在清代的草案中，没有对丧失的继承权如何恢复作出规定，而在北洋政府的草案中，则规定了可以因为被继承人的谅解而恢复。也就是说，在北洋政府1926年制定的《民国民律草案》中，法律规定的所有继承权丧失事项均不是终局丧失，即使是由于继承人故意致被继承人或其他继承人死亡而被判处刑罚的情况也不例外。到《“中华民国”民法》制定时，将第1款中继承人因故意致被继承人或其他继承人死亡而被判处刑罚导致丧失继承权，以及第5款中继承人对被继承人实施严重虐待或侮辱行为，且经被继承人表示将其排除在继承人范围之外这两种情形列在继承权恢复的范围之外。换言之，当继承人由于实施了上述两种行为而丧失了继承权时，其并不会因被继承人的谅解而得以恢复原有的继承权。除此种情形，其他的继承权丧失的情况均为非终局丧失，只要继承人取得了被继承人的谅解，则其继承权将得以恢复。

三、对我国继承权丧失制度历史沿革的评析

从上述分析可见，我国从1911年《大清民律草案》编纂完成到1926年《民国民律草案》编纂完成，在这短短15年，我国的法律完成了从中华法系民法到中华现代民法这一重大的、划时代的历史变革。而且这15年间，我国相关法典的编制和修订，均借鉴和采纳了大陆法系民法典之编修方法，这种方法也取得了巨大的成功。“这其中，也采用了大量大陆法系国家的民事制度，实现了中国民法的华丽转身。”① 正如有学者所言，《“中华民国”民法》“采德国立法例者，十之六七，瑞士立法例者，十之三四，而法、日、苏联之成规，亦偿攫取一二，集现代各国民法之精英，而弃其糟粕，诚巨制也”② “历史上，我国与同为社会主义国家阵

① 杨立新主编：《中国百年民法典汇编》，中国法制出版社2011年版，第1~12页。

② 梅仲协：《民法要义》初版序，中国政法大学出版社1998年版，第1页。

营的苏联曾有着千丝万缕的联系，而中华人民共和国成立以来，由于历史的原因，我国民法之内容的很多方面都受到了苏联的影响，尤其是在很多法律制度的开创性建立上，更是受苏联的影响巨大。”① 但是，有一个事实是不容淹没的，那就是苏联民法缘起于德国法。② 结合这层关系来看，与其说我国的立法受到苏联的影响，倒不如说在理论基础和法律术语上更多借鉴的是德国法，而且普遍地保持了德国民法的传统。而再向上溯之，“《德国民法典》的编制则是沿用了罗马法时代学说汇纂派理论所阐发出来的内容五分法，即其体例由总则、债务关系、物权、亲属和继承五编组成，素有现代罗马法之称”③。从法律的影响和借鉴的溯源上我们可以发现，事实上，我国的新旧民法归根结底还是缘起于罗马法的。

正是基于罗马法这种开枝散叶的源流，到了清朝末年，我国才能够有机会借鉴和参考其他大陆法系国家的民事立法之成功经验，将我国民法从数千年传留下来的刑民不分甚至以刑统民的情况下成功地分割开来。而此中的继承权丧失制度，也正是在这一过程中才得以改变其在旧法律条文当中的分散性，以及其涉及的多为身份关系而少为财产关系的弊病，发展成为一种形式全面的、综合性的、内容明确的、仅针对财产的继承权丧失的法律规范。

通过对继承权丧失制度的历史沿革梳理可知，从我国的近现代法律中包含了与继承权丧失相关的规定起，我国所建立起来的继承权丧失制度体例及事由与其他大陆法系国家关于继承权丧失制度的立法几乎是完全相同的。这种完全相同当然不是抄袭的结果，而是在人类社会数千年文明发展的基础之上，客观上需要这

---

① 佟柔主编：《民法原理》，法律出版社 1983 年版，第 3 页。

② ［苏联］B. M. 坚金主编：《苏维埃民法》，康宝田、李光谟、邬志雄译，法律出版社 1957 年版，第 5 页。

③ ［德］罗尔夫·克尼佩尔：《法律与历史——论〈德国民法典〉的形成与变迁》，朱岩译，法律出版社 2003 年版，第 19 页。

样共同的规则来促进人们积极地投入社会财富的生产当中，并促进人们财产的不断传承。继承权丧失制度，作为在某一特定情况之下，财产在特定的关系人之间传递这一过程的中断规则，自然应当符合以及遵循人类在良性发展的过程中所约定的共同规则。恰恰是因为这一被人们所客观需要的共性，才决定了包括我国在内的世界上许多国家的民事立法中涉及制定继承权丧失规则时，均选择了继承权丧失的法定事由直接关系到被继承人与继承事项：或继承人实施了针对被继承人的重大犯罪行为，或其实施了严重违反道德的行为。

因此，从整体上来说，继承权丧失制度的内容从古代身份与财产一概丧失的绝对包容性发展到今天单独对财产继承权丧失的相对单一性，是社会经过了多年演进的结果。

在本章，笔者通过对国内外继承权丧失制度的历史沿革进行分析和阐述，回顾了外国继承权丧失制度多年以来的发展历程，并且在对外国的继承权丧失法定事由进行分类与规范的过程中，逐步明确了继承权丧失制度的成因。同时，经由上述分析，我们也清楚地认识到，恰恰由于多年来我国的父权制等级制度，使得很长时间以来，我国的财产继承是作为身份继承的一个附庸产物而存在的，在法律上并没有对财产继承进行独立丧失的制度，这正是现代继承权丧失制度规范一直发展到 1926 年北洋政府修订《民国民律草案》时才被引入我国的民事立法中的原因。而且，从分析中，我们同样了解到，从清末修律之初开始，我国就借鉴和采纳了欧洲民法典的编写方法及其民事法律制度来修订我国的新民事法律。因此，我们有理由认为，无论我国对法律制度作出何种变化或调整，都是对大陆法系国家的立法所作出的具有包容性的发展。同样，我国《民法典》中的继承权丧失制度之法律规范的模式和内容，跟其他大陆法系国家的此项规定也有很多异曲同工之处。

第四章 外国继承权丧失制度的考察与比较评析

随着社会的不断发展，民众的思想观念也不断进步。在这一社会背景下，世界各国都依据社会的最新需求，对原有的法律制度作出了不同程度的调整或更新，我国也不例外。

正如前文对继承权丧失制度历史沿革的分析所示，该制度经过古代千百年的发展，最终以相对具体、完整的规范形式，确立于现代大陆法系国家的继承法中。我国的继承权丧失制度可追溯至当今主要欧陆国家的立法，因此，这些国家继承权丧失制度的现状对我国现代继承权丧失制度的完善具有重要的参考价值。

要解决和完善我国继承权丧失制度中存在的问题，首先需要探寻其源头——即世界主要欧陆国家继承权丧失制度的现状。因此，有必要对当今大陆法系和英美法系代表性国家的立法例进行更具体、深入的分析，包括其历史沿革及对继承权丧失的现行规制方式。更重要的是，通过比较研究，归纳外国立法例在规范继承权丧失制度上的共同点，从而把握该制度的主流发展趋势，为我国继承权丧失制度的重构提供借鉴。

德国比较法学的集大成者克茨教授指出：“对国家和社会来说，一种稳定可靠的法律秩序是必不可少的，若人们在对本国的法律规则进行创制和发展时，对外国相似的规则当中所凝结的经验财富不加利用，甚至是视而不见，是极其不明智的。”① 他山之石，可以攻玉，对现代外国继承法中的继承权丧失制度进行比较研究，有助于认清及预测现代继承权丧失制度之发展趋势，也能够帮助总结归纳出其基本原则，为我国的立法提供理论借鉴和立法例参考，进而促进我国继承权丧失制度改革。对外国继承权丧失制度进行比较研究，不仅可以为立法机关提供丰富的立法参考资料和可资借鉴的立法经验，还可以为我国司法机关释法和执法、在处理涉外继承权丧失问题上提供有益的参考。

第一节　大陆法系国家继承权丧失制度的立法考察

大陆法系国家立法中有一个典型特征，便是法律制度的法典化。其中，对大陆法系国家民法法典化具有重要推动作用的当属《法国民法典》及《德国民法典》，它们都形成于对古罗马法制度研究的基础之上，尤其是继承制度，很多都直接来源于罗马法。但是，继承领域的法制规范本身就具有非常强烈的本土性质，每个地域的传统文化不同，其民众的思想观念也存在一定的差别，基于这一原因，不同法系的国家在立法时，对继承权丧失制度的相关规定也存在十分明显的差异。即便是相同法系的不同国家，虽然从其立法的本质上讲，都有着共同的法律源流的继受，但是这种共同的立法理念的继受体现在具体的法律规定上，也具有各自的特色。而且不同的立法之间也存在不小的差异，甚至在个别方面，不同国家的规定之间大相径庭。因此，对作为我国之法源

① ［德］K. 茨威格特、H. 克茨：《比较法总论》，潘汉典等译，法律出版社 2003 年版，第 1 页。

的其他大陆法系国家的立法例进行详细的考察显然十分必要。[①]

一、法国的继承权丧失制度

《法国民法典》创编于1804年，当时也被称为《拿破仑法典》。自其问世至今经过了上千年的发展，即使到了今天，其中许多规定仍然保留着最初的文字表述。但是，从严格意义上来说，现行的《法国民法典》早已不再是原来意义上的《拿破仑法典》了。《法国民法典》共由总则和五卷组成，其中，继承法并未独立成卷。在《法国民法典》中，继承法对于继承权丧失制度的规定没有独立成章且内容较为分散，而较为集中的规定则是在第三卷“取得财产的各种方式”的第一编“继承”的第二章“继承应当具备的资格及其证据”当中，从条款上看，是从第726条到第729-1条。法国的继承权丧失制度包括继承权丧失的法定事由、程序、效力以及恢复，具体如下：

（一）继承权丧失的法定事由

依据《法国民法典》之规定，下列人不适宜继承遗产，排除其遗产继承资格：[②]

（1）因故意杀害被继承人或故意杀害被继承人未遂的，作为正犯或者作为共犯被判处重刑者；

（2）因对被继承人故意实施殴打或暴力行为致其死亡，但无致其死亡之意图的，作为正犯或者作为共犯被判处重刑者；

（3）因故意致被继承人死亡或者致其死亡未遂的，作为正犯

---

① 限于篇幅，以下仅考察法国、德国、瑞士、俄罗斯、意大利、日本六国的民法典，包括：《法国民法典》，罗结珍译，北京大学出版社2023年版；《德国民法典》（第4版），陈卫佐译，法律出版社2015年版；《日本民法典》（2017年修改版），刘士国、牟宪魁、杨瑞贺译，中国法制出版社2018年版；《瑞士民法典》，于海涌、赵希璇译，法律出版社2016年版；《俄罗斯联邦民法典》，黄道秀译，北京大学出版社2007年版；《意大利民法典》，陈国柱译，中国人民大学出版社2010年版。

② 参见《法国民法典》第726、727条。

或者作为共犯被判处轻刑者；

（4）因故意对被继承人实施殴打或暴力行为致其死亡，但无致其死亡之意图的，作为正犯或者作为共犯被判处轻刑者；

（5）因在针对被继承人的重罪刑事诉讼当中作伪证，被判处刑罚者；

（6）因在可作为且对其本人或其他第三人并无危险的情况之下故意不作为，或因对侵犯被继承人人身并致其死亡的重罪或轻罪不加阻止，被判处刑罚者；

（7）对被继承人（生前）进行诽谤致使被继承人因受到诽谤之事实而被判处刑事处罚，诽谤者因此诽谤罪被判处刑罚的。

在上述继承权丧失的法定事由中，当继承人有第1至2项行为时，其将会因继承权丧失而被当然排除在能够继承遗产人之外；当其有第3至7项所规定的行为时，其继承资格不会被当然丧失，而是需要由其他继承人在继承开始之后向大审法院提出请求，大审法院响应该请求，对继承人是否有丧失继承资格的情形作出宣告。[①] 当然，如果继承人有第1至2项法定事由所规定的行为时，其他继承人在继承开始之后向大审法院提出请求的，虽然当事人已死亡，公诉无法进行或消灭，但是法院仍可宣告有此行为的继承人丧失继承资格。

（二）继承权丧失的法律程序

根据有过错的继承人出现继承权丧失的情形后，是否需要其他继承人或者检察院向大审法院申请丧失该继承人继承权，并在获得继承资格丧失的宣告之后，该继承人的继承权才丧失，可将继承权丧失的程序分为单轨制继承权丧失程序与双轨制继承权丧失程序。

① 《法国民法典》第726、727条。

1. 单轨制继承权丧失程序

当继承人实施了某些行为时，可以由其他继承人在继承开始之后，向大审法院提出丧失该继承人继承资格的请求，由大审法院对该继承人是否丧失继承资格作出宣告。① 对由于继承人实施了第1至2项中所规定的行为而导致当事人死亡，进而使公诉消灭或未能进行的，如果其他继承人在继承开始之后，向大审法院提出丧失该继承人继承资格请求的，法院依然能够宣告该继承人丧失继承资格。

根据《法国民法典》之规定，继承权被非当然丧失时，应遵循的宣告程序的内容包括：第一，请求权人。提出“该继承人无继承资格”的宣告，其请求者应为其他继承人；在没有其他继承人的情况下，则由检察机关代为提出。第二，管辖法院。对继承人丧失继承权的宣告，应由大审法院管辖。第三，请求权的行使期限。若在被继承人死亡前已宣判该继承人有罪的，其他继承人或检察机关应于被继承人死亡后6个月内提出该请求；若死亡后宣判的，则应在判决作出后6个月内提出该请求。②

2. 双轨制继承权丧失程序

除了上述的继承人因经过法院的宣告程序而被排除继承遗产的情形，法典中还规定，若继承人故意杀害被继承人，无论犯罪既遂还是犯罪未遂，该继承人作为主犯或共犯被判处重罪；或继承人本身无杀人意图，但因其故意殴打或其他暴力行为而致被继承人死亡，该继承人作为主犯或共犯被判处重罪。这两种情形③都会导致该过错继承人的继承权被直接丧失，无须经由法院宣判。只是，如果继承人对其继承权是否丧失有争议，则该继承人可向大审法院提起确认之诉，以确认其继承权丧失与否。而值得注意

① 《法国民法典》第727条。

② 《法国民法典》第727-1条。

③ 《法国民法典》第726条。

的是，继承人对于被继承人的杀害行为不仅必须是主观故意的，而且被判处重罪的主体需为主犯或共犯的继承人，即使在行为人没有杀人意图的情形下，也要求其故意对被继承人实施殴打或其他暴力行为致其死亡，同时需要作为主犯或者共犯而被判处重罪。

（三）继承权丧失的效力

根据《法国民法典》中的相关规定，继承权丧失主要发生下列四项效力：

1. 时间效力

《法国民法典》规定，继承权丧失应生效于继承开始之时，若是由其他继承人或检察院向大审法院请求作出丧失继承人继承资格的宣告，而后大审法院作出丧失继承权宣告的，则继承权丧失生效于宣告之时。而且，此时丧失了继承权的继承人有义务返还其自继承开始之后所收取及享用的遗产（包括遗产全部的孳息和收入）。

2. 对法定继承人的法律效力

《法国民法典》规定，继承权的丧失具有相对性。即继承权的丧失仅对特定的被继承人生效，对于继承人对其他被继承人遗产的继承不生效，该继承人对某一被继承人遗产的继承权丧失，其对其他被继承人的遗产仍然继续享有继承权。同时，根据《法国民法典》规定，允许继承资格丧失的继承人的子女和直系卑血亲具有代位继承的资格，即使该丧失了继承权的继承人在继承开始之时仍然健在。[①] 由此可见，继承人的继承权丧失，不影响其子女的代位继承权。换言之，继承人的子女不会因为继承人的过错行为而丧失其继承资格。对于继承人的子女来说，其可以以自己的名义参与继承，也可以以代位继承人的身份参与继承。但是，对于其以这种方式取得的遗产，已经丧失了继承资格的继承人无论在任何情况下，都不得对这部分遗产享有法律所规定的本应由父

① 《法国民法典》第755条。

母对子女所拥有的财产的用益权。

3. 对受遗赠人的法律效力

《法国民法典》对于遗赠作了如此规定："除了法律上明确宣告的继承无能力者之外，其他任何人均有权通过被继承人的遗嘱或者由被继承人生前以赠与的方式处分而获得被继承人的财产。"①而在《法国民法典》对于无能力者的规定中，并没有涉及受遗赠人由于对遗赠人实施了适用继承权丧失的法定事由的行为使得其受遗赠权丧失的内容。此外，《法国民法典》还规定："任何人都有权利通过遗赠、遗嘱或者指定继承人的方式，或者采用其所认为的其他适合于表达出自己意思的方式来对自己的遗产进行处分。"② 而且，被继承人通过遗赠的方式给予某人一定的财产，若该遗赠财产的接受人恰好也有继承人的身份，则其接受的遗赠财产就应当视作在其应继承份之外由被继承人额外给予的利益，与其遗产的应继份之间不发生冲突。但是，如果被继承人（即遗嘱人）在其生前所立的遗嘱中表示出了与此规定相反的意思，则不在此限制的范围之内。"当出现了被继承人作出相反表示的情况时，受领遗赠的继承人只有少受领其按照法定的继承人身份所应获利的遗产应继承份，才有权利来要求保留其所领受的来自被继承人的遗赠之财产。"③ 由上述的分析可以看出，按照《法国民法典》的规定，受遗赠人既可以是非法定继承人，也可以是法定继承人。而基于被继承人（即遗嘱人）所做出的遗赠行为，这两种身份在某些特定的情况下是有可能重合的。因此，尽管法典中并没有对受遗赠人丧失受遗赠权的情形作出单独、明确的规定，但是基于两种身份在某些特定的情形下有重合的可能性这一原因，且继承遗产与接受遗赠均为对被继承人遗产的一种承受方式，因

① 《法国民法典》第904条。
② 《法国民法典》第964条。
③ 《法国民法典》第964条。

而继承权丧失的情形也应当适用于受遗赠人的受遗赠权的丧失。

4. 对特留份权利人的法律效力

《法国民法典》规定，遗嘱人对其财产进行处分时，必须为被继承人的直系卑血亲、直系尊亲属及其配偶留下特留份。[①] 但该法典并没有单独就特留份权利人是否因其实施了继承权丧失法定事由中的行为而丧失特留份权利作出规定。但该法典又规定，上述代位继承的规则可以直接用于特留份。由此可以推知，如果特留份权利人实施了继承权丧失法定事由中的行为，当然也就丧失了作为特留份权利人的资格，其特留份权利也应该丧失。

（四）继承权丧失后的恢复

《法国民法典》规定，当被继承人知晓前述之事实后仍愿意以遗嘱的形式明文表示其保留该继承人继承权之意愿的，或是根据法典中的规定，对丧失了继承权的继承人给予全部或部分遗产赠与的，法律认定被继承人的这一行为一概有效，该继承人因被继承人的意愿而不再被排除于继承人之外，也就是其已丧失的继承权最终得以恢复。[②] 由此可见，虽然《法国民法典》的继承权丧失规则，将继承权丧失的情形划分为了直接丧失（即当然丧失）和经由法院宣告而丧失（即非当然丧失）两种，但是在恢复问题方面却并未进行区别对待。因此，可以这样理解，《法国民法典》对于继承权的丧失采取的是非终局丧失主义。

二、德国的继承权丧失制度

德国对于继承权丧失制度的规定集中在了《德国民法典》的第五编“继承法”第五章“特留份”及第六章“继承不适格”中。《德国民法典》中继承权丧失制度的主要内容有继承权丧失的法定事由、法律程序、法律效力以及继承权丧失后的恢复。

---

① 《法国民法典》第 913 条。

② 《法国民法典》第 728 条。

（一）继承权丧失的法定事由

在法定继承发生时，继承人实施了下列行为之一的，即符合继承权丧失的条件：

（1）违法和故意杀害或企图故意杀害被继承人的，或将被继承人置于其到死亡为止无法设立或撤销死因处分之境况的；

（2）违法和故意阻止被继承人设立或撤销其死因处分的；

（3）违法采用恶意欺诈等手段促使被继承人设立或撤销其死因处分的；

（4）犯有《德国刑法典》第267条、第271～274条针对被继承人的死因处分规定中的罪行的。

但是，在上述所列的各项条件中，凡有第3至4项情形的，若在继承开始前，由于被继承人促使而设立了死因处分，或因此犯有罪行的死因处分已然无效或因被促使而设立的死因处分本就当属无效的，继承人之继承权不丧失。①

（二）继承权丧失的法律程序

《德国民法典》对继承权的丧失采取单轨制的继承权丧失程序，即当继承人实施了继承权丧失法定事由中的行为时，只是使自己够不上继承的资格，而其继承权并不被当然丧失，其他继承人要想实现自己的权利，还需通过提起撤销之诉来撤销已发生的、对继承不够格者的遗产归属。换言之，还需要其他继承人提出撤销其遗产取得的请求诉讼后，由法院予以主张，并且该项撤销需在遗产发生归属后才是可准许的。② 符合特定要件的撤销权人通过提起撤销之诉来撤销遗产所得，在判决发生既判力时，撤销的效力才发生。③ 在该诉讼中，若法定期限内利害关系人不提出撤销请求，则视为放弃撤销，继承不适格者有权取得遗产。④ 其中，利害

① 《德国民法典》第2339条。

② 《德国民法典》第2340条第1款、第2款。

③ 《德国民法典》第2341条，第2342条第1款、第2款。

④ 《德国民法典》第2340条。

关系人对该请求权的行使始于继承开始之后，且须在1年之内予以撤销，此处的1年期限自撤销权人知悉撤销原因之时起开始计算。期限内经过准许，适用《德国民法典》中对于消灭时效的相关规定。自继承开始之时起超过30年的，继承人的继承权不得撤销。

与此同时，《德国民法典》对撤销请求权人的资格也有明确规定：因继承不适格者出缺，受利益的任何人都有请求撤销其继承权的权利，其他人出缺时受利益亦同，此处的其他人指的是继承不适格者。这里所说的撤销不是普遍行为上的撤销，而是法律行为上的撤销。也就是说，必须以向法院提起撤销之诉的方式来作出，而且这一撤销之诉的目的必须是"宣告继承人继承不适格"①。由此可见，在法定继承中，继承人有适用继承权丧失的法定事由的行为，仅为其继承权丧失的前提。此时，其已经具有了"失去继承遗产之资格"的先决条件，但其遗产继承权并没有被当然丧失，若撤销权人不对其提起撤销之诉，其仍有继续继承遗产之权利；当且仅当撤销权人对其继承权提起撤销之诉且法院对该继承人继承不适格的最终宣告时，其发生的遗产归属才视作未发生，即其继承权丧失。

（三）继承权丧失的法律效力

1. 时间效力

《德国民法典》规定，若继承人被宣告为继承不适格，则其已发生的遗产继承视为自始无效，且遗产应归属于假设该继承不适格者在继承开始时已死亡的情况下有权继承之人。此时，遗产归属效力溯及至继承开始时发生。即继承人符合继承权丧失的全部构成要件或其被宣告继承不适格的，对其所发生的一切遗产归属均视为未发生。②

① 《德国民法典》第2341条、第2342条第1款。
② 《德国民法典》第2344条。

2. 对法定继承人的法律效力

代位继承属于法定继承的一种，《德国民法典》中对代位继承制度有着明确规定。即继承开始时，若被继承人的晚辈直系血亲已然死亡，则仍生存的与该继承人有着血统关系的晚辈直系血亲享有代位继承的资格。此时，若继承人的继承权丧失，其代位继承人是否可以继承其已丧失继承权的应继份，法典未作规定。尽管如此，法典中却规定了替补继承人，即当继承人在继承开始前或后因出缺而不能参与继承时，被继承人有权利另行指定继承人，此时，该继承人为替补继承人[①]。

据此可推知，在德国，若继承人的继承权丧失且其仍有晚辈直系血亲生存，那么该继承人的晚辈直系血亲将有机会以替补继承人的形式由被继承人指定为继承人，只不过其所享有的继承权的来源并非代位继承了原继承人的应继份，而是由被继承人在遗嘱当中所指定的。由上述的分析可见，根据《德国民法典》的规定，即使继承不适格者最终丧失了继承权，也不会影响到被继承人在遗嘱当中所指定的替补继承人的继承权。

3. 对受遗赠人的法律效力

在《德国民法典》中，对于受遗赠人实施了该法继承权丧失制度中所称的“错误行为”或之一时，其受遗赠权是否应该丧失并没有单独的规定。但是，根据《德国民法典》的相关规定，被继承人可以采用遗嘱的方式给他人以遗赠，使其获得财产上的利益，即使这个“他人”为法定继承人，遗赠仍然有效。

可见，在德国的法律中，受遗赠人也有可能是法定继承人，不一定局限于非法定继承人。所以，虽然《德国民法典》中没有对受遗赠人的受遗赠权丧失方面的明确规定，但是鉴于受遗赠人可能与法定继承人之间出现重合的现象，因此对继承权丧失的条款规定应当可以直接适用于遗赠的情形，亦即受遗赠人若有继承

---

① 《德国民法典》第1924、2096条。

权丧失的法定事由中所列的行为之一的，其受遗赠权也应当同继承权一样丧失。

4. 对特留份权利人的效力

对晚辈直系血亲之特留份予以丧失的，该丧失继承资格的晚辈直系血亲应有下列情形或之一：

（1）谋害被继承人或其配偶及其他直系晚辈血亲的；

（2）对被继承人或对被继承人配偶犯有严重的故意违法行为甚至罪行的；

（3）被继承人晚辈直系血亲故意对被继承人或其配偶进行肉体上的虐待，但这一情形仅限于该晚辈是由该配偶所生育；

（4）恶意不履行其对被继承人依法应尽的生活费义务的；

（5）违背被继承人的意愿，以不道德或不名誉的方式生活的。

当被继承人配偶有如下情形或之一的，该继承人的特留份应丧失：

（1）谋害被继承人或其直系晚辈血亲的；

（2）故意对被继承人进行肉体上的虐待的；

（3）对被继承人犯有严重的故意违法行为甚至罪行的；

（4）恶意不履行其对被继承人依法应尽的生活费义务的。

当被继承人的父或母有如下情形或之一的，父或母的特留份应丧失：

（1）谋害被继承人或其配偶及其他直系晚辈血亲的；

（2）对被继承人或对被继承人配偶犯有严重的故意违法行为甚至罪行的；

（3）恶意不履行其对被继承人依法应尽的生活费义务的。[①]

在本书第三章，笔者对继承权丧失制度的历史发展进行了回顾。从中可以看出，在罗马法的历史上，只有当继承人出现了可被排除遗产继承的情形时，遗嘱人在遗嘱中对其所作出的排除行

① 《德国民法典》第2333~2335条。

为方有效，其继承权也会丧失。换言之，继承人所实施的违法行为不会直接导致继承权丧失的后果，其中遗嘱人是否会排除其继承权将成为其继承权是否被终局丧失的关键所在。若其得到了被继承人的原谅，且被继承人在遗嘱中也未排除其继承权，那么其继承权则不会受到影响。由此可见，在这一阶段的立法中，继承人继承权的丧失与其行为并没有直接因果关系。这一古老的方式，在多年后的今天仍被《德国民法典》用另一种方式继受了下来。①

（四）继承权丧失后的恢复

《德国民法典》中，对于在法定继承中继承人的继承权丧失之后是否可以恢复以及恢复的方式有明确规定。如前所述，如要丧失继承人的继承权，首先要求事实上发生了继承人的继承权丧失的法定情形，而且同时还需要由符合法律所规定之条件的撤销权人提起对该继承人的继承权撤销诉讼，经过法院判决之后，撤销诉讼中所请求的对该继承人的继承权予以撤销的法律效力才会发生。

由此可以推出，若要恢复已被撤销的继承权，则需要排除法院对于继承人继承权撤销的判决。对此，法典中也规定，即只要有被继承人的谅解，继承权的撤销便可以被排除。② 由此可见，无论当时继承人的继承权是因何种理由而被撤销的，只要满足“被继承人已经谅解”这唯一的条件，撤销诉讼判决的法律效力便被排除，已被撤销的继承权便可恢复。法典中对于在遗嘱继承中已丧失的特留份的继承权是否能够恢复也作出了明确规定，特留份权利的丧失因宽恕而恢复，③ 即继承人所接受的对于丧失其特留份的处分会因为被继承人的原谅或者谅解而失去效力。也就是说，无论当中作出丧失其特留份的决定是出于何种情况或者何种原因，

---

① ［德］雷纳·弗兰克、托比亚斯·海尔姆斯：《德国继承法》（第六版），王葆时、林佳业译，中国政法大学出版社 2015 年版，第 218~219 页。

② 《德国民法典》第 2342 条。

③ 《德国民法典》第 2337 条。

只要被继承人对该继承人表示出了原谅或者谅解，又或者是在实际中有表示谅解的相关行为，那么在此种情形下，其丧失的特留份权利都会因为被继承人的原谅或者谅解而重新获得。

由上述可见，德国的法典对于已丧失的继承权和特留份并未进行区分，也不会因为之前继承权与特留份丧失时的情形不同而作出区别对待，而是把继承人或者特留份权利人的相关权利能否得以恢复这一问题的决定权完全地赋予被继承人，由被继承人在不受到任何干扰的情况下，自主地决定是否对该继承人持原谅或者谅解的态度，而被继承人的这种态度也将直接决定此继承人曾经丧失的继承权或特留份是否能够得以恢复。

三、瑞士的继承权丧失制度

相对于法国和德国的继承权丧失制度而言，《瑞士民法典》中继承权丧失制度的内容则较为简略。《瑞士民法典》关于继承权丧失制度的内容主要集中于第三编“继承法”第一部分“继承人”第十四章“遗嘱处分”中，对特留份的丧失作了规定；同时，该编第二部分“继承”第十五章“继承的开始”也对继承人的继承资格作了规定。

（一）继承权丧失的法定事由

《瑞士民法典》规定，当继承人实施了某些特定的过错行为时，其作为继承人的资格便直接丧失，而在其丧失了作为继承人的资格时，也就自然失去了按照被继承人的遗嘱取得被继承人任何遗产的权利。在这里，“特定的过错行为”包括下列几种：

1. 继承人对被继承人实施杀害行为，且具有致被继承人死亡的故意：

（1）违法实施故意致被继承人死亡的行为，或有此企图的；

（2）违法实施故意致被继承人陷入无遗嘱处分能力状态的行为的；

2. 继承人对被继承人实施阻止其遗嘱有效的行为：

(1) 采用欺诈、暴力等手段，促使或阻止被继承人订立或撤销遗嘱行为的；

(2) 在明知被继承人无重新订立遗嘱的可能的情形下，违法故意销毁其遗嘱或使其遗嘱无效的。①

(二) 继承权丧失的法律程序

根据《瑞士民法典》的规定，在法定继承中，瑞士对于继承权的丧失采取双轨制的继承权丧失程序。即丧失继承人的继承资格无须经由其他任何程序，只要继承人实施了继承权丧失的法定事由中所列的行为之一，则其继承权直接丧失。② 只是，如果继承人对其继承权是否丧失有争议时，则该继承人可向法院提起确认之诉，以确认其继承权丧失与否。

与之类似的是，在遗嘱继承中，继承人的特留份继承权的丧失是完全由被继承人决定的，若其能够得到被继承人的谅解，且被继承人在遗嘱中不予丧失其继承权，那么该继承人即使受到了刑事处罚，其应继承的相应特留份的继承权也不会丧失。只是，若特留份丧失的继承人对其权利丧失的原因有异议时，可向法院提起诉讼。此时，其他继承人或其他因丧失而受益者应举证证明丧失的原因正当。③ 由此可见，瑞士的遗嘱继承中，对于特留份的丧失采取的也是当然丧失主义。

(三) 继承权丧失的法律效力

继承人的继承权丧失后，其当然因失去继承资格而无法参与继承。根据《瑞士民法典》规定，继承权丧失的法律效力包括下列几点：

1. 时间效力

《瑞士民法典》规定，丧失继承资格的情形与先于被继承人死

---

① 《瑞士民法典》第540条。

② 《瑞士民法典》第479条。

③ 《瑞士民法典》第511条。

亡的情形相同，即继承权丧失的时间效力应追溯至继承开始之时起算。

2. 对法定继承人的法律效力

根据《瑞士民法典》的相关规定，继承人在丧失继承资格的同时也没有了继承能力。若出现继承人的继承能力丧失的情形，则丧失继承能力的继承人的晚辈直系血亲对其原本的应继份有代位继承的资格。[①] 由此可见，继承人的晚辈直系血亲代位继承权不受继承资格丧失的影响。

3. 对受遗赠人的法律效力

《瑞士民法典》中对于受遗赠人原本可以享有的遗赠财产是否会因其行为构成继承权丧失之法定事由而丧失以及丧失的方式未作单独的规定，但是根据其中对受遗赠人的继承能力的相关规定，遗赠开始后，只有受遗赠人有能力时才可以接受遗赠，否则不能承受。法典中还规定，无继承之资格者无继承能力，[②] 因此，继承人无继承资格的情形恰好是其继承权丧失的结果。按上述逻辑可知，在继承开始前，受遗赠人实施继承权丧失的法定事由中的行为，则其已经丧失了继承资格，也即失去继承能力而不能够接受遗赠。

4. 对特留份权利人的法律效力

《瑞士民法典》在法定继承权的基础之上，明确地规定了权利人所能够享有的特留份的比例，且只要其享有特留份的权利未被被继承人以遗嘱的形式丧失，则当继承开始后，其作为特留份的享有主体即可通过继承的方式享有被继承人的相应特留份遗产份额。但是，若出现《瑞士民法典》中所规定的特定情形，则其特留份可以由被继承人以遗嘱的形式丧失。[③] 此处所说的特定情形包

① 《瑞士民法典》第 541 条。
② 《瑞士民法典》第 543 条。
③ 《瑞士民法典》第 477 条。

括下列两种：

(1) 对被继承人或其亲友犯有重罪的；

(2) 对被继承人或其家属之一拒绝履行或严重违反亲属法中所规定的义务的。

(四) 继承权丧失后的恢复

针对继承人因实施法定丧失继承权的行为而丧失继承资格后，能否因被继承人的原谅而恢复其继承权这一问题，《瑞士民法典》为了充分地贯彻保护被继承人私权自由这一原则，授予了被继承人自主决定是否恢复继承人之继承权的权利。[①] 也就是说，当继承人的继承资格丧失之后，其已经不能够成为法定继承人或遗嘱继承人。但是，如果能够得到被继承人的宽恕和谅解，则其不再丧失继承资格，继承权亦即得以恢复。由上述可见，《瑞士民法典》赋予了被继承人决定是否恢复继承人丧失的继承权的权利，只要被继承人谅解，且愿意让该继承人继续享有其遗产，则对该继承人的继承资格的丧失便终止，该继承人的继承权也能够得以恢复，其间不需要再经过其他任何程序。

四、日本的继承权丧失制度

日本对继承权丧失制度的规定，集中在《日本民法典》第五编“继承”第二章“继承人”中。在《日本民法典》中，继承权丧失制度的主要内容包括继承权丧失的法定事由、继承权丧失的法律程序、继承权丧失的法律效力及继承权丧失后的恢复。

(一) 继承权丧失的法定事由

根据《日本民法典》的相关规定，继承人有法律所规定的继承权丧失之事由中的行为时，便不能够作为继承人继承遗产。而继承权丧失的法定事由所列之违法行为具体有以下几种：[②]

---

① 《瑞士民法典》第 540 条第 2 款。

② 《日本民法典》第 891~892 条。

（1）故意致被继承人、先顺位或同顺位继承人死亡，或因欲致其死亡而被处以刑罚的；

（2）明知被继承人被杀害而不去控告、告发者（该继承人不能辨别是非或实施杀害行为的为自己的配偶或其他直系血亲的情形，不在此限制之列）；

（3）以欺诈或胁迫等非法手段促使或妨碍被继承人订立、撤销或变更其遗嘱的；

（4）伪造、变造、销毁或隐匿被继承人的遗嘱的；

（5）对被继承人实行虐待或重大侮辱行为或有其他严重劣行的。

（二）继承权丧失的法律程序

《日本民法典》对于继承权丧失程序的态度被认为是混合主义，既有单轨制的继承权丧失程序又有双轨制的继承权丧失程序。[①] 在日本，有着“推定继承人”的法律概念。所谓推定继承人，指的是继承开始时即应作为继承人的自然人。一般来说，当推定继承人没有实施上述所列的几条法定事由中的行为时，往往就意味着其在继承开始时就可以直接继承被继承人的遗产。但是当推定继承人实施了上述五条继承权丧失的法定事由所列之行为时，其直接被排除在继承人之外，即其继承权被当然丧失。此时，只要继承人有上述的几项行为，则按照《日本民法典》规定，无须经由任何程序，该继承人的继承资格即丧失。只是，如果继承人对其继承权是否丧失有争议，则该继承人可向大法院提起确认之诉，以确认其继承权丧失与否。但是，在日本还有推定继承人被以遗嘱的形式废除的情形，这种情况属于继承人的非当然丧失，也被称作继承人的废除。在这种情形下，被继承人在其遗嘱中载明废除某推定继承人的继承资格，这一意思表示将会作为该继承人的继承权丧失的前提条件。当被继承人在遗嘱中有此表示时，

① 《日本民法典》第891~893条。

遗嘱生效之后遗嘱执行人还需要向家庭法院提起废除推定继承人的请求，经由法院确认后，该推定继承人的继承资格以及继承权才会被废除。

（三）继承权丧失的法律效力

1. 时间效力

在法定继承中，继承权丧失的继承人不得继承被继承人的遗产。继承权丧失的效力的发生时间可追溯至被继承人死亡时，在特留份权利丧失中，其效力的发生时间同样可追溯至被继承人死亡时。[①]

2. 对法定继承人的效力

《日本民法典》规定，作为被继承人之子女的推定继承人于继承开始前死亡，或因缺格、废除等原因而丧失继承权时，该继承人之子女代其位成为继承人，但该子女不属于被继承人的直系卑亲属时除外。[②] 由这一规定可知，若继承人因有丧失继承资格的事由而不能作为继承人时，或作为特留份的推定继承人因其被废除而继承权丧失时，其子女可代其位成为继承人，以如此方式享有的继承权即代位继承权，该代位继承权不受继承权丧失之影响。而且，尽管日本并没有在代位继承的代数上作限制，但法典中同样明确规定，能够代位继承者仅限于被继承人的直系卑亲属。由此可见，在日本的法律中，继承人的继承权丧失不会影响其子女以代位继承的方式享有被继承人的遗产。

3. 对受遗赠人的效力

《日本民法典》中没有对受遗赠人的受遗赠权丧失的情形作出单独的规定，而是以准用继承人之规定的形式，将继承人由于丧失继承资格而不能作为继承人的事由及胎儿的继承权利直接准用

---

① 《日本民法典》第891、893条。

② 《日本民法典》第887条第2款。

于受遗赠人。[①] 因此，若受遗赠人实施了继承权丧失的法定事由中所列的行为，其受遗赠人的资格便直接丧失，也就自然不得享有其原本可享有的遗赠。

4. 对特留份权利人的法律效力

依据《日本民法典》的规定，虽然特留份的享有是基于特留份权利人与被继承人之间存在的遗产继承关系，但如果特留份的推定继承人对被继承人实施了虐待、重大侮辱等行为或其他严重劣行，被继承人可以以遗嘱的形式作出废除该推定继承人的意思表示。而当被继承人已作出此表示后，遗嘱执行人须在遗嘱生效后立即向家庭法院提出废除该推定继承人的请求。

（四）继承权丧失后的恢复

《日本民法典》对关于继承权丧失后是否可以恢复作出了明确规定：若被继承人愿意，其可以就对推定继承人的废除或继承人因资格欠缺而被直接丧失的继承权随时向家庭法院提出撤销请求。而且，这里由被继承人所提出的撤销请求是对废除的全面撤销，不因情形的不同而区别对待。此时，继承人无论何种原因而丧失的继承权均可恢复。[②] 综上所述，尽管日本对于继承人的继承权丧失有两种截然不同的方式：或因继承资格的欠缺而当然废除，或经由遗嘱通过家庭法院决定废除。但在继承权恢复时却未作区分。继承人丧失的继承权能否恢复，无论在何种情形下，均完全取决于被继承人。

五、俄罗斯的继承权丧失制度

由于种种历史原因，自中华人民共和国成立以来，我国民法中很多方面的内容都受到了同为社会主义阵营的苏联的影响，这

---

① 《日本民法典》第 893 条。

② 《日本民法典》第 894 条。

一特性尤其是在很多开创性制度的建立上更加明显。[①] 因这一缘故，我国在相关法律制度的研究方面，更加应该对俄罗斯的相关法律规定加以分析研究。探索我国当年借鉴和移植的源头——《俄罗斯联邦民法典》如今的发展状态，会更加有助于我国《继承法》的修订与完善。

《俄罗斯联邦民法典》的第五编“继承法”位于其第三部分，而对于继承权丧失制度的相关规定则被集中在第六十一章“继承的一般规定”中。《俄罗斯联邦民法典》中此方面的主要内容有：继承权丧失的法定事由、继承权丧失的法律程序、继承权丧失的法律效力以及继承权丧失后的恢复等。

（一）继承权丧失的法定事由[②]

第一，故意对被继承人或其他继承人实施违法行为，促使或企图促使自己或他人增加应得的遗产份额者或成为继承人的；

第二，故意对遗嘱实施违法行为，促使或企图促使自己或他人增加应得的遗产份额者或成为继承人的；

第三，如果父母被依法丧失了其对子女的亲权，且直至该子女死亡时，其亲权仍未能恢复的，父母对该子女不再享有法定继承权；

第四，若恶意逃避或拒绝履行对被继承人依法应尽的扶养义务，其他利害关系人可以向法院提出排除该人的法定继承权的请求。

（二）继承权丧失的法律程序

《俄罗斯联邦民法典》中对继承权丧失采取的是单轨制的继承权丧失程序。[③] 上文所列的四项仅仅是继承权丧失的法定事由，亦即继承权可以丧失的前提条件，而继承权最终是否丧失，需要由

① 佟柔主编：《民法原理》，法律出版社 1983 年版，第 3 页。

② 《俄罗斯联邦民法典》，黄道秀译，北京大学出版社 2007 年版，第 384~385 页。

③ 《俄罗斯联邦民法典》，黄道秀译，北京大学出版社 2007 年版，第 385 页。

其他利害关系人向法院提出请求，由法院通过司法程序予以丧失。即继承人实施了上述所列法定事由中的行为后，其继承权并未被直接丧失，仍需得到司法程序对此行为的证实后，其继承权才会丧失。

由此可见，在俄罗斯，所有的发生继承权丧失的情形都需要有相应的予以证实或辅助的程序方才能够使其得以完成：或需经由司法程序丧失父母对子女的亲权，或需依照司法程序证实继承人的继承权应丧失的行为，或需由法院根据利害关系人所提的请求予以丧失。

(三) 继承权丧失的法律效力

1. 对法定继承人的效力

只要是继承人根据上述规定丧失了继承权，那么作为无权继承人，其原本通过继承权所取得的遗产份额均成为不当得利。此时，该继承人需要依据法典中对不当得利的规定予以返还。亦即根据该条规定，丧失了继承权的继承人需要根据《俄罗斯联邦民法典》中第六十章的规定返还其原本所获得的遗产。[①] 根据《俄罗斯联邦民法典》的规定，法定继承人在继承开始前或与被继承人同时死亡，其相应的后代都可以享有代位继承权，并继承该法定继承人应享有的应继份。[②] 但若该法定继承人的继承权已被遗嘱丧失，或因其实施了继承权丧失事由中所规定的行为后而被依法丧失，则该继承人的后代便无权可代，故而不再享有代位继承权。

2. 对受遗赠人的效力

根据《俄罗斯联邦民法典》的规定，对继承人的继承权丧失规则同样适用于遗赠的情形。[③] 即若受遗赠人实施了法典中所列的继承权丧失的法定事由中的行为之一的，其将因此丧失受遗赠权。

---

① 《俄罗斯联邦民法典》，黄道秀译，北京大学出版社 2007 年版，第 385 页。
② 《俄罗斯联邦民法典》，黄道秀译，北京大学出版社 2007 年版，第 396 页。
③ 《俄罗斯联邦民法典》第 1119 条。

若其已接受遗赠，则该部分财产应按法典中对于不当得利的规定予以返还。若遗赠的标的是被继承人或其他继承人为受遗赠人提供一定服务或完成一定工作且已完成，此时受遗赠人的受遗赠权却丧失，则受遗赠人需补偿服务的提供者或工作的完成者与其服务或工作相对应的价值。①

3. 对必继份的效力

依照《俄罗斯联邦民法典》的相关规定，继承权丧失的规则对所有有权取得必继份财产的继承人均可直接适用。② 这里所说的必继份，指的是被继承人的配偶、子女（包括未成年子女）、父母或无劳动能力的受供养人，在达到了相应条件时所享有的对遗产中特定份额的继承权利。由此可以看出，在俄罗斯，必继份遗产的继承主体并不仅仅限于与被继承人关系最为密切的法定继承人，而是适用于包括与被继承人无血缘关系者在内的任何主体。

（四）继承权丧失后的恢复

虽然《俄罗斯联邦民法典》对于继承权丧失后的恢复没有任何直接、明确的规定，但是法典中却规定，在继承人发生了继承权丧失的情形时，若被继承人仍在遗嘱中给予其遗赠财产，则该继承人对此份遗产所享有的继承权不受继承权丧失的影响。③ 由此可见，在俄罗斯，当继承人的继承权丧失后，被继承人仍有权自主决定是否给予该继承人遗赠财产，而该丧失了继承权的继承人此时对该部分遗赠的财产所享有的是受遗赠权。虽然从形式上来看，该财产是被继承人给予该继承人的遗赠，但从本质上来说，这应属于对继承人已经丧失的继承权的恢复，而这种情形的产生，则是由于被继承人对继承人谅解的结果。此时，受遗赠人无论最初由于何种原因导致其继承权丧失，都不影响其对该份遗产享有

---

① 《俄罗斯联邦民法典》第 1120 条。

② 《俄罗斯联邦民法典》第 1119 条。

③ 《俄罗斯联邦民法典》第 1118 条。

继承权。所以说，实际上这是以遗赠的形式恢复了其丧失的继承权。

六、意大利的继承权丧失制度

意大利关于继承权丧失制度的规定集中在《意大利民法典》第二编“继承”第一章“继承的一般原则”第三节“无继承资格”中。其主要内容包括：继承权丧失的法定事由、继承权丧失的法律程序、继承权丧失的法律效力及继承权丧失后的恢复。

（一）继承权丧失的法定事由

根据《意大利民法典》第463条规定，实施下列六种行为者无继承资格，不得参与继承：

第一，故意杀害或者企图故意杀害被继承人或其配偶、尊亲属或卑亲属的；

第二，故意伤害被继承人或其配偶、尊亲属或卑亲属，按刑法规定应按杀人罪论处的；

第三，在刑事诉讼中因非法指控或作伪证证明被继承人或其配偶、尊亲属或卑亲属犯有应处以死刑、无期徒刑或者三年以上有期徒刑，而被以诬陷罪或作伪证罪判处刑罚的；

第四，以欺诈或胁迫的手段促使或阻止被继承人修改或撤销其遗嘱的；

第五，销毁、隐匿或伪造被继承人遗嘱的；

第六，制作假遗嘱或明知是假遗嘱仍使用的。

从《意大利民法典》的上述规定中可以发现，其将导致继承人继承资格丧失的行为重点放在以下两方面：

第一，对被继承人或其配偶、尊亲属或卑亲属实施不法或犯罪行为；

第二，对被继承人的遗嘱实施妨碍其真实意志得以体现或实现的行为。

当继承人实施了上述所列行为或之一时，其继承资格便会丧失，从而不得再参与被继承人遗产的继承。

（二）继承权丧失的法律程序

《意大利民法典》中虽然没有对继承权丧失的程序进行明确规定，但依其规定，失去继承资格的继承人应当返还其在继承开始后所取得的遗产及其所产生的收益和孳息。[①] 而法典中并没有对继承权的撤销程序作出明确规定，因此可以推知对于继承权的丧失，《意大利民法典》采取的是双轨制的继承权丧失程序。即继承人一旦实施了上述继承权丧失的法定事由中的行为之一时，其继承权就被当然丧失，其间不需要再经由任何环节和程序。只是，如果继承人对其继承权是否丧失有争议时，则该继承人可向法院提起确认之诉，以确认其继承权丧失与否。

（三）继承权丧失的法律效力

《意大利民法典》中对于继承权丧失的效力之规定主要包括对法定继承人的效力、对受遗赠人的效力以及对特留份权利人的效力。

1. 对法定继承人的效力

按照《意大利民法典》规定，只要被继承人的尊亲属不愿或不能继承遗产或接受遗赠，则其卑亲属可以按照该尊亲属所在的亲等，取得代替其参与继承的权利，即代位继承权，甚至在条件符合的情形下，允许发生遗嘱代位继承的情况，且代位继承不会受到亲等和辈分之限制。

在这项规定中，“尊亲属不能继承”包括继承人丧失了继承资格，因此不再享有继承权的情形。由此可见，继承人继承权的丧失对其代位继承人的代位继承权没有影响。需要注意的是，《意大利民法典》规定，当父母因继承资格的丧失而不再享有继承权时，其子女虽然因此而取得了代位继承权，但该父母对其子女因代位

① 《意大利民法典》第464条。

继承而取得的遗产不享有用益权及管理权。①

2. 对受遗赠人的效力

《意大利民法典》中对于受遗赠人的受遗赠权是否会因其行为符合继承权丧失事由的规定而丧失以及如何丧失没有单独、明确的规定，而且对于受遗赠权的丧失是否准用继承权丧失的问题也没有规定。但是，显而易见，继承人在实施了继承权丧失的法定事由中的行为后其继承权丧失，此时如果受遗赠人同样实施了上述行为，其受遗赠权却不会丧失，这显然不合法理，也不公平。所以按照法理，当受遗赠人实施了继承权丧失的法定事由中的行为时，其受遗赠权也应当丧失方显公平。

3. 对特留份权利人的效力

《意大利民法典》明确规定，特留份所作用的主体是继承人，进一步讲是出于其利益考虑，依法为其保留一部分遗产或权利的那部分继承人，对该类继承人的范围亦有明确规定。② 既然法典中明确规定了特留份是特定继承人继承特定遗产份额的一种形式，那么在法律对特留份的丧失没有作出单独规定的情况下，特留份的丧失也应适用上文所述的继承权丧失的法定事由。

（四）继承权丧失后的恢复

在意大利，若被继承人在遗嘱或公证书中明确表示对无资格继承之人的继承权予以恢复，则该无资格继承人便被允许参与继承。③ 换言之，在遗嘱人知晓受到丧失继承权处分的人继承资格丧失的原因且其继承权没有被明确恢复的情形下，若遗嘱人仍然在遗嘱中作出了与该继承人相关的遗嘱处分，那么在遗嘱的范围内，该受到丧失继承权处分的人则被允许参与继承。这里需要指出的一点是，被继承人的宽恕方式会直接影响到继承权恢复的效力。

---

① 《意大利民法典》第 467 条。
② 《意大利民法典》第 421 条。
③ 《意大利民法典》第 466 条。

不同的宽恕方式下继承权恢复的效力不同。而宽恕方式分为明示宽恕和默示宽恕两种：当明示宽恕时，继承人已丧失的继承权完全恢复，既能够享有法定继承权，也能够享有遗嘱继承权；而当默示宽恕时，继承人已丧失的法定继承权不会被恢复，其仅能够在遗嘱所规定的范围内参与继承。①

第二节　英美法系国家继承权丧失制度的立法考察

近些年来，随着现代社会的不断发展进步，各国之间的交往日益密切。相应地，各国法律之间也逐步呈现出了相互融合的趋势，这一趋势使得英美法系国家与大陆法系国家的法律之间相共通的部分越来越多。但是从根本上讲，英美法系国家与大陆法系国家的法律源流有着明显的不同，而且英美法系国家实行独特的判例法制度，因此即便是法律发展到今天，英美法系国家的法律也难以为我国的法律制度所直接借鉴。

但是，英美法系国家的法律不能够直接为我国的法律制度所借鉴并不意味着其没有任何可供我国借鉴的成分。而且大陆法系国家重视法律条文，但随着社会发展，法律条文也需要修订变化。法治精神要求法律至高无上，而法律条文又有可能落后于社会生产、生活的实际情况。遵守法律条文，可能会脱离和落后于实际；突破法律条文，则意味着违法。所以大陆法系有这样一个天生的内在矛盾，而英美法系的判例法则能很好地克服这一矛盾。因此，从英美法系国家的法律著述或者其判例中，能够找到导致继承人的继承权丧失的最新法律原理，这为本书对继承权丧失制度进行深层次的理论分析提供了很大的帮助。

① 《意大利民法典》第466条。

一、英国的继承权丧失制度

（一）继承权丧失制度的法定事由

在英国，继承权丧失制度又被称作权利丧失规则（forfeiture rule），其是很早以前就形成的一项普通法制度。[①] 正如英国著名法官在其 1994 年对 Jones 诉 Roberts 一案的判决中所述："有一个很早就为公共政策所树立的权利丧失规则，即'违法杀害他人者不得因其杀害行为而获利'。"[②] 由此可见，作为继承权丧失的规则之一，"阻止不法杀害他人者从其行为中获利"是一项久已确立的、为公众熟知的公共政策。这里的"不法杀害"，既包括故意杀害行为，也包括过失杀害行为，甚至还包括帮助他人自杀的行为。根据英国《丧失权利法》第 1 条的相关规定，权利丧失规则指的是"在某种情况下，违法杀害他人者不得从其杀害行为当中获利"的一项公共政策。这里的"不法杀害"，既包括故意杀害行为，也包括过失杀害行为，甚至还包括违法帮助、怂恿、建议或者极力使他人自杀或致死的行为。

1. 继承人故意杀害被继承人

如果继承人谋杀被继承人的行为成立且被执行有罪判决，则其继承权丧失。关于这一点，在 1911 年的 Cringe 遗产案中就确立了"继承人谋杀导致其继承权丧失"的原则。[③]

2. 继承人过失杀害被继承人

早在 1914 年，在英国 Hall 遗产案的判例中就确立了"继承人

---

① Forfeiture Act 1982（amended in 1992）.

② Andrew. Iwobi, *Essential Succession*（second edition）, London：Cavendish publishing limited，2005, p. 127.

③ Ken Mackinaw, Mark Burton, *Outline of succession*（second Edition）Lexis Butterscotch, 2010, p. 83.

过失杀害被继承人，其继承权应丧失”的原则；[①] 而在 1972 年 Giles 遗产案和 1985 年 Rose 遗产案中，这一原则仍被坚持，甚至更进一步确立了“过失杀人者即使有减轻刑事责任的情节表现，也不影响其继承权丧失”的原则。[②] 但是，在 1990 年的 H（死者）案中，法官 Peter Gibson J. 坚持认为，并不是任何情形下的过失杀害行为都应导致继承人的继承权丧失。在对整个案件进行了仔细的分析之后，Peter Gibson J. 在判决中宣布，只有行为人故意实施暴力行为或故意以暴力相威胁时，其继承权才会丧失。[③] 然而，到了 1994 年，Jones 诉 Roberts 一案的判决却遭到质疑。法官 Colbert 指出：这与上诉法院对于 Rose 遗产案的更权威性判决不一致，Peter Gibson J. 在其判决中也并未引用 Rose 遗产案之判决。Korzybski 在其著述中也对 Peter Gibson J. 的判决提出了批评。Korzybski 在其书中指出，英国《丧失权利法》既已对此作了确认，那么 Peter Gibson J. 法官就不应再认为“并非任何过失杀害行为都导致继承人的继承权丧失”。[④] 因为该案，其权威性受到质疑并大大地降低。英国的法律界及学术界认为，Rose 一案的判例不仅更具权威性，且更符合公共政策的要求。

1997 年，在 Dunbar 诉 Plant 一案中，法官 Philips L. J. 表明了其看法：在 H 案中，Peter Gibson J. 法官仅以案中不存在行为人的主观故意就判决杀人者的继承权不丧失，这是错误的。他还认为，Peter Gibson J. 法官可以根据具体的案情，考虑授权减轻杀人者的

---

① Frederick Pollock and Frederic William Mainland, *The History of English Law before the Time of Edward I*, Cambridge University Press, 2003, p. 129.

② Andrew Iwobi, *Essential Succession* (second edition), London: Cavendish publishing limited , 2005, p. 128.

③ Katherine Fisher Drew, *Law and Society in Early Medieval Europe: Studies in Legal History*, Vivarium Reprints, London, 2008, p. 239.

④ Korzybski, *Parry & Clark on the Law of Succession*, sweet & Maxwell, 2003, p. 128.

责任，但是仍应判杀人者的继承权丧失。[①] 上诉法院所作的判决似乎使这一饱受争议的问题最终得以解决。

3. 继承人帮助被继承人自杀

根据英国《自杀法案》（Suicide act）之规定，怂恿或帮助他人自杀是有罪的，这一原则在 1997 年 Dunbar 诉 Plant 一案中被确立。[②] 因此，英国的判例法除了规定故意及过失杀害被继承人的行为会导致继承人的继承权丧失，也规定了怂恿或帮助被继承人自杀会导致继承人丧失继承权。

但是，在英国，并不是继承人所实施的任何杀害行为都必然导致继承人的继承权丧失。因杀害行为丧失继承权的规则在出现下列两种情形时会被限制甚至排除：

（1）行为人在失常甚至不能够清楚地判断其行为性质，或不能够理解其行为的错误时杀害被继承人，其继承权不丧失；

（2）行为人因交通事故过失杀害被继承人时，其继承权不丧失。[③]

（二）继承权丧失的法律程序

英国的继承权丧失制度采取的是双轨制的继承权丧失程序，即对继承人继承权的丧失不需要以对其作出有罪之刑事判决为前提，只要继承人实施了继承权丧失的法定事由中所列之行为，其继承权就已然丧失。关于这一点，在 1935 年的 Newsworthy 遗嘱信托一案中均已清楚地表明。[④] 只是，如果继承人对其继承权是否丧失有争议时，则该继承人可向法院提起确认之诉，以确认其继承

---

① Katherine Fisher Drew, *Law and Society in Early Medieval Europe: Studies in Legal History*, Vivarium Reprints, London, 2008, p. 112.

② See Ken Mackinaw, Mark Burton, *Outline of succession* (second Edition) Lexis Butterscotch, 2010, pp. 221-225.

③ Law Reform Succession Act 1995.

④ See Brashier, Ralph C. *Dissuccession and the Modern Family*, Case Western Reserve Law Review, Vol. 45, Issue 1 (Fall 2015) .

权丧失与否。

(三) 继承权丧失的法律效力

相据相关的法律规定，英国的继承权丧失对财产有明确的效力范围，即当继承人的继承权丧失时，其不得以继承的方式获得如下财产：

第一，根据被继承人生前所立遗嘱或者无遗嘱继承所能够获得的财产利益；

第二，被继承人临终的遗赠财产；

第三，被继承人对该继承人的提名；

第四，被继承人针对该继承人所预先设定的其他财产利益；

第五，该继承人由于被继承人死亡而能够获得的任何财产利益。[①]

(四) 继承权丧失后的恢复

英国的法律和判例对继承权丧失后的恢复均未作相关规定，但是有关于继承权丧失后的减轻令规定。虽然法院可以根据法律和判例中所确定的权利丧失规则对继承人作出不得获得上述所列财产的裁决，但是法院也可能根据继承权丧失后的减轻令规定作出对继承权丧失加以修正后的裁决。法院出具减轻令时需要综合考虑继承双方当事人的行为以及案件的具体情况，当且仅当为了保证案件公正性的时候，才能够对继承权丧失的规则适用继承权丧失后的减轻令规定加以修正。由于实施了过失杀害被继承人或帮助、教唆被继承人自杀行为而导致其继承权丧失的继承人，可以向法院提出缩小其丧失的继承权的范围及降低其程度的申请。同时，法院为了保证案件的客观性和公正性，应充分考虑实施了该行为的继承人和被继承人的具体情况以及与此案件有关的其他客观情况，然后根据继承权丧失后的减轻令规定修正继承权丧失的规则，缩小实施了过失杀害被继承人或帮助、教唆被继承人自

① Probate and Administration Ordinance 1994.

杀行为人的失权范围，以及降低其失权效果及失权程度。但是，该减轻令不适用于因实施了故意杀害行为而丧失了继承权的继承人。上文所述的减轻令可以通过下列几种方式来修正继承权丧失的效果：

第一，在继承权丧失所涉及的多项财产中，其中的某一项或多项财产（但不可为全部财产）不适用继承权丧失的规则。

第二，在继承权丧失所涉及的任何一项财产中，一部分利益不适用继承权丧失的规则。

第三，若继承人认为其某种对被继承人的杀害行为应为过失杀害或帮助被继承人自杀，则法院应当对其丧失的继承权下达减轻令，且该减轻令下达的诉讼应当在该继承人被作出有罪判决后3个月期满前提起。若超过该时限，则法院不应再作出对继承权丧失的修正命令。

二、美国的继承权丧失制度

在实施联邦制的美国，不同的州之间关于继承权丧失制度的规定有着一定的区别，本书主要就美国《统一遗嘱检验法典》（Uniform Probate Code2010）[①] 中关于继承权丧失制度和继承权是否会因为某些特定的事由丧失和丧失的方式的规定，以及美国一些州法院包括联邦法院的不同判例进行介绍。美国的继承权丧失制度的主要内容包括继承权丧失的法定事由、继承权丧失的法律程序、继承权丧失的法律效力以及继承权丧失后的恢复。

（一）继承权丧失的法定事由

美国大多数州关于继承权丧失的法定事由中都规定有继承人故意杀害行为一项，但是对继承人的其他违法行为是否会导致其继承权丧失却鲜有明确规定。即便如此，仍然有少数州对于继承

---

① UNIFORM PROBATE CODE（1969），Last Amended or Revised in 2010，Drafted by the NATIONAL CONFERENCE OF COMMISSIONERSON UNIFORM STATE LAWS.

人所实施的虐待及遗弃被继承人的行为规定了予以丧失继承权。另外，根据衡平法的规定，任何人都不得从自己的欺诈行为、过错行为甚至是犯罪行为中获得利益。从这条规定中可以认定，除了故意杀害行为，其他的过错行为也有可能会导致继承权丧失的后果产生。①

1. 继承人故意杀害被继承人的行为

美国的大部分州都将此项规定为继承权丧失的法定事由。而且，对于此行为，美国的大部分州在其法律中都明确地规定为"重罪地并故意地杀害死者"。也就是说，只有当继承人实施了故意杀害行为且该行为构成犯罪时，其继承权才会丧失。但是，有一点值得注意，在美国有些州，即使有些时候由于证据不充分法庭对继承人作出了无罪判决，或者因为实施该行为的继承人自杀而导致法庭未对其进行刑事审判的，该继承人的继承权也会丧失。②

除此之外，美国最高法院也有判决实施了故意杀害被继承人行为的继承人的继承权不因其杀害行为而丧失的判例。究其原因，主要是因为被杀害的被继承人的财产转移完全经由继承法来作出调整。由于杀人者所犯的罪行而直接对其继承权予以否定，会导致杀人者受到了法律中未规定的、额外的惩罚，这违反了罪刑法定的原则，更是违反了宪法的规定。

2. 继承人虐待或遗弃被继承人的行为

虽然在美国很少见到对于继承人实施了虐待或遗弃被继承人的行为直接导致其继承权丧失的判例，且美国的《统一遗嘱检验法典》中也没有对此进行规定，但有一些州却作出了此规定。其中比较有代表性的是加利福尼亚州的《遗嘱检验法典》第259条(a)款之规定：

① "Parry & Clark on the Law of Succession", sweet & Maxwell, 2003, pp. 210-213.

② Case Western Reserve Law Review, Vol. 45, Issue 1 (Fall 2015), pp. 141-142.

有下列情形者被视为先于死者（即被继承人）死亡：

（1）有清晰且令人信服的证据能够证明该继承人对死者（老年人或无独立生活能力的成年人）有生理虐待或遗弃行为的，或有信托滥用（fiduciary abuse）行为的；

（2）该继承人被发现在对被继承人的照料中存在疏忽大意、欺诈、迫害或恶意行为的；

（3）该继承人被发现有不诚实行为的；

（4）该继承人实施的某些行为，使死者（被继承人）在发现该行为至死亡这一时间段内实质上无自主控制其财产之能力，或抵制欺诈或不当影响的。

（二）继承权丧失的法律程序

在美国，大多数州的法律中规定，继承人对被继承人实施了“重罪并故意杀害”行为的，则构成继承权丧失的法定事由。此时，若杀人者所实施的故意杀害行为被法院刑事判决裁定为有罪，则其继承权确定丧失。由此可见，在美国，大多数州对于继承权丧失采取的是当然丧失主义。只不过，根据美国《统一遗嘱检验法典》第 2-803 条（g）款之规定，当继承人所有的上诉权均用尽后，法院作出了故意杀人罪的判决，该判决则终局确认了行为人的行为属于第 2-803 条所称的重罪并故意杀害。而当证据不足以对杀人者作出有罪判决时，法庭应当根据利害关系人之请求，以及证据优势的标准，对行为人是否为有罪地杀害被继承人进行裁决。若法律根据已有的证据标准对杀人者作出了有罪杀害被继承人的裁决，则此裁决应当作为终局确认行为人的行为属于第 2-803 条所称的重罪并故意杀害。换言之，根据美国的刑事诉讼证明标准，若法庭因已有的证据不充分而作出了无罪判决，或者行为人由于自杀而未能进行刑事审判的，利害关系人仍然有提起诉讼的权利，通过该诉讼请求法院对行为人是否为有罪地实施了杀害行为进行裁决。若裁决认为行为人有罪地杀害死者（被继承人），则行为人的继承权仍会丧失。

（三）继承权丧失的法律效力

继承人本人由于实施了继承权丧失的法定事由所列的行为而导致其对于作为行为对象的被继承人的继承权丧失，但是此时法律并不因该继承人的行为而丧失其对于其他被继承人的继承权。根据美国法律的有关规定，重罪且故意杀害死者（被继承人）的，应丧失依据该法第2章规定中的从死者（被继承人）的财产当中所取得的一切利益，包括法定继承份额、选择份额、遗漏的配偶或子女的份额、田产收益部分、家庭津贴收益以及被免除义务的财产。若死者（被继承人）死亡时无遗嘱，则在法定继承开始时对于实施了杀人行为者视作放弃其法定的应继份额。

在美国，有些州规定，若继承人杀害被继承人，则视作其主动放弃继承权；而有些州则规定，若继承人杀害被继承人，则视作其先于被继承人死亡。[①] 例如，加利福尼亚州《遗嘱检验法典》第259条（a）款规定，对因故意杀害被继承人以及虐待、遗弃等而丧失继承权的，视为该继承人先于死者（被继承人）死亡。美国的《统一遗嘱检验法典》也有相似的规定，该法典第2-803条（b）款规定，当继承人实施了上述行为时，则视为其主动放弃继承权。但是根据该法典中对于放弃继承权的有关规定，放弃继承权的继承人视作先于被继承人死亡，因此这两种情况所导致的结果是相同的。

若行为人（实施了故意杀害行为的继承人）被视为先于被继承人死亡，而被继承人在遗嘱中又载明“若某继承人先于被继承人死亡，则其应继承的部分遗产归其继承人所有”，该遗嘱内容是否生效？《统一遗嘱检验法典》中并没有对此作出规定。但是根据美国的判例，若丈夫指定其妻子作为其人身保险的受益人，当妻子先于其死亡时，则妻子的父亲成为第二顺序受益人。根据这一

① Jesse Dukeminier and Stanley M. Johanson, *Wills*, *Trusts and Estates* (Sixth Edition), Beijing: Citic Publishing House, 2003, p. 141.

规则，若其妻子与他人共谋对其实施了故意杀害的行为，则会被视作先于其死亡并禁止取得财产，法庭将其人身保险的收益指定给予了妻子的父亲。出现这一判例的原因是，法庭认为试图对死者的内心意图进行确认是一种不恰当的推测。①

但在伊利诺伊州有一个与此完全不同的判例：某男子（被继承人）在遗嘱中将其60%的遗产留给了他的第二任妻子，若其第二任妻子先于其死亡，则该部分遗产归她上次婚姻所生之子女。妻子与他人共谋将其杀害，因此犯有谋杀罪。根据伊利诺伊州相关法律对于杀人者先于死者死亡的规定，妻子被禁止取得其遗产。此时，法庭认为，若继承法承认遗嘱有效，则杀人者（妻子）有可能从她的犯罪行为当中获利（因从她的子女那里继承而取得该部分财产），因此法庭拒绝刻板地适用法律。法庭裁决，将该部分遗产转移给被继承人的法定继承人，若该取得遗产的法定继承人同样是杀人者的法定继承人，则被继承人在遗嘱中所载之内容不发生效力。②

根据加利福尼亚州《遗嘱检验法典》第250~253条之规定，继承权丧失制度不仅对能够继承遗产的继承权发生效力，也会导致行为人的其他相关的权利和资格丧失，具体包括：

1. 根据遗嘱取得遗产的资格

实施了重罪并故意杀害被继承人的行为者，无权根据被继承人的遗嘱取得任何财产、收益或利息，无权享有遗嘱或信托授予的任何利益。

2. 成为遗嘱执行人的资格

实施了重罪并故意杀害被继承人的行为者，无权享有作为遗嘱信托人、执行人、监护人或遗产保管人的任何指定、委任或提名。

---

① See Primerica V. Sut.

② Palanquin Probate Low Journal, Vol. 14, Issue 1 (2009), pp. 137-141.

3. 无遗嘱继承而取得遗产的资格

实施了重罪并故意杀害被继承人的行为者，无权因无遗嘱继承而取得被继承人的任何财产。

4. 取得共有财产中生存者利益的资格

实施了重罪并故意杀害被继承人的行为者，无权取得下列三种情况下的共有财产中生存者的利益：一是无权取得在事实婚姻中属于死者（被继承人）的准夫妻所共有的财产；二是无权取得死者（被继承人）仍生存的配偶及其未成年子女对家庭住房、家具、衣物及其家庭中其他财产的占有权；三是无权取得生存者对死者权利部分共有财产的享有权，此时死者对共有财产的享有权应作为遗产转由其他继承人继承。

5. 取得被继承人的保险、债券以及其他的合同利益

若实施了故意杀害行为的行为人在被继承人的保险合同、公司债券或其他协议中被指定为受益人，则其无权从该保险合同、公司债券或其他协议中取得任何利益，且这部分利益均依据实施了杀害行为者先于死者（被继承人）死亡履行。

6. 取得财产或其他利益

实施了重罪并故意杀害被继承人的行为者，无权取得因其所实施的杀害行为而获取的财产或其他利益。

（四）继承权丧失后的恢复

美国判例法认为，继承人故意杀害被继承人或为争夺遗产而杀害其他继承人的行为会导致继承权的终局丧失，并进一步指出，继承人的杀害行为导致其继承权的终局丧失是任何人不得从其不利行为中得利的具体体现。比如，在格丽斯诉帕尔默一案中，法院判定纽约州制定法不允许一个谋杀祖父的人有权依据其祖父的遗嘱而继承遗产，即使遗嘱中指名他是遗产继承人，并且该遗嘱在任何细节上都符合这一制定法规定的关于遗嘱有效的要件。在支持这一结论时，多数法官的意见明确诉诸了道德传统，一直回

溯到亚里士多德。①

第三节 外国继承权丧失制度的比较评析

从上文中对于大陆法系的六个国家及英美法系的两个国家的继承权丧失制度的立法所作的梳理可以看出，尽管各国的社会制度不尽相同，但是针对继承权丧失的问题所作出的一系列规定却有着很多的共同或相似之处。要将这些国家的立法例中继承权丧失制度的有益成分作为我国继承权丧失制度修正的参考借鉴，就必须先对这些立法例进行更进一步的分析和比较，找出各个国家在这一方面立法中的相同点与不同点，并从中探寻继承权丧失制度的历史发展趋势，将其中的精华及有益部分为我国继承权丧失制度的完善所用。

本书对上文所述的各个国家的继承法中关于继承权丧失制度的规定作出如下分析和比较。

一、继承权丧失的法定事由之评析

在上述所考察的八个国家的继承权丧失制度中，对于继承权丧失的法定事由的立法规定均围绕着继承人之间以及继承人与被继承人之间存在的特定关系产生。其共同点在于，继承法中都采用列举式的立法模式，而且从立法内容来看，都可以归纳为：继承人对被继承人有谋杀行为、虐待或遗弃行为或对遗嘱有不法行为。这三类行为都有可能导致其继承权丧失的情形发生。但是，对于继承权丧失的法定事由，各个国家的宽严程度不同，具体内容也有着明显差异。

---

① Seashell, Paul G. “The power of Dissuccession: Proposal for Reform”. Georgetown Law Journal, Vol. 52, Issue 3 (Spring 2014), pp. 25-37.

（一）对杀害被继承人的行为评析

从上文所述的各个国家的立法情况来看，《法国民法典》规定，继承人由于故意杀害被继承人（无论既遂还是未遂），作为正犯或者共犯被判处重罪，丧失继承资格；《德国民法典》规定，继承人故意杀害或企图杀害被继承人或将其置于无法设立或撤销死因处分境况直至其死亡的，该继承人的继承权丧失。从二者的对比中可以发现，《法国民法典》把故意杀害的行为规定为继承权丧失的法定事由有一个前提，那就是该行为已被判处重罪，但是《德国民法典》则对此未作限制，只要具备了犯罪意图或者实施了该犯罪行为，就必然导致该继承人的继承权丧失。与此同时，《德国民法典》也把妨碍被继承人作出死因处分（如违法宣告被继承人死亡等）的行为纳入继承权丧失的事由中，这从侧面反映了德国对被继承人的保护力度要大于法国。瑞士对于继承权丧失制度的规定与德国相似，但是瑞士的规定中包括继承人的行为造成了被继承人死亡但未构成犯罪的情况，仍有可能会导致继承权丧失的发生。而日本则把故意杀害行为的作用对象扩大到了故意导致被继承人或先顺位继承人或同顺位继承人死亡（既遂）的，无论是否受到刑事处罚，其继承权均应丧失。但如果是在该犯罪行为未遂的情况下，则必须满足"因欲致其死亡而被处以刑罚"的条件其继承权才会丧失。英国、俄罗斯、意大利的立法或判例同样也把对被继承人的谋杀行为作为继承权丧失的法定事由。只不过，英国的判例中把谋杀行为的对象范围作了进一步扩大，把被继承人的配偶及尊、卑亲属都包括在行为对象的范围之内；而美国的大部分州规定了若继承人实施了杀害被继承人的行为，则其继承权当然丧失，不过也有少数州没有作出此规定。

本书认为，《法国民法典》规定的继承人对被继承人所做出的故意杀害行为只有在构成犯罪时，该继承人的继承权才会丧失的做法值得借鉴。若继承人的行为并没有被刑法处罚，那么就不能认定其继承权应丧失。任何犯罪的本质都是法益被侵害，一种行为之所以会受到法律的否定与非难，绝对是因为这一行为对法益造成了严重侵害。正如张明楷教授所言："法律的目的是最大限度地保障个人的利益，但是，当必须要否定一方的利益时，从社会整体的角度来看，其也必然是为了保全更大的法益。"① 鉴于此，笔者认为，继承人因为对被继承人实施故意杀害行为而导致其继承权丧失的，应以其行为构成犯罪作为前提条件。这有利于更好地保护被继承人的利益。同时，从某种意义上来说，这也兼顾保护了继承人的利益。

（二）对虐待或者遗弃被继承人的行为评析

上文所分析的各个国家立法例中，对于继承人对被继承人实施的虐待、遗弃或与之相类似的行为均规定了与之相适应的法律后果。例如，《法国民法典》是在对法定继承人的继承权丧失之法定事由中作出了规定。而《瑞士民法典》和《德国民法典》则是对于遗嘱继承中的特留份作出了特留份丧失的规定。《日本民法典》则是规定了其特有的继承人废除制度，用该制度对于继承人对被继承人实施了虐待、遗弃或与之相类似的行为来进行规制。《日本民法典》中对于特留份推定继承人的废除，仅仅针对特留份的权利人对被继承人实施了过错行为，且该过错行为仅限于重大侮辱、虐待或其他严重劣行的情况。在这种情况下，法律赋予被继承人自由决定权，若被继承人欲丧失此继承人的特留份，有权向家庭法院提出废除该继承人继承特留份之请求。相对于德国、瑞士等国家而言，美国对继承人的虐待和遗弃行为很少有直接规定丧失其继承权的情况。不过，虽然美国的《统一遗嘱检验法典》未作出此项规定，但以加利福尼亚州为代表的某些州却仍有此规定。

本书认为，根据《德国民法典》和《瑞士民法典》的规定，若继承人对被继承人实施了虐待、遗弃等行为的，其特留份将会

① 张明楷：《刑法学》，法律出版社 2011 年版，第 22 页。

丧失，这一规定确实值得我们借鉴。虽然我国《继承法》对于特留份并未作出特别规定，但是规定了对缺乏劳动能力或缺乏独立生活能力、没有生活来源的继承人必须要保留必要的遗产份额，这一必要保留的份额称为必留份。这一规定是当年我国对《继承法》进行修订时，遵从苏联的立法，为了保障继承人中对于财产有急迫需要者的利益而作出的规定。实际上，这一对于必留份的规定与特留份的规定在本质上是相同的。

这一规定以继承人没有劳动能力、没有独立生活能力且没有生活来源作为前提条件，不考虑其法定的继承顺序而限制被继承人的遗嘱自由，甚至这一权利的享有是突破了遗产债务优先于遗产继承予以清除这一底线的。但本书认为，若该继承人的继承权丧失，则可不对其保留原先应当保留的必留份，究其原因主要有两点：第一，必留份同样属于遗产继承的份额，与其他的遗产继承权一样，都是法定继承人所应当享有的对被继承人的遗产继承权。因此，若继承人实施了继承权丧失的法定事由中所列之行为，则其必留份也应当丧失。第二，尽管对于必留份优先于其他遗产继承权的规定是法律出于对某特定继承人的特殊情况的考虑与保护，但是作为该项权利的享有者，在其缺乏劳动能力或独立生活能力且没有生活来源的前提之下，仍然有能力对被继承人实施继承权丧失的法定事由中所列的各项违法行为，可见其行为的主观恶性已经不足以令其继续享有法律所给予的特殊保护。

（三）对妨害被继承人遗嘱自由的行为评析

从上述各个国家的立法情况来看，除法国之外，其他各国都在一定程度上将继承人用欺诈或胁迫手段妨害被继承人行使其遗嘱自由的行为作为继承权丧失的法定事由，并作出了明确规定。此外，《瑞士民法典》《日本民法典》和《意大利民法典》还规定了采用欺诈、暴力等手段故意并违法使被继承人陷入无遗嘱处分能力的状态的，将丧失继承权。俄罗斯也规定，继承人对遗嘱故意实施违法行为，促成或企图促成自己或他人能够参与继承或使之继承份额增加的，其继承权丧失。

本书认为，被继承人本就是遗产的主人，生前于法于理都应当对其所有的财产享有完全的、不受任何人干涉的所有权。也正是基于所享有的这项权利，在被继承人对自己拥有完全所有权的财产进行处分时，只要没有违反法律中相关的强制规定，任何人、任何组织和团体，甚至包括国家都无权干涉。既然被继承人享有法律所赋予的此项权利，那么在司法实践中，继承人作为被继承人的亲属，无论是在法律层面还是在道德层面，都无权干涉被继承人对自己财产进行处分的自由权。而此时，当被继承人因为受到了继承人欺诈、胁迫、暴力等手段干涉而未能够做出符合其自由意志的遗嘱行为时，就已经违背了法律所规定的遗嘱自由的原则。为了充分贯彻法律所规定的所有权绝对原则，法律理所应当地要充分保障被继承人之遗嘱自由。因而，如果继承人采用上述违法手段干涉或是侵犯被继承人的遗嘱自由，那么也就理所应当要受到继承权丧失这一民事制裁。也正是基于这一原因，在上述各个国家的立法例中，很多国家把该行为作为继承权丧失的法定事由进行了规定。而俄罗斯的法律中虽然没有明确地写明因欺诈或胁迫而导致继承权丧失之类的词句，但在这一方面也有类似的规定。例如，《俄罗斯联邦民法典》第1117条第1款规定："若有司法程序能够证实公民故意对被继承人或其他继承人实施了违法行为的，或者反对或阻碍被继承人的意志在遗嘱当中得以实现，以这种方式来促使或企图促使自己或他人成为继承人或增加应得遗产份额的，则其将不能够依法参与继承，其中包括不得依遗嘱参与继承。但是，若其继承权丧失后被继承人仍给予其遗赠之财产，则其对这部分财产仍然享有继承权。"由此可见，在对上述立法例进行的分析中，除了法国没有类似的规定，其他国家均有明确规定。我国《民法典》顺应国际立法大趋势，对继承人以欺诈或胁迫手段妨害被继承人行使其遗嘱自由作为继承权丧失之法定事由，充分保障了被继承人的遗嘱自由权利，促进了继承人与被继承人间亲情关系的和谐，使意图多得甚至独得遗产的继承人不能逞其目的。

二、继承权丧失的法律程序之评析

综合上文所述的各个国家对于继承权丧失的规定，当继承人实施了继承权丧失的法定事由中所列的行为时，其继承权会丧失，但是不同的国家对于继承权丧失的步骤与法律程序却各有不同。总的来说，在上述的八个国家中，有些国家会根据所发生的法定事由的不同，在法典中区分为单轨制继承权丧失程序和双轨制继承权丧失程序两种形式，或仅认可单轨制继承权丧失程序这一种形式，并作出单独规定。本书根据继承权的丧失是否需经由特定的程序这一标准，对上述各国的继承权丧失制度进行了分类分析。

在上述考察的国家立法例中，有些国家仅采用单轨制继承权丧失程序的方式。根据规定，当继承人实施了继承权丧失的法定事由中的行为时，其继承权并未丧失；如果要丧失其继承权，则需要经由特定的法律程序或步骤。比如，遗产的其他利害关系人向法院提出请求并获得继承权丧失的宣告；由撤销权人提起诉讼或向家庭法院提出撤销请求并获支持；经由司法程序辅助或证实，等等。其中，德国和俄罗斯所采用的是此立法主义。

具体而言，《德国民法典》规定，继承权丧失的所有情形均采用非当然丧失。根据该民法典的这一规定，继承人实施了法定事由中的行为或其中之一，仅仅是有可能导致其继承权丧失的一项前提条件。在这一前提条件下，只有经过了撤销权人对继承不适格的人提起诉讼这一法律程序，而且也由法律作出了最终的宣告之后，其对于遗产的继承权才会丧失。在这里，有权提出该撤销诉讼的人可以是由于继承不适格的人出缺而享有了利益的任何人，并不仅仅局限于继承人的范围。俄罗斯同样也有此规定，但与德国不同的是，《俄罗斯联邦民法典》规定，继承人所实施的继承权丧失的法定事由中的行为不是产生其继承权丧失的结果的唯一原因，其间还需要经由特定的程序，或由司法程序对其继承权的丧失加以证实，或以通过司法程序对于父母对子女的亲权作出丧失，且该丧失的亲权没有得到恢复为前提，或由利害关系人向法院提出请求，由法院依法予以排除。

除此之外，在上文中考察的国家的立法例中，根据继承权丧失的法定事由不同，法国、日本、意大利、瑞士、英国以及美国的多数州均采用单轨制继承权丧失程序与双轨制继承权丧失程序并行的方式对继承权丧失进行规范。

根据双轨制继承权丧失程序的规定，当继承人实施了继承权丧失的法定事由所列的行为时，无须再经由其他中间程序，也无须经由法院宣告，其继承权直接丧失。而若继承人之间对于该继承人的继承权是否丧失存在疑问或争议，并因此出现纠纷，则可将之诉至法院，由法院依法进行确认。这一确认程序为确认继承权是否丧失的程序，而非继承权丧失的必经程序。正如上文所述，《法国民法典》把双轨制继承权丧失程序限定在了两种情况之内，并规定了单轨制继承权丧失程序的五种情形。当该五种情况出现时，继承人的继承权并不会被当然丧失。若要丧失其继承权，需要由其他继承人或检察院向大审法院提出请求并获得宣告方可。按照这一规定，如果没有大审法院的宣告，即使继承人实施了法典中所规定的五种过错行为，其继承权也不会被当然丧失。即使在当然丧失的情况下，还需要从继承人的主观故意、是否判为重罪、继承人是否为正犯或共犯等角度出发，对其继承权是否应当丧失作出判断，以此来彰显法典对于继承权丧失的审慎态度。在日本，除了五种由于继承人不适格而导致其继承权被当然丧失的情形，法典还明确规定，只要被继承人明确地在其遗嘱中表示，要对某位推定继承人的继承资格予以废除这层意思，无论该推定继承人是否实施了继承不适格的行为，遗嘱执行人都有义务向家庭法院提出对该继承人的继承权加以废除的请求，由家庭法院对此作出确认之后，该推定继承人的继承资格即被废除。在英国，

《丧失权利法》有明确规定，继承人的继承权丧失并不一定要求对行为人作出有罪之刑事判决这一前提。而在美国的大多数州，仅仅规定了如果行为人所实施的杀害行为被刑事判决认定为有罪的，其继承权才会丧失。

通过对前述国家立法的比较研究，本书认为，继承权的丧失程序采用双轨制，即不经由诉讼程序当然直接丧失，简便高效，只是其不足之处也甚为明显，那就是容易引起纠纷，最后仍然需要由法院来作出最终裁决。而继承权的单轨制丧失程序，由于其中介入了国家的公权力，更有利于查清事实，严格适用法律和公平保护各方当事人的利益，继承权被随意剥夺而丧失的情形也会大大减少，有利于对私权的保护，但耗费人力、物力甚巨。在我国当前，案多人少、法院不堪重负已成为现实，若每一起继承权丧失的案件都需要法院进行逐一确认，将大大增加诉讼案件的数量，也就增加了法院不必要的工作量。① 若当事人对继承权的丧失有争议，则法院根据当事人的请求，依法裁定继承人的继承权是否丧失。比较单轨制继承权丧失与双轨制继承权丧失这两种程序之利弊，从我国国情出发，本书认为还是应该坚持现有立法，保持双轨制继承权丧失程序。

三、继承权丧失的法律效力之评析

上述各国的立法例中都明确规定了实施不法行为的继承人因为继承权丧失而产生的效力不仅会及于自己，也会及于其直系卑亲属，并会对该被继承人的其他继承人的利益产生一定的影响，甚至会对《继承法》所规定的该继承人的其他各类继承权产生直接影响。

---

① 刘春茂主编：《中国民法学·财产继承》，人民法院出版社 2008 年版，第 127 页。

（一）对法定继承人的效力

继承人对被继承人实施了违法行为之后，由于法律的规定而丧失继承权，这一继承权丧失的法律后果仅发生于该继承人与特定被继承人之间的特定继承关系情形下，在这一行为所作用的特定继承关系之外，该继承人对其他任何被继承人的继承权都不会受到影响。简而言之，继承权丧失具有相对的效力。而且，上述所考察的各个国家都有规定，因为继承权丧失而被排除继承遗产的继承人，有义务返还其因继承而取得的全部财产，包括收益和孳息。

另外，当继承人先于被继承人死亡时，其晚辈直系血亲大多能够代其位而享有对被继承人遗产的继承资格。但是，由于各国对代位继承性质的认可不同，在立法中，对于代位继承人在继承人由于实施了继承权丧失的法定事由中的行为而丧失了继承权之后，其是否能够继续享有代位继承资格有着不同的选择和规定。总的来说，这些国家对此的规定可以分为两类：一类是当继承人的继承权丧失时，其代位继承人可继续享有代位继承的权利，不会受到其继承权丧失的影响；另一类是当继承人的继承权被依法丧失时，其代位继承人的代位继承权也一并丧失，不再继续享有代位继承的权利。在通常情况下，能够享有代位继承权的人都是继承权丧失的继承人的晚辈直系血亲，但是从上述各个国家的立法例来看，并不是所有的国家都如此，仍然有少部分的国家或地区根据自身的需要对享有代位继承权的代位继承人的范围作出了适当调整，这一调整通常是将其范围扩大。

当继承人的继承权被依法丧失时，各国对失权人的代位继承人是否可以继续享有代位继承权的态度截然相反，究其原因，主要在于各国对于代位继承的性质有着不同的认识。

将代位继承权认定为代位继承人的固有权的国家立法认为，代位继承人的代位继承权是基于其本身所固有的继承权而参与继承的，并不会以其所代位之人是否享有继承权为前提。因此，只要继承人不能参与继承，无论是其主动放弃还是继承权丧失，代位继承人都可直接参与继承。法国、瑞士、德国、日本等大多数国家都如此规定，与此同时还规定，当代位继承人依法参与继承时，继承权丧失的继承人对其子女因代位继承而获利的财产不再继续享有父母原本对于子女财产的用益权。其中，日本的法典还明确规定，若代位继承人由于继承缺格或被废除而导致其代位继承权丧失，其子女也可成为其代位继承人。与此同时，日本的法典还规定，参与继承的主体必须限于被继承人的直系卑亲属。

而以俄罗斯为代表的将代位继承权认定为代表权的国家立法例则认为，代位继承人之所以享有代位继承遗产的资格，并不是因为其本身所享有的代位继承权，而是源自其代替了原继承人之地位，代表原继承人继承被继承人的遗产。所以，若此时原继承人的继承权被其主动放弃或丧失，代位继承人便无权可代，自然也就没有了代位继承权。目前，我国也是采用此立法例。

（二）对受遗赠人的效力

作为被继承人生前在遗嘱中对自己财产的预先安排，遗赠与遗嘱继承的作用原理几乎相同，但二者的权利主体则有一定的区别。在对上述国家立法例的考察中我们可以发现，以法国和德国为代表的部分国家的法律规定，受遗赠人既可以是法定继承人，也可以是非法定继承人。

基于“遗赠是被继承人对自己的遗产的一种处置方式”的理念，受遗赠人接受遗赠也不过是另一种形式上的继承。因此，若受遗赠人对遗赠人、其他继承人或遗嘱实施了继承权丧失法定事由中的行为，仍可继承遗赠之财产，这于法于理都不合。因此，很多国家的法律对于受遗赠人丧失其受遗赠权都作了或单独或适用继承权丧失规则的规定。目前，采用此立法例的国家主要有日本、瑞士、俄罗斯等。

在俄罗斯，不仅规定了受遗赠权丧失的情形适用继承权丧失的规则，同时也规定了，若遗赠人的遗赠标的是为受遗赠人提供一定的服务，或者是完成某项工作，而当该服务或工作完成之后受遗赠人却因其行为而丧失了受遗赠权，那么受遗赠人需要向遗赠执行人补偿其劳动的相应价值。在瑞士，与继承人一样，受遗赠人也会因其实施了继承权丧失的法定事由所列之行为而丧失继承能力，其便无权继承遗赠。

与此同时，以法国、德国为代表的一部分国家在其法典中并没有对受遗赠人的受遗赠权丧失作出单独规定，也没有对受遗赠人的受遗赠权丧失是否适用继承权丧失的情形作出规定。但是，在这些国家，受遗赠人本身就有可能是法定继承人，根据法律中的“同样情形同种适用”原理，受遗赠人的受遗赠权丧失应当直接适用继承权丧失的情形。

（三）对必留份权利人、特留份权利人的效力

在俄罗斯的立法中，虽然没有给特定的继承人预设特留份，却有关于必继份（也就是我国法律中所说的必留份）的特殊规定，即被继承人的无劳动能力的子女、配偶、父母、受供养人或未成年子女，在满足相应的条件时便可以享有继承其遗产当中特定份额的权利。根据法典规定，享有该权利的主体可以是与被继承人无任何血缘关系的人，不再仅仅局限于法定继承人的范围，并且其享有必继份的权利还需要满足相应的条件。因此可以认为，必继份制度与特留份制度是相似但性质完全不同的制度。与其他国家对于特留份及其丧失规则的规定相同，俄罗斯在其法典中也规定了必继份的丧失规则。根据规定，对于必继份权利的丧失可以直接适用继承权丧失规则。

特留份是继承人享有的遗嘱继承中受到特殊保护的部分，特定的继承人享有特留份仍然是基于其对被继承人享有继承权的基础。从这个意义上讲，当特留份权利人（继承人）实施了继承权丧失的法定事由中所列的行为而导致其继承权丧失时，其原本享有的特留份权利也会受到一定的影响。

在上文所分析的立法例中，只要对特留份作了特别规定的国

家立法例，都对特留份的丧失作了单独规定，如瑞士、德国、日本、意大利等。这些国家立法例或在法条中规定特留份的主体是继承人，因而对继承人继承权的丧失直接适用于对特留份的丧失，如瑞士，《瑞士民法典》中单独规定了特定继承人的特留份丧失的事由；或是规定继承权丧失的法定事由准用于特留份，比如以德国、日本为代表的部分国家，该特留份丧失的事由与继承权丧失的事由及规则大致相似。因此，从对特留份丧失事由的规范内容来看，各国均将特留份权利人对被继承人或其他继承人的违法或不履行义务的行为作为重点选择，以此来规范特留份的丧失。

本书认为，虽然我国目前与法国一样，并没有对特留份制度作出特别规定，同时没有与其相关的或相类似的权利制度，但是总体来说，对特留份制度从法律的角度加以规定已经成为继承法一个必然的发展趋势。因此，在我国对《继承法》进行修订时，增设特留份制度及其丧失情形的相关规定是非常必要的。

四、继承权丧失后的恢复之评析

上文所考察的各个国家在对继承权丧失制度进行规定的同时，一般都对继承权丧失后的恢复作了明确规定，只是各国所选取的继承权丧失后的恢复情形和途径各有不同。例如，在法国、德国、瑞士、俄罗斯的法律中，对继承权丧失的所有法定事由均规定为非终局丧失，即在得到了被继承人的宽恕和谅解后，无论继承人的继承权是基于何种原因丧失的都可以恢复。但是对被继承人表示原谅的形式，上述国家却有着不同的规定。其中，法国和俄罗斯规定，必须用遗嘱的形式来表示被继承人的原谅，而德国和瑞士对于被继承人原谅的方式未进行明确规定。

日本则把被继承人的原谅分为了不同的情况，其将继承人的缺格规定为终局丧失，即一旦继承权丧失，则不得以任何方式恢复；而将继承人的废除规定为非终局丧失，被继承人有权随时向家庭法院提出请求，撤销对推定继承人的废除。

英国和美国则完全采取了终局丧失主义，即一旦继承人的继承权丧失，不得以任何理由或方式恢复。究其原因，主要是英国和美国把继承权丧失的法定事由限定在故意或过失杀害被继承人等严重的犯罪行为的范围内，而其法律认为，犯有重罪的人是不值得宽恕的。但是，英国和美国又有一定的不同。英国采取的虽然也是终局丧失主义，但同时对于继承权丧失又作了减轻令的相关规定，由于实施了过失杀人或者帮助被继承人自杀的行为而继承权丧失的，其本人可以向法院提出减轻其权利丧失的请求，而法院也应当考虑行为人（继承人）和被继承人的客观具体情况，作出对权利丧失规则的修正命令，授权减轻行为人的失权。但是，该项规定对实施了故意杀害被继承人行为的继承人不适用。与此同时，该减轻令的规定也不能够完全免除行为人的权利丧失。

综上所述，在大陆法系国家，对继承权的丧失大多采用非终局丧失主义，究其目的，无非在于促使有过错行为的继承人改邪归正，给予其重新做人的机会。与此同时，也有利于更好地化解家庭矛盾，促进家庭的和睦稳定。

本书认为，从继承人的行为性质来看，其所实施的某些行为的确已经触犯了刑事规范，此时国家的确应当依据刑事规范对其进行惩处。但是，在给予行为人刑事惩罚的同时，基于其行为与遗产继承之间的密切关联，甚至是基于其对被继承人之遗嘱自由或是其他继承人之利益的侵害行为，法律规定丧失其继承权也并无不妥之处，毕竟这一规定表明了国家对继承人所实施的此类违法犯罪行为的否定和制裁的态度，而且这一规定同时站在公权力的角度保护了被继承人和其他继承人的人身权利与财产权利。但换言之，在继承人为其行为承担了相应的刑事责任并且也承受了继承权丧失这一民事制裁之后，在其与被继承人的关系无碍于他人的情形下，法律自当充分地尊重被继承人的财产权自由权利，在被继承人对其遗产进行处置的过程中，充分尊重被继承人的自由选择，而不应当再强加干涉。在现实生活中，尽管继承人实施了此类违法行为，但是其毕竟与被继承人一起生活了相当一段时间，即便没有，其与被继承人之间往往也存在婚姻甚至有血缘关系，此时，他们相互之间的态度和行为很容易使彼此之间的恨意消融。因此，如果他们能够冰释前嫌，被继承人也彻底谅解继承人或是对其存怜悯之心，表示愿意通过遗嘱或其他方式给予该继承人一定的遗产，那么在这个时候，如果被继承人对该继承人所做出的遗产处分行为并没有侵害到其他继承人依法享有的特别继承权利，也不影响其他继承人的必留份权利、特留份权利或酌情分得遗产权等权利，那么法律就不应当否定被继承人这一行为的效力，更不应予以禁止。而且，此时被继承人所做出的财产处分行为是基于其自身所享有的民事权利的行使，如果法律在无充要理由的情形下还要对公民个人私权的行使强加干涉的话，也与民事权利的基本精神以及私法中意思自治这一基本理念相违背。

第五章　我国[①]继承权丧失制度的立法现状与不足考察

在上一章，笔者对不同法系代表国家的继承权丧失制度作了对比分析。从分析中可见，本书所考察的八个国家，其立法中的继承权丧失制度发展到今天体系已经非常健全，而且在发展过程中其内容也趋近相同，可以说，其继承权丧失制度已形成了较为完备的制度。但是从前文对我国继承权丧失制度的历史沿革的分析中可以看出，我国直到20世纪初引入了现代民法理念，通过对法律的进一步修订之后，才开始有了纯粹意义上的财产继承和财产继承权丧失的规范。新中国成立之后，随着1985年《继承法》的颁布，我国的继承权丧失制度才第一次真正实现了规范化，这是我国法律发展史上的一次巨大进步。但自从《继承法》颁行之后，四十年以来我国的立法机关再也没有对其作出任何修订，而这四十年恰恰是我国改革开放的四十年，在这段时间，我国的经济体制和政治体制改革日新月异，社会经济文化都实现了迅猛发展，人们的文化程度、经济收入及生活水平也有了显著提高。随之而来的是人们的生活逐渐多元化，其财产观念也发生了巨大变化。此时，作为人们社会生活中人与人之间基本关系的调整工具，

① 我国目前是“一国两制”、多法系四法域现状，本书囿于篇幅，无法对我国不同地区有关继承权丧失的立法例独立出来分别对之逐一进行讨论，因此此处的“我国继承权丧失制度”专指“我国大陆继承权丧失制度”。

法律也必须随着社会的发展和变化而不断地立、废、改，这样才能够永葆其旺盛的生命力。这是因为“法的理念是永恒发展的，现存的法必须给新生的法让出其生存的位置……”① 反观我国1985年颁行的《继承法》，其中对继承权丧失制度的规定仅仅用了一款条文，而在这一款条文中也只是对我国继承权丧失制度的四类情形进行了规定。由于其规定过于粗略，在实践中根本无法适用。因此，在我国于同一年颁行的《最高人民法院关于贯彻执行〈中华人民共和国继承法〉若干问题的意见》中足足用了六款条文对其内容进行解释补充。不仅如此，《最高人民法院关于贯彻执行〈中华人民共和国继承法〉若干问题的意见》还以“填补法律漏洞”的方式，对1985年颁行的《继承法》从未提及的继承权丧失后的恢复作了明确规定。由此可以看出，《最高人民法院关于贯彻执行〈中华人民共和国继承法〉若干问题的意见》中的规定事实上已经远超出了司法解释的范围。但是，即便如此，我国的继承权丧失制度相比于前文所考察的各个国家较为具体、完备、成熟的继承体系来说，还是显得过于简单粗陋。“虽然我国的继承权丧失制度源于欧陆，但由于立法时观念等各个方面的局限，其规定仍然不甚完备，体系上更有诸多不足。”② 我国《民法典》相较于之前出台的继承法律而言，新增了继承权丧失的法定事由，在立法中直接规定了继承权可恢复的范围以及条件，把受遗赠权也纳入丧失制度的调整范围中来。《民法典》作为一部法典，其内容涵盖民事领域的各个方面，被誉为社会生活的百科全书，但是由于社会生活的多样性，其不可能对民事生活各个方面的规定都做到事无巨细，肯定会存在立法空白。继承权丧失制度也概莫能外，存在许多需要改进之处，在本章，笔者将对其进行具体分析。

① ［德］鲁道夫·冯·耶林：《为权利而斗争》，郑永流译，法律出版社2007年版，第8页。

② 和丽军：《继承权丧失研究》，法律出版社2017年版，第167页。

第一节 我国继承权丧失法定事由的立法现状与不足考察

在《民法典》出台之前，我国对于继承权丧失制度的规定集中在《继承法》第7条中，但是由于该条文的语句过于笼统概括，当没有既定的标准时将很难界定。正是基于这一原因，虽然《继承法》的实施日期定于1985年10月1日，但最高人民法院却在1985年9月11日就颁布实行了《最高人民法院关于贯彻执行〈中华人民共和国继承法〉若干问题的意见》。从颁布生效的时间上可以看出，当《继承法》已经制定但并未颁布实行时，最高人民法院便已经制定了与之同时生效配套使用的执行意见，这在我国的立法史上是一个特例。随着社会发展速度的加快，新的事物和问题不断出现，人们生活方式和习惯都在不断发生变化，《民法典》对继承权丧失制度进行了一系列修改和完善。

一、我国继承权丧失法定事由的立法现状

根据我国《民法典》的规定，继承权丧失的法定事由有如下几项：

1. 故意杀害被继承人的

继承人对被继承人实施故意杀害行为而导致其继承权丧失的，有两点构成要件：一是继承人主观上有杀害被继承人的故意；二是继承人本人对被继承人实施了杀害行为。但是，显而易见的是，若仅凭该构成要件之规定，此项对继承人丧失继承权的法定事由并不能做到很清楚地界定，于是在《继承编解释一》的第7条中作出了补充规定：继承人故意杀害被继承人，无论既遂或未遂，其继承权均被法律确认丧失。即只要继承人在主观上具有剥夺被继承人生命的故意，且在客观上实施了加害行为，那么无论行为人是否出于谋夺遗产的目的，是既遂还是未遂，是主犯还是从犯，

是实行犯还是帮助犯，乃至是否被追究刑事责任，都将产生丧失继承权的法律效果。[①] 比如，在唐某诉周甲等继承纠纷一案中，[②] 被继承人秦某、周某系夫妻，周某于2001年去世，秦某于2005年去世。秦某、周某共生育子女3人，分别是女儿周丙、儿子周乙、周丁。周丙于1992年去世，周丙生育本案原告唐某。周丁与田某生育一女，即本案被告周甲。2004年，周某家属以其名义以成本价购买西城区复兴门北大街房屋两套，产权登记在周某名下。2010年5月，周丁与其妻田某在家中发生争执，田某刀刺周丁，致周丁死亡。田某被法院以故意杀人罪，判处有期徒刑12年。原告唐某认为，原告是秦某、周某之外孙女，原告母亲周丙先于其父母死亡，原告有权代位继承。被告周甲是被继承人的孙女。被告周乙系秦某、周某之长子。秦某、周某死亡时留下遗产房屋两处。要求依法分割遗产，上述房屋的1/3份额归原告继承。被告周乙认为，周某、秦某夫妇在去世之前，已将西城区复兴门北大街房屋分别交付周丁、周乙占有、使用，对房屋进行了分配，已不存在遗产供继承人分割。周丁未与被继承人共同生活，而周乙负担了被继承人的治疗及护理等费用，亦为周丁支付购房款，对被继承人尽了主要赡养义务。周甲认为，被继承人在生前主要是由周丁和田某照顾，尽了主要赡养义务，周甲应多分遗产。法院最终认为：周某、秦某夫妇去世之前未留遗嘱，该两套房屋依法应由其法定继承人继承。原告之母周丙先于周某、秦某去世，原告有权代位继承周某、秦某遗产。周甲提供的证据能够认定周丁多年与周某夫妇共同生活，并尽了主要扶养义务，故应多分得遗产。周丁去世后，其应继承的遗产份额应转由其妻田某、其女周甲继承，因经生效法院判决书认定田某故意杀害周丁而丧失继承权，故周丁应继承的遗产份额由周甲一人继承。

---

① 陈甦、谢鸿飞：《民法典评注：继承编》，中国法制出版社2020年版，第127页。

② （2013）西民初字第19734号民事判决书。

2. 为争夺遗产而杀害其他继承人的

该项法定事由有两点构成要件：一是被杀害人为其他继承人；二是继承人本人对其他继承人实施了故意杀害行为，不仅需要其存在主观上的故意，而且需要其主观上是以争夺遗产为目的。因此，与故意杀害被继承人不同，继承人只有以争夺遗产为目的杀害其他继承人时，才产生丧失继承权的法律效果，故适用范围有所限缩。需要讨论的是，应如何理解“其他继承人”的范围。被杀害的继承人是否仅限于在先顺位或与行为人相同顺序的继承人，因为杀害后顺位继承人并不会对行为人的继承份额产生影响，不符合为争夺遗产的目的限制。《民法典》与《继承编解释一》对此均没有正面回应。但在现实生活中，也不能完全排除继承人为防止后顺位继承人对其继承资格质疑而实施杀害行为的可能性，而杀害其他继承人行为本身，在法律和道德上均具有极大的恶性。因此，很多学者建议将对行为人是否具有争夺遗产意图的判断，留到个案之中由法官根据具体案情作出。

3. 遗弃被继承人的，或者虐待被继承人且情节严重的

构成本项丧失继承权法定事由的遗弃行为必须符合两个构成要件：一是继承人有能力但却拒绝履行对被继承人的扶养义务；二是被遗弃的对象必须是没有独立生活能力的被继承人。[①] 不论该遗弃行为是否情节严重，也无论该行为是否构成犯罪，只要根据上述标准，继承人对被继承人构成如上所述的遗弃行为，其继承权均丧失。

构成本项丧失继承权法定事由的虐待行为，是指继承人对被继承人以各种手段进行精神上或身体上的折磨和摧残。在继承人对被继承人的虐待情形中，若仅仅是有虐待行为，并不会导致其继承权丧失，还必须同时满足“情节严重”这一条件方可。而在《继承编解释一》中，对“情节严重”这一条件也作了界定。根据

---

① 夏吟兰主编：《婚姻家庭继承法》，中国政法大学出版社 2012 年版，第 232 页。

《继承编解释一》的规定，“情节严重”这一条件的认定标准主要是从继承人对被继承人虐待行为实施的时间、手段、社会影响及所造成的后果等各项因素的角度进行综合考量。只要根据上述标准，继承人的行为被认定为“情节严重”的，无论其是否被追究刑事责任，其继承权均丧失。比如，在赵某1等诉李某1等继承纠纷案中，[①] 四原告系被继承人赵某6之兄弟，被告李某1系赵某6之妻。位于北京市平谷区某镇的房屋系赵某6于1983年受批宅基地后由其兄弟帮忙建造而成，属赵某6个人所有。1992年6月12日，李某1带一子赵某5与赵某6登记结婚。二人婚后感情一般，2003年4月23日，李某1与赵某6在家中因琐事发生口角，后李某1和赵某5将赵某6打伤并将其遗弃家中，4月26日李某1回家后发现赵某6死亡。后检察机关对李某1、赵某5提起公诉，2004年2月，赵某5、李某1因犯故意伤害罪被法院分别判处有期徒刑14年和12年。现二被告已刑满释放，释放后一直租房居住，争议房屋现空置。四原告认为，二被告故意伤害并遗弃赵某6致死，应该丧失继承权，赵某6的房屋应当由四原告继承。被告李某1认为，其是赵某6的合法妻子，有继承权。虽然本人伤害过赵某6，但是本人已经受到刑事处罚，法律上并没有剥夺本人的继承权，本人犯法与房产没有关系。被告赵某5未出庭应诉，亦未提交答辩意见。法院最终认为，继承人遗弃被继承人，或者虐待被继承人情节严重的，丧失继承权。在本案中，两被告因琐事将赵某6打伤，后在明知赵某6负伤的情况下将其遗弃家中，导致赵某6死亡，两被告的行为符合上述规定的情形，应当丧失继承权。房屋属于赵某6生前个人所有，在作为第一顺序继承人的被告丧失继承权后，应当由第二顺序继承人依法继承。

4. 伪造、篡改、隐匿或销毁遗嘱，情节严重的

伪造遗嘱指的是无论在被继承人是否立有遗嘱的情形下，继

---

① （2016）京0117民初4217号民事判决书。

承人用被继承人的名义制作假遗嘱；篡改遗嘱指的是继承人采用不法手段改变被继承人遗嘱的内容；隐匿遗嘱，包括故意隐瞒被继承人曾设立遗嘱的事实，以及故意将被继承人设立的遗嘱秘不示人两种情况；销毁遗嘱指的是继承人将被继承人所订立的遗嘱完全破坏或毁灭。故继承人实施上述行为应是故意为之，且在客观上造成了对真实遗嘱发生效力的影响。同时，继承人伪造、篡改、隐匿或销毁的遗嘱，应是被继承人合法设立的遗嘱，不包括继承人已经撤销的遗嘱或无效的遗嘱。[①] 根据我国《民法典》的规定，当继承人实施了上述行为时，并不会直接导致其丧失继承权的后果，只会导致该遗嘱无效，而实施了该行为的继承人仍然能够以其法定的继承顺序继续继承被继承人的遗产。只有当继承人伪造、篡改、隐匿或销毁遗嘱的行为达到了“情节严重”这一标准时，其继承权才会丧失。至于到底是以怎样的标准来界定“情节严重”，我国《继承编解释一》对此作了进一步明确：当继承人实施了伪造、篡改、隐匿或销毁遗嘱的行为后，若其他无劳动能力且无生活来源的继承人因此而利益受损、生活出现困难，则该继承人伪造、篡改、隐匿或销毁遗嘱的行为就会被认定为“情节严重”，进而导致其继承权丧失。

5. 以欺诈、胁迫手段迫使或者妨碍被继承人设立、变更或者撤回遗嘱，情节严重的

为了严格尊重被继承人遗嘱的真实意思表示，对使用欺诈、胁迫手段迫使或者妨碍被继承人设立、变更或者撤回遗嘱的继承人应以警示和惩戒，《民法典》专门增设该条继承权丧失的法律事由，在该条法定事由中，继承人实施欺诈、胁迫等行为的对象是被继承人，行为人是通过对被继承人的行为进行干涉，达到限制其遗嘱自由目的的，这些行为均具有妨害被继承人遗嘱自由，让遗嘱无法反映被继承人内心真实意思的效果。但是何谓此处的情

---

① 陈甦、谢鸿飞：《民法典评注：继承编》，中国法制出版社 2020 年版，第 128 页。

节严重?《民法典》与《继承编解释一》对此均没有正面回应。有学者认为，首先应考察欺诈、胁迫行为本身的恶劣程度，以及该行为对被继承人造成影响的持续性，如果被继承人只是一时被欺诈、胁迫，而后仍有机会根据自己的内心真实意思设立、变更或撤回遗嘱，通常不宜认定为情节严重。①

二、我国继承权丧失法定事由的不足

从我国继承法和司法解释的规定中可以看出，我国立法对继承权丧失的法定事由的相关规定比较简略。比如，在对构成继承权丧失的五类法定事由判定中，不仅要求继承人实施的对其他继承人的杀害行为需要以争夺遗产为目的，而且在对其不当行为进行判断时需要以《继承编解释一》来对“情节严重”这一条件进行考量。而从对上文所考察的具有代表性的国家立法例，尤其是对大陆法系国家的继承领域的立法考察中可以发现，这些国家对于继承权丧失事由都有详细具体的规定，与之相比，我国对继承权丧失的法定事由的规定内容不全面，存在缺漏，在司法实践中很难操作，因此这些问题亟待完善。

(一)“故意杀害被继承人”的法定事由范围不明确

根据我国《民法典》的规定，只要继承人对被继承人实施了故意杀害行为，无论该行为既遂还是未遂，无论行为人是否成年，无论是否由紧急避险、正当防卫、执行公务或其他正当行为所导致的杀害行为，也无论该行为是否构成犯罪，均会导致该继承人继承权丧失的后果。然而在现实中，杀害行为的表现形式多种多样，主观恶性和行为性质上更是有着巨大的差异，按照不同行为不同对待的法理，在法律条文对其进行规范时应该作出区别。但我国《民法典》这种“一刀切”的规范方式，并没有对这些方面做到明确区分。诸如上文所列的正当防卫或执行公务等正当行为

① 刘耀东:《继承法修改中的疑难问题研究》，法律出版社2014年版，第63页。

而引发对被继承人的杀害行为的，其继承权是否应丧失就没有明确规定。尤其是执行公务的行为，虽然在实际中，这种情况出现的概率很低，但并非不会出现，如对犯有死罪的被继承人执行死刑、身为军人或警务人员在执行任务时不得已而必须丧失被继承人生命的情形等都包含在内。在这两种情形下，行为人的继承权是否应当丧失？另外，若行为人对其他继承人所实施的杀害行为符合正当防卫的构成要件，其继承权是否应当丧失？这些在法律中都没有明确加以规范。这种对该法定事由未明确界定的情况即有可能会导致继承权丧失制度被滥用，使得一些正当行为也被纳入继承权丧失的范围，与继承权丧失本身的立法意旨相违背。

(二)"杀害其他继承人"附加了"为争夺遗产"主观目的

我国《民法典》对继承人杀害其他继承人的是否必须具有主观故意并未规定，继承人在杀害其他继承人是否存在主观上的故意，即明知自己的行为会丧失行为对象的生命但仍希望或者放任该结果的发生，对这一点法律没有作出明确规定。在现实中，当继承人对其他继承人实施了故意伤害、过失杀害，或者出现其他意外事件时，只要造成了其他继承人的死亡后果，均被列为此项法定事由中，导致其继承权丧失，这与立法的初衷明显是不符的。与此同时，我国《民法典》却附加了继承人杀害其他继承人必须具有"为争夺遗产"的主观目的，即当继承人所实施的对其他继承人的杀害行为不是以"争夺遗产"为目的时，不构成继承权丧失的法定事由。本书认为，这一条件的附加不够恰当。行为人的主观目的是否"为争夺遗产"，本身就是难以确定的，很难从主观上查明，将这一条写入法条作为限制条件，不仅起不到限制私法惩罚、保障继承权的作用，反而会因为法律实践难以适用而大大缩小对行为人所实施的对其他继承人故意杀害行为的惩处范围，从而放纵那些违法行为人。因为在司法实践中，当继承人实施了对被继承人或其他继承人的杀害行为时，其行为原因和行为目的往往是多种多样的。而行为人为了掩盖其行为目的以达到逃避惩处的目的，自然不会承认其行为是出于“争夺遗产”的目的。同时，由于犯罪目的的取证比较困难，所以如果按这一条件来处理继承的相关事宜，很多将无法认定以“争夺遗产”为目的的继承人都不会丧失继承权，这也不是被继承人想要看到的结果。

本书认为，与其执着于究问继承人所实施的杀害行为是否有“以争夺遗产为目的”的动机，不如直接将受害人的范围限定为其先顺位或者同顺位的其他继承人。继承人杀害后顺位继承人的情形不宜包括在内，因为继承权丧失制度是对该继承人进行私法上的惩罚，使得遗产不至落入其手中，导致其继承利益的增加，而是由其他遵纪守法的继承人来继承，继承权丧失制度用法律明文规定丧失其继承权，从而发生与其意图相反的结果。但私法制裁与公法制裁毕竟是有区别的，私法制裁也要建立在贯彻保障私权的私法精神基础上，因为民法是权利法，基于私权神圣的理念和保护私有财产权的立法宗旨，不论是前文所考察的大陆法系国家还是英美法系国家，继承制度的设计都将保护私有财产继承权作为其基本原则。因此，对私法制裁的范围与程度法律上都要严格限制。在继承人故意杀害被继承人的情形中，一旦继承人之间由于行为人的继承权是否丧失出现纠纷而提起确认之诉，法官要判断行为人的动机，往往只能根据行为人的杀害行为发生的时间、行为对象、行为情形等间接的证据来作出判断。而在这些间接的证据中，最重要的一项标准便是行为人和受害人之间的继承顺序，因为继承人杀害后顺位继承人的情形，仅根据行为发生的时间和行为的情节，很难得出其行为动机为“以争夺遗产为目的”这一结论。“盖继承顺序在先者杀害在后者，并不影响后者之既得继承利益，前者亦无因此增加继承利益之期待可能，从‘避免遗产继承秩序之混乱’的出发点来看，故意杀害先顺序或同顺序继承人之行为，已对继承秩序造成冲击，故有必要立法予以禁止。”[1]《日

---

① 林秀雄：《继承法讲义》，台湾元照出版有限公司 2012 年版，第 33 页。

本民法典》就规定，继承人故意杀害先顺序或同顺序的其他继承人，目的是造成其死亡并被判处刑罚，应丧失继承权。[①]

（三）虐待被继承人以及伪造、篡改、隐匿或销毁遗嘱须附加“情节严重”的条件

首先，我国法律规定仅凭虐待被继承人这一项并不会丧失继承权，还需要达到“情节严重”的标准。但是，在通常情况下，继承人对被继承人所实施的虐待行为都具有经常性、持续性、长期性的特点。这本身就对受虐待人的感情造成了巨大的伤害，已经达到了继承权丧失制度的惩戒标准，为什么要再附加一项“情节严重”条件呢？更何况，尽管《继承编解释一》规定了可以从虐待行为的实施时间、实施手段、社会影响以及造成的后果等方面对其进行认定，但在实际中，“情节严重”是一个怎样的标准实难把控。而且对比《刑法》和《民法典》的规定可知：《刑法》规定，虐待行为情节恶劣时即构成犯罪；而《民法典》却规定，虐待继承人情节严重的，即使未被追究刑事责任依然丧失其继承权。那么，情节严重却不追究刑事责任，也就是不构成犯罪的情形又如何界定？[②]

另外，根据法律规定，继承人伪造、篡改、隐匿或者销毁遗嘱的，只有侵害了没有劳动能力且没有生活来源的继承人的利益，并造成其生活困难的，才是“情节严重”。那么，据此规定，若继承人中没有此类人，则继承人就可以肆无忌惮地实施伪造、篡改、隐匿或者销毁遗嘱的行为了。因为，一旦这一行为未暴露，则其目的就可以顺利达到；而即使被发现，也无非其伪造、篡改、隐匿或销毁的遗嘱无效，对其原本的继承份额没有任何影响。再进一步讲，即使存在没有劳动能力且没有生活来源的继承人，那么

---

① 《日本民法典》（2017年修改版），刘士国、牟宪魁、杨瑞贺译，中国法制出版社2018年版，第160页。

② 和丽军：《继承权丧失研究》，法律出版社2017年版，第181~182页。

行为人只要规避掉对这类继承人利益的影响或者不造成其生活困难，就可以无后顾之忧地伪造、篡改、隐匿或者销毁遗嘱，这是一个非常明显的漏洞。

第二节 我国继承权丧失法律效力的立法现状与不足考察

一、我国继承权丧失法律效力的立法现状

（一）时间效力

根据我国《民法典》对继承权丧失制度的有关规定，继承权丧失的时间效力应该开始于继承人实施了继承权丧失的法定事由中所列行为之时。[①] 若继承人实施继承权丧失的法定事由中所列行为是在继承开始后的，则继承权丧失的时间效力应追溯至继承开始时。若在继承开始后，继承权丧失的继承人已经取得了遗产的，应将取得的遗产予以返还。

（二）对人的效力

1. 对法定继承人的效力

根据我国《民法典》对继承权的丧失制度有关规定，其效力是特定的，并不会及于丧失了继承权的继承人对于其他被继承人的继承权。[②] 换句话说，继承权丧失只是丧失了实施法定事由中所列行为的人对于特定被继承人的财产继承权，而该继承人对于其他被继承人的继承权并不会因此受到影响，亦即不发生效力，该继承人对其他被继承人的遗产仍然享有继承权。另外，正如前文所述，本书所考察的国家立法例中对于代位继承权历来就有两种

① 陈甦、谢鸿飞：《民法典评注：继承编》，中国法制出版社 2020 年版，第 127 页。

② 陈苇主编：《婚姻家庭继承法学》（第三版），群众出版社 2017 年版，第 339 页。

不同的学术主张：一是固有权说，二是代表权说。根据我国《继承编解释一》的规定，当继承人实施了继承权丧失中的法定事由所列之行为时，其继承权丧失，导致其晚辈的代位继承权也随之丧失。如果此时丧失了代位继承权的继承人晚辈直系血亲属于无劳动能力且无生活来源者，或者此人曾对被继承人有过较多的赡养行为，则在对被继承人的遗产进行分配时要考虑到这些实际情况，适当地给予其一部分遗产。从这一规定可以看出，我国对于继承人晚辈直系血亲的代位继承权的性质采用代表权说。也就是说，继承人晚辈直系血亲之所以对被继承人享有代位继承权，并不是由于该代位继承权是其所固有的权利，而是由于其与被继承人的子女之间存在法定继承的关系。在一般情况下，在继承中，当作为继承人的子女先于被继承人死亡时，该子女的晚辈直系血亲就作为其代表，取得被继承人的遗产的继承权。[①] 由此可以得出这样的结论：在同一次继承中，若作为继承人的子女先于被继承人死亡，由其代位继承人代位继承时，即使代位继承人有多位，所有代位继承人所能够继承遗产的总和不能超出已死亡继承人的应继份。因此，根据我国立法中的代表权说的立场，当继承人丧失了继承权时，其代位继承人将无权可代，所以其晚辈直系血亲本来应该享有的代位继承权亦等同于丧失。

2. 对受遗赠人的效力

我国《民法典》规定，受遗赠人应为非法定继承人，具体包括国家、集体或者法定继承人之外的其他人。因此在实践中，受遗赠人与继承人之间是不会出现重合的情况的。但是对于权利的来源或者权利的承受来说，无论是继承权还是受遗赠权，除了权利主体与被继承人之间是否存在继承关系这一点区别，其所享有的权利都是对遗产所有人遗留财产的继承，本质上二者并无不同。

---

① 郭明瑞、房绍坤、关涛：《继承法研究》，中国人民大学出版社 2003 年版，第 26 页。

在我国《继承法》中，并没有对受遗赠人的受遗赠权的丧失规则作出进一步规定。对于受遗赠权的丧失，法国、德国、瑞士等国家虽然没有单独规定，却规定了受遗赠人也是法定继承人，也会因为其实施的继承权丧失法定事由中的行为而导致其受遗赠权丧失。而日本和意大利虽然没作出单独规定，但是分别规定了受遗赠权的丧失准用和直接适用继承权丧失的法定事由。而我国无论是在原来的《继承法》还是在《最高人民法院关于贯彻执行〈中华人民共和国继承法〉若干问题的意见》中都没有作出对于受遗赠权会不会因为受遗赠人实施了继承权丧失的法定事由中所列的行为而丧失的规定，也没有对是否准用或直接适用继承权丧失的情形进行规定。因而，如果受遗赠人实施了继承权丧失的法定事由中所列的行为时，其受遗赠权并不会被当然丧失。而受遗赠人实施了继承权丧失的法定事由中所列的行为后所产生的结果对继承人明显有欠公平，也与法律公平正义的基本原则相违背。所以，这一规定使得我国继承权丧失制度的内容体系不够完整，甚至严重缺失。

从被继承人的遗产中获利的角度来看，受遗赠人的法律地位与继承人有共同之处，而不同点在于，继承人既有接受死者财产的权利，也有清偿死者债务的义务，而受遗赠人则只享有权利而无须承担义务。如此看来，若受遗赠人实施了继承权丧失法定事由中所列的行为时，其受遗赠权更应当丧失。然而在实践中，难免会遇到受遗赠人实施继承权丧失法定事由中所列行为的情形。此时，若受遗赠人依然能够继续享有遗赠财产，这与法律的正义价值和秩序价值相违背，而且对于同样实施了此类行为却导致其继承权丧失的继承人来说也有欠公平。因此，我国《民法典》把受遗赠人也纳入丧失制度的调整范围。即是说，当有受遗赠人实施继承权丧失法定事由中所列行为的情形时，受遗赠人也会像实施了同类行为的继承人一样，承担享有遗产的权利丧失的后果，亦即其受遗赠权丧失，这无疑是具有重大立法意义的。根据《民法典》第 1125 条第 3 款的规定，当受遗赠人的行为符合继承权丧失的法定情形时，其从被继承人处受遗赠的正当性基础将随之消失，进而产生丧失遗赠权的法律效果。

3. 对必留份权利人的效力

在我国《民法典》和《继承编解释一》中有一项特别的规定，即被继承人在遗嘱中必须为无劳动能力且无生活来源的继承人保留必要的遗产份额，这一必要保留的份额称为必留份，享有这一必留份的继承人也就成为必留份权利人。而且根据我国法律规定，必留份的优先级要大于其他所有的继承份额。也就是说，在遗产处理的过程中，要优先留下此类继承人的份额，然后对其他的遗产份额依遗嘱进行分配。而是否真的存在有权享有此必留份的继承人，取决于继承人中是否有人符合既无劳动能力又无生活来源这一条件。同时，还要根据符合条件的继承人在遗嘱生效时所处的状态来综合确定。为了充分保证享有必留份的继承人的继承利益，我国《继承编解释一》也作出了明确规定，该类继承人的继承利益优先于遗产中的债务部分。也就是说，若继承人中存在有权享有必留份的人，那么即使被继承人的遗产总额尚不足清偿其债务，也必须要给此类继承人保留适当的份额，余下的部分才可根据《民法典》的遗产清偿规则来清偿被继承人的债务。很明显，这一规定偏重于保护此类特殊继承人的继承利益，不仅对抗了被继承人的遗嘱自由，而且此类继承人的利益也优先于遗产债权人的利益。那么，是不是就表示继承权丧失制度对必留份不发生效力呢？

在通常情况下，由于此类特殊的继承人没有劳动能力又没有生活来源，所以可以认为其行为能力较其他继承人要弱，甚至于有的完全没有行为能力，但这并不意味着此类继承人没有能力去实施继承权丧失的法定事由中所列的各类行为。而我国《民法典》并没有对此类继承人实施了继承权丧失的法定事由中所列行为后其继承权是否丧失作出明确规定。

4. 对酌分遗产请求权人的效力

对于靠被继承人扶养的没有劳动能力且没有生活来源的非继承人，或对被继承人扶养较多的非继承人，我国《民法典》还酌情对其赋予了一定的遗产请求权。根据我国《继承编解释一》的规定，酌分遗产权利人相对于继承人而言，其甚至有可能会分得比法定继承人更多的遗产份额。与上文对必留份权利人的分析一样，酌给遗产请求权人也有可能会对被继承人实施继承权丧失制度中的法定事由所列行为，但此情形发生时，我国《民法典》并没有对酌给遗产请求权人的请求权是否会丧失作出规定。

本来遗产的继承要依靠严格的身份关系来实现，但无论法律是基于被继承人死后扶养考虑还是基于对特定扶养行为的事后报偿角度考虑，当原本的非继承人由于与被继承人之间在先前存在着扶养关系而享有了分得遗产的权利之后，其身份是否为继承人就已然不再是其能否分得遗产利益的阻碍了。因此，此时该权利人是否会失去其既得的权利，仅仅与其自身的行为有关，而与其身份没有任何关系。在实践中，如果酌给遗产请求权人的行为破坏了这种原本合法、友善、互助、友爱的扶养扶助关系而实施了继承权丧失的法定事由中所列行为，也就破坏了该权利存在的基础。此时，如果再根据该权利人先前与被继承人之间存在过的扶养扶助关系而赋予其享有被继承人遗产的权利，这便违背了酌给遗产请求权的存在基础，更是违背了这一制度设立之初所倡导的亲属之间互助友爱的原则。

二、我国继承权丧失法律效力的不足

关于继承人晚辈直系血亲的代位继承权是否会受到继承人的继承权丧失影响的问题，各国基于其对代位继承权性质是采用固有权说还是代表权说的不同认识，规定也存在不同。在法国、德国、日本、瑞士、意大利等对代位继承权性质采用固有权说的国家，直接规定了继承人晚辈直系血亲的代位继承权不会受到继承人的继承权丧失的影响；而在俄罗斯等采用代表权说的国家则规定了若继承人的继承权丧失，则其代位继承人便无权可代，故其代位继承权也一并丧失。

本书认为，因已死亡父母的违法或犯罪行为，而让子女承担不能继承被继承人遗产的不利后果，未必就符合我国法律的基本精神。因此，继承人晚辈直系血亲的代位继承权不应受到继承人的继承权丧失的影响。

关于酌给遗产请求权人，其所享有的权利会不会因为其所实施的继承权丧失法定事由中规定的不法行为而丧失的问题，我国《民法典》并没有明文规定。在我国《民法典》中，尽管为了对特定继承人的继承利益予以保护而规定了与其他国家的特留份所不同的必留份权，但是并没有规定继承权丧失对该必留份权是否产生影响。而法律对于非继承人中的享有酌给遗产请求权人，其所享有的权利会不会因为其所实施的继承权丧失法定事由中规定的不法行为而丧失也没有明确规定。而且，我国立法对于代位继承权的性质是采用代表权说这一原则。因此，在继承中，当继承人的继承权丧失后，其晚辈直系血亲也就当然地因无权可代而无法继承遗产。详言之，我国《民法典》中对于继承权丧失的效力是否适用于酌给遗产请求权、必留份权利以及其他遗产利益的继承方面并没有任何规定，这也是一大疏漏。根据前文的分析，无论是酌给遗产请求权还是必留份权利都是对遗产所有人财产的取得，因此大部分国家对这些权利的丧失都进行了规定，或者直接适用继承权丧失规则。具体来讲，俄罗斯对必留份权利的丧失作了单独的规定，其规定必留份权利的丧失与继承权的丧失采用完全相同的方式。本书所考察的大陆法系国家继承立法中均有必留份制度的规定，基于必留份权利是存在于继承人的继承权基础之上的这一原则，若法定继承人的继承权已丧失，则其必留份权利也就失去了存在的基础。故继承人必留份权利的丧失准用继承权丧失的规定。

第三节　我国继承权丧失后恢复规则的立法现状与不足考察

一、我国继承权丧失后恢复规则的立法现状

在我国，当继承人的继承权丧失之后，可以根据被继承人的原谅而恢复，但并不是所有因法定事由的发生而丧失的继承权都可以恢复。根据《民法典》的规定，在继承权丧失的法定事由所列的五类情形中，有三类情形，如果继承人确有悔改表现，被继承人表示宽恕或者事后在遗嘱中将其列为继承人的，该继承人不丧失继承权。这三类情形分别是：一是遗弃被继承人，或者虐待被继承人情节严重的；二是伪造、篡改、隐匿或者销毁遗嘱，情节严重的；三是以欺诈、胁迫手段迫使或者妨碍被继承人设立、变更或者撤回遗嘱，情节严重的。从我国《民法典》这一规定可以看出，在这些有可能恢复继承权的情形下，法律对其还增加了特定条件：既要行为人确有悔改表现，同时也要求被继承人在生前对其表示宽恕，这前提条件不可谓不严格。除了这三类情形，继承人实施了其他两种继承权丧失法定事由中的行为而导致其继承权丧失的，无论该继承人是否确有悔改表现，也无论其是否得到了被继承人生前的宽恕，其丧失的继承权都不能够恢复。而且针对杀害被继承人或者为了争夺遗产而杀害其他继承人，即使被继承人事后通过遗嘱将其列为继承人，该遗嘱也应确认无效，并确认该继承人丧失继承权，反映出了法律对该种行为彻底的否定性。

二、我国继承权丧失后恢复规则的不足

由上述分析可知，在继承权丧失后的恢复问题上，《民法典》规定，只有三种情形下丧失后的继承权可以因被继承人的原谅而

恢复，而且恢复的条件相当严格且很难把握。除这三种情形，其他继承权丧失法定事由发生时所导致丧失的继承权均不能够恢复，这对被继承人自由处置自己财产的权利有着很大的影响。

首先，从整体的角度来看，我国《民法典》所规定的继承权丧失制度由于其法条本身的抽象和空泛而使得其无法解决实际生活及司法实践中所遇到的众多实际问题。而且根据《民法典》的规定，要想丧失的继承权得以恢复，不仅需要被继承人的宽恕，还必须确有悔改表现，只有同时满足这两个条件，继承权才能恢复。其次，从法条的规定来看，我国对继承权丧失后的恢复规定的条件比较严苛，需要更多地借助《继承编解释一》中的补充规定。这一情况的出现如果是由 1985 年《继承法》颁行时的社会现状所导致的，这一点未尝不可理解，但是这一问题在几十年后的《民法典》中仍然存在，则是非常不适宜的。继承权丧失制度是个很古老的制度，正是基于对正义和秩序等公共性的考量，法律才规定了该制度。在该制度的发展过程中，最初其侧重点更多体现为强制和惩罚，维护上文所分析的正义价值与秩序价值，故对丧失继承权的继承人占有的遗产不是转归其他继承人所有，而是没收国库。但进入现代社会以后，继承权丧失制度更多体现的是一种协调，在不同的继承人之间进行权利的平衡及利益的取舍，而继承权的丧失与恢复，正是对于继承有关的各法律关系主体之间的利益取舍及权利平衡之后的法律决定。因此，现代的继承权丧失制度更加重视自由价值，尊重民事主体意思自治也是民法的基本原则，既然双方已然达成和解，那么法律当然乐见其成，防止公权力对私权利的过分渗透。

与上文所考察的国家相比较而言，虽然各国对于继承权丧失后能否恢复以及如何恢复、恢复程度如何都有各自的规定，但是有一个共同点，就是各国的法律均对此作出了具体、明确且便于执行的规定。具体地讲，法国、德国、日本、瑞士等国家都规定了继承权丧失后可以全面恢复，法国和日本甚至还对继承权丧失后的恢复程序作了更加细致、明确的规定。只有在俄罗斯立法中，由于对此未作规定而使得继承权丧失后无法恢复。反观，我国《民法典》不仅对继承权丧失后的恢复情形规定甚少，而且就在这为数不多的情形中还设置了限制条件。但是，何谓确有悔改表现，在《民法典》和《继承编解释一》中均没有任何规定，这一标准也由于其主观性而无法由第三方把握。由此可见，我国法律对于继承权丧失后的恢复规定得过于狭窄，条件也过于苛刻，而且在实践中很难操作执行。比如，根据《民法典》的规定，被继承人通过遗嘱的方式将行为人列为继承人的，可以视为被继承人对行为人宽恕的意思表示。但是，在没有遗嘱的情况下如何判断被继承人对行为人宽恕的意思表示，法律并没有作出明确规定。什么样形式的"宽恕"才算达到恢复继承权的要求存在法律空白。继承权恢复方式的欠缺，不利于充分保障被继承人的私人意志。再如，根据《继承编解释一》的规定，继承人对被继承人实施了故意杀害行为的，即使被继承人以遗嘱的形式将其遗产或遗产的一部分指定由该继承人继承，该遗嘱条款亦无效。据此规定，即使被继承人有意宽恕实施此行为的继承人，也只能够以生前赠与的方式将其财产或一部分财产转移给该继承人。但在通常情况下，被继承人会由于担心失去经济保障而放弃此种做法。有鉴于此，笔者认为，继承人对被继承人实施了故意杀害行为的，若被继承人对此继承人表示宽恕的，则该继承人的继承权应当被恢复。

我国自古以来就非常重视亲情，把亲人之间互相的抚养、扶助作为家庭伦理来重点保护与弘扬。而且，从立法的角度来看，继承人丧失的继承权经由被继承人的原谅而恢复，这属于私法的规范范畴。对此，《民法典》却作出了封闭性、强制性的规定，这实际上强制剥夺了被继承人的权利，与民法充分保障自然人私权自由的原则也是大相径庭。由此可见，我国的继承权丧失后的恢复的适用范围过于狭窄，且适用标准之间也存在不统一甚至矛盾。与此同时，我国对于继承权丧失后可以经由被继承人的原谅而恢复所设置的附加条件实为苛刻，且这一条件的判断标准也因偏于主观而缺乏可操作性。因此，就整体而言，这一规定在立法技术上存在矛盾，与私法自制的原则不符，同时与《民法典》中“自然人遗嘱自由”这一原则相背。综合而言，在以后可能有的《民法典继承编》其他司法解释中，对这一方面的问题要进行重点、全面整理，并对此加以完善。至少在继承权的非终局丧失中，应以自由价值为最重要的判断标准。比如，对于继承人故意杀害被继承人的法定事由，如果被继承人原谅实施该行为的继承人，那么该继承人的继承权应该被恢复，因为这是尊重被继承人意志的体现，同时是对私法自治原则的贯彻。继承人对被继承人实施的故意杀害的行为应受到刑法的制裁，但这并不表示，就一定要导致其丧失的继承权不能恢复。毕竟继承权属于私权，而对其予以恢复，既是尊重被继承人的意志，也是促使继承人弃恶从善，更是对养老育幼原则的贯彻。

随着我国社会的不断发展以及法制的不断健全，很多法律制度越发完善备至，但是很明显，我国现代意义上的继承权丧失制度的发展并不像其他的法律制度一样令人满意，而是出现了一些与世界各个国家所通行的立法趋势和立法潮流不尽一致的问题，而这些问题并不是我国所特有的人文风俗所导致的。这一点，在我国继承权丧失制度的立法现状中有着非常清楚的表现。而这些问题的存在，恰恰是本章在上文对世界范围内具有代表性国家立法例中的继承权丧失制度发展现状进行比较后，以目前继承权丧失制度发展的基本趋势作参考所得出的结论。而且在本章，笔者对这一结论进行了充分地论述和清楚地揭示。至此，我国大陆现行的继承权丧失制度中内容不全面、体系不完整、难以操作执行的缺点便展现得更加清楚。要想深入解决这一问题，只有对我国的继承权丧失制度加以完善，而不能只是依赖于司法解释中意见式的修补。

第六章　继承权丧失制度之我国学者建议稿考察及比较评析

为了能够更好地构建出适合我国基本国情的继承权丧失制度，我国学者在对继承权丧失制度的理论进行深入研究的基础上，先后在六份继承法建议稿中提出了继承权丧失制度的立法建议及其理由，这些建议稿突出反映了我国学术界目前最前沿、最权威的对继承权丧失制度的研究成果。这六份建议稿在继承权丧失制度的内容方面的侧重点各有不同，如欲全面系统地研究继承权丧失制度，自有必要对目前我国学者建议稿中有关继承权丧失制度的重要学术观点进行考察、比较和分析，也可为后文的立法建议打下良好的基础。在本章，笔者拟对我国近几年来公开发表的具有代表性的六份学者建议稿作进一步研究。这六份学者建议稿分别是王利明等学者建议稿、徐国栋等学者建议稿、梁慧星等学者建议稿、陈苇等学者建议稿、张玉敏等学者建议稿和杨立新等学者建议稿（以下简称“王稿”“徐稿”“梁稿”“陈稿”“张稿”“杨稿”）。在本章，笔者从继承权丧失的法定事由、继承权丧失的法律程序、继承权丧失的法律效力和继承权丧失后的恢复四个方面对上述学者建议稿的观点中的分歧进行梳理，以此来归纳出他们对继承权丧失制度争议的焦点。

第一节　继承权丧失的法定事由之我国学者建议稿考察与评析

作为私权的一种，继承权是继承人继承被继承人遗产的一种权利，同时也是财产在代际间得以有秩序流通的法律保障。根据法律中私权神圣的法则，在没有法定事由的情况下，任何组织和个人甚至包括国家都无权将其丧失。因此，继承权丧失制度中法定事由的确定就至关重要。对于继承权丧失之法定事由的规定，是继承法中维护继承秩序以及亲属之间伦理道德的一项最重要的规定，它能够引导人们善意、诚实地从事民事行为，同时能够起到抑恶扬善的作用。要充分地发挥这一作用，首先就要让侵害了被继承人遗嘱自由权利或者违反了诚实信用原则的继承人承担对其不利的法律后果。同时，如果继承人没有实施法定事由中所规定的行为而实施了其他违法行为，其继承权就不能丧失，这对于维护继承秩序甚至是社会秩序、保护继承权都有着极其重要的意义。基于继承权丧失法定事由的这种重要作用，六位学者在其建议稿中均对此作出了相应的规定。

一、继承权丧失的法定事由之我国学者建议稿考察

几位学者的建议稿对继承权丧失的法定事由分别作出了不同的规定，具体如下：

（一）梁慧星等学者建议稿中的主要观点

“梁稿”中规定，继承人有下列行为或之一的，其继承权应丧失：

第一，以争夺遗产为目的杀害其他继承人的；

第二，除正当防卫的情况之外，故意杀害被继承人的；

第三，遗弃被继承人或虐待被继承人且情节严重的；

第四，伪造、篡改、销毁遗嘱且情节严重的；

第五，采用欺诈或胁迫手段促使或妨碍被继承人订立、修改或撤销其遗嘱且情节严重的。[①]

（二）王利明等学者建议稿中的主要观点

“王稿”认为，继承权丧失制度应当是我国法律中“当事人不能够从其违法行为中获利”这一原则的典型体现，因此当继承人实施了下列行为或之一的，其继承权应当丧失：

第一，故意杀害被继承人的；

第二，以争夺遗产为目的杀害其他继承人的；

第三，遗弃被继承人或虐待被继承人且情节严重的；

第四，伪造、篡改、隐匿、销毁遗嘱的；

第五，以欺诈或胁迫手段迫使或妨碍被继承人设立、变更或撤销其遗嘱且情节严重的。[②]

（三）徐国栋等学者建议稿中的主要观点

“徐稿”中所列的继承权丧失的事由较多，具体有下列几种：

第一，继承人因犯罪而被判处刑罚导致其继承权丧失，包括继承人由于犯故意杀害被继承人、被继承人配偶或被继承人直系尊、卑血亲之罪行而被判处刑罚的；以争夺遗产为目的杀害其他继承人的；遗弃或虐待被继承人且情节严重的；实施诬告或作虚假证明而有可能导致被继承人、被继承人配偶或被继承人直系尊、卑血亲被判处10年以上有期徒刑、无期徒刑或死刑的。

第二，继承人对身处困境（包括濒临死亡）的被继承人不实施救援的；三亲等内直系血亲有救助能力而不救助处于精神病状态或困难境地的被继承人的；被继承人遭遇杀害，成年继承人知情而未尽快检举犯罪嫌疑人的。

第三，继承人因疏忽亲属职责导致其继承权丧失，包括被继

① 梁慧星（课题负责人）：《中国民法典草案建议稿附理由：继承编》，法律出版社2013年版，第142页。

② 王利明（项目主持人）：《中国民法典学者建议稿及立法理由·继承编》，法律出版社2005年版，第461页。

承人的直系尊、卑血亲按照法定继承顺序作为继承人继承被继承人遗产的，若被继承人是精神病人、未成年人、聋哑盲人而该继承人在先前持续一年未为其指定保护人，则不配参与继承。但是，继承人如果明显不可能自行或通过代理人请求给此类被继承人指定保护人的情形则排除在外。当多人被召集继承时，继承人中的一人履行了上述义务所带来的利益惠及其他继承人。

第四，继承人因拒绝履行保护职责导致的其继承权丧失，包括被继承人或继承人所指定的保护人拒绝履行其对被继承人的保护职责，且无法定豁免事由或不能证明有重大理由而主张豁免的，不配参与继承。

第五，继承人因虚假言论导致的其继承权丧失，包括明知某人无能力继承却向被继承人承诺将被继承人财产的全部或部分以任何方式移置给此人的，不配参与继承。

第六，继承人损害遗嘱或干涉被继承人订立、修改或撤销遗嘱导致其继承权丧失的：包括在被继承人死亡之前的3个月内，利用被继承人的身体状况阻止其订立、修改或撤销遗嘱的；采用欺骗或胁迫的手段促使其订立、修改或撤销遗嘱的；故意毁损、隐匿被继承人遗嘱的；未经被继承人同意更改其遗嘱的；明知是假遗嘱的情况下继续使用遗嘱的。[①]

(四) 陈苇等学者建议稿中的主要观点

“陈稿”中认为，继承人有下列行为或之一的，其继承权应丧失：

第一，对被继承人实施故意杀害行为，构成犯罪且被处以刑罚的；

第二，以争夺遗产为目的杀害其他继承人的；

第三，遗弃被继承人或虐待被继承人且情节严重的；

---

① 徐国栋主编：《绿色民法典草案》，社会科学文献出版社2004年版，第225~227页。

第四，伪造、篡改、隐匿、销毁遗嘱，且情节严重的；

第五，采用欺诈或胁迫手段促使或妨碍被继承人订立、修改或撤销其遗嘱且情节严重的；

第六，诬告被继承人或作伪证陷害被继承人，因此被判处刑罚的。[①]

（五）张玉敏等学者建议稿中的主要观点

“张稿”中规定，继承人有下列行为或之一的，其继承权应丧失：

第一，故意杀害被继承人的；

第二，以谋夺遗产为目的杀害其他继承人的；

第三，遗弃被继承人或虐待被继承人且情节严重的；

第四，伪造、篡改、隐匿、销毁遗产处分遗嘱的；

第五，采用欺诈或胁迫手段促使或妨碍被继承人订立、修改或撤销其遗嘱且情节严重的。[②]

（六）杨立新等学者建议稿中的主要观点

“杨稿”中规定，继承人有下列行为或之一的，其继承权应丧失：

第一，故意不法杀害被继承人的；

第二，以争夺遗产为目的杀害其他继承人的；

第三，故意不法使被继承人丧失订立、修改或撤销遗嘱之能力的；

第四，遗弃被继承人的；

第五，虐待被继承人且情节严重的；

第六，伪造、篡改、隐匿、销毁遗嘱的；

第七，采用欺诈或胁迫手段促使或妨碍被继承人订立、修改

---

① 陈苇主编：《中国继承法修改热点难点问题研究》，群众出版社 2013 年版，第 552 页。

② 张玉敏（课题负责人）：《中国继承法立法建议稿及立法理由》，人民出版社 2006 年版，第 35 页。

或撤销其遗嘱的。①

二、继承权丧失的法定事由之我国学者建议稿比较评析

从上述对六份学者建议稿的考察可以看出，在继承权丧失的法定事由方面，六份学者建议稿有以下三处相同点：

第一，均认为应对“故意杀害其他继承人”这一法定事由附加“以争夺遗产为目的”的条件限制。他们认为，继承人对其他人所实施的故意杀害行为若不是为了争夺遗产，则行为人的主观上没有取得更多遗产份额或独占所有遗产的目的，这不违背继承法中的“权利义务相一致”原则，所以其继承权不应当丧失。② 学者也对此详细地阐述了理由，“在实际生活当中，继承人对其他继承人实施杀害行为的原因通常是多种多样的，若对其一概丧失继承权显得过于宽泛，而继承法当中‘以争夺遗产为目的’的规定更加能够体现出‘因犯罪行为导致的与行为人内心愿望相反的法律效果’这一原则，这一规定会更有利于倡导及指引人民守法”。③

第二，均认为应对继承人因“虐待被继承人”而丧失继承权法定事由附以“情节严重”的限制，这与现行继承法规的规定相一致。即当继承人实施了虐待被继承人的行为之后，其继承权不会当然丧失，只有当虐待行为的情节严重时，其继承权才会被确认丧失，至于何谓此处的“情节严重”，应从继承人对被继承人虐待行为实施的时间、实施的手段、社会影响及所造成的后果等各项因素的角度进行综合考量。只要根据上述标准，继承人的行为

① 杨立新、杨震等：《〈中华人民共和国继承法〉修正草案建议稿》，载《河南财经政法大学学报》2012 年第 5 期。

② 梁慧星（课题负责人）：《中国民法典草案建议稿附理由：继承编》，法律出版社 2013 年版，第 142 页；张玉敏（课题负责人）：《中国继承法立法建议稿及立法理由》，人民出版社 2006 年版，第 35 页。

③ 宋豫：《完善我国继承权丧失制度的若干思考》，载《河北法学》2006 年第 1 期。

被认定为“情节严重”的，无论其是否被追究刑事责任，其继承权均丧失。①

第三，均认为应当将“采用欺诈或胁迫手段促使或妨碍被继承人订立、修改或撤销其遗嘱”这一行为增设为继承权丧失之法定事由。

学者建议稿也有以下几处不同点：

第一，关于继承权丧失法定事由中的“故意杀害被继承人”一项，是否应增加限制条件，上述学者建议稿中存在着不同的观点：“梁稿”认为，“故意杀害被继承人”的行为若是出于正当防卫，则其继承权不应当丧失；“徐稿”“陈稿”认为，对于“故意杀害被继承人”的行为，应以是否构成犯罪作为衡量标准，即只要构成犯罪并被处以刑罚的，其继承权才应当丧失；而“王稿”“张稿”“杨稿”则认为，对于“故意杀害被继承人”的行为，无论行为人是否被追究刑事责任，其继承权都应当丧失。

第二，除“梁稿”外，其他的五份学者建议稿均建议在“伪造、篡改、销毁遗嘱”这一法定事由中增加“隐匿遗嘱”行为，即当继承人实施隐匿遗嘱行为时，也会导致其继承权丧失。

第三，除“梁稿”“陈稿”外，其他的四份学者建议稿对于“伪造、篡改、隐匿、销毁遗嘱”这一法定事由都没有以“情节严重”作为限制条件。

第四，“王稿”“梁稿”“陈稿”均认为“以欺诈或胁迫手段，迫使或者妨碍被继承人设立、变更或者撤回遗嘱”必须要达到“情节严重”的程度才可以列入继承权丧失的法定事由，但至于情节严重应以什么标准来界定，三份建议稿中都没有进行说明。而除了“王稿”“梁稿”“陈稿”，其他三份建议稿则对此未作限制。

关于是否应对“故意杀害被继承人”这一法定事由附加限制

---

① 梁慧星（课题负责人）：《中国民法典草案建议稿附理由：继承编》，法律出版社2013年版，第142页。

条件，本书认为，限制条件还是应该有，这一做法是为了排除过失情形，包括正当防卫、紧急避险或故意伤害而导致的被继承人死亡的情形，以及无刑事责任能力的继承人对被继承人实施杀害行为的情形等。

具体而言，在实践中，如果被继承人遭继承人杀害乃因其实施防卫行为所致，那么对这种防卫行为要进行具体分析，做到不同情况区别对待。总的来说，如果继承人所实施的杀害行为并不是出于主观上的故意，而是由于自卫所致，而且能够满足法律中的正当防卫的构成要件，那么尽管这种行为同样侵害了被继承人的生命，但由于其防卫行为正当且合法，所以就不能以故意杀人罪论处。同样地，在继承领域，其继承权也不应当丧失。换句话讲，当继承人受到了被继承人的侵害时，其由于实施了正当防卫行为而杀害了被继承人，在这种情形中，继承人的行为具有正当性、合法性以及违法阻却性，当然就不应该列入继承权丧失的法定事由中。但有一点需要强调的是，如果这一正当防卫的行为明显超过了必要的限度而导致被继承人被杀害，此时这一行为便由正当防卫转变为了防卫过当，也就构成了故意杀害的标准，那么其继承权就应当丧失。

此处需要讨论的是，当继承人由于执行公务而杀害被继承人的情况，其继承权会不会丧失。在实践中，这种情形较为少见，但也并不是完全没有。在一般情况下，实际生活中出现因执行公务而杀害被继承人的主要有以下两种情况：一是对犯有死罪的罪犯执行死刑的情况。我国《刑事诉讼法》并没有死刑执行人员回避制度，在这种情形下难免会出现继承人依法丧失被继承人生命的情况。二是警务人员在执行警务或军人在执行军令的过程中遇到不得已状况而需要丧失他人生命时，不能够完全避免生命丧失者恰好为被继承人的情形。在这两种情形下继承人丧失了被继承人生命的，继承人的行为不属于非法。因此，其对于死亡的被继承人的继承权不应丧失。

关于应对“故意杀害其他继承人”这一法定事由附加“以争夺遗产为目的”的条件限制，本书认为，在司法实践中，继承人的行为是否具有“以争夺遗产为目的”的主观故意是难以查明的，不应当将这一条件纳入该民事制裁的条件限制范围。事实上，继承人对被继承人或其他继承人实施了“杀害”的行为，其中的原因及目的是复杂多样的，如果法律中仅仅是“以争夺遗产为目的”而实施的杀害行为，行为人才会丧失继承权，那么行为人为了掩盖其犯罪目的和动机，自然不会承认自己是“以争夺遗产为目的”的。

本书认为，与其执着于究问继承人所实施的杀害行为是否有着“以争夺遗产为目的”的动机，不如直接规定受害人的范围应当仅限定为其先顺位或者同顺位的其他继承人，继承人杀害后顺位继承人的情形不宜包括在内。原因上文已经阐释，此处不再赘述。

关于在“伪造、篡改、销毁遗嘱”这一法定事由中是否应该增加“隐匿遗嘱”这一行为，笔者认为，“隐匿遗嘱”指的是继承人在发现了被继承人的遗嘱之后，故意将遗嘱藏匿、隐瞒，意图使该遗嘱不被发现，被继承人的遗产也就不能按其意愿来分配。在一般情况下，继承人做出这一行为的主观目的是给自己谋取更多的遗产甚至是自己独占遗产，但并非以此为必要。凡是对遗嘱实施了上述行为的，无论行为人是法定继承人还是非法定继承人，其行为均违背了被继承人的遗嘱意愿，也都是在直接地侵害被继承人所享有的财产所有权以及其对自己财产的处分自由权。除此之外，这种行为在间接妨碍甚至是侵害了其他继承人所享有的合法利益。而上述行为中的“隐匿遗嘱”行为，更是直接否定了被继承人生前的意愿。尽管我国法律有如此规定，实施此类行为的继承人不必以“为自己谋取更多的遗产甚至是自己独占遗产”为目的，但在一般情况下，凡是实施此类行为的继承人，其主观意愿多是如此。由于此类违法行为的背德和卑劣，当继承人实施此类行为时，其继承权就应当丧失。所以笔者认为，在“伪造、篡改、销毁遗嘱”这一法定事由中应该增加“隐匿遗嘱”这一行为。

关于“伪造、篡改、销毁遗嘱”这一法定事由是否应当把“情节严重”作为必要的附加条件，笔者认为，最高人民法院将“情节严重”的标准解释为“继承人由于其伪造、篡改、销毁遗嘱的行为侵害了没有劳动能力且没有生活来源的继承人的利益，并造成其生活困难的”，按照这种解释，符合“情节严重”这一条件的情况是非常罕见的，而伪造、篡改、销毁遗嘱本身就是为自己牟取不正当利益的行为，同时这一行为也侵犯了被继承人遗嘱自由的权利，而且损害了其他继承人或受遗赠人的利益，这一情节本就很严重，因此各国的继承法中都把这类行为作为继承权丧失的事由之一，而不是再追加一项“情节严重”的限制条件。尤其是德国还把这类行为按犯罪论处，对行为人判处有期徒刑，即便是未遂犯也要受到处罚。① 根据我国《继承法》的规定和最高人民法院的司法解释，继承人的伪造、篡改、销毁遗嘱的行为，只要没有达到“情节严重”的程度，即便被发现，也只不过是阻止其达成所追求的非法目的，但是实施该行为的继承人仍然有资格继续继承遗产，这相当于其没有受到任何处罚。这一规定不利于惩治和抑制这种违反诚实信用原则、危害继承秩序的严重不法行为。

此外，我国《继承法》中没有就继承人如果“采用欺诈或胁迫手段促使或妨碍被继承人订立、修改或撤销其遗嘱”是否丧失继承权作出相关规定。本书认为，继承人所实施的此类行为严重违反诚实信用原则，也侵犯了被继承人的遗嘱自由权，这种行为的性质与危害跟伪造、篡改、销毁遗嘱在本质上没有区别。当被继承人因受到此类干预而做出了相应的遗嘱行为时，便已然违背了法律中遗嘱自由的原则。根据所有权绝对原则，遗嘱自由理应受到保障。因此，理应用丧失其继承权的方式来制裁实施了此类

① 《德国刑法典》，庄敬华、徐久生译，中国方正出版社 2004 年版，第 133 页。

行为的继承人。

第二节　继承权丧失的法定程序之我国学者建议稿考察与评析

继承权丧失的法定程序分为单轨制继承权丧失法律程序和双轨制继承权丧失法律程序，分别指的是当行为人的行为具备了继承权丧失法定事由的构成条件时，其继承权是立刻在法律上被当然丧失，无须再经由法院进行宣告，还是其继承权不被当然丧失，而要在继承开始之后，由其他继承人向法院提起针对此继承人的财产取得撤销之诉，待法院审查判断之后作出宣告，此继承人的继承权才丧失。

一、继承权丧失的法定程序之我国学者建议稿考察

学者建议稿对继承权丧失的法定程序规定各有不同，现分别考察如下：

（一）梁慧星等学者建议稿的主要观点

“梁稿”对于继承权丧失是采用单轨制继承权丧失法律程序还是采用双轨制继承权丧失法律程序并未直接规定，但是该建议稿在条文说明中指出，继承权丧失指的是在其法定事由发生之后，依法取消继承人对特定被继承人的继承资格，[①] 只是在继承人或者其他遗产利害关系人对该继承人的继承权是否丧失出现争议时，可以向法院提起诉讼，法院依法确认该继承人的继承权是否丧失。由此可见，“梁稿”认为，只要继承人实施了继承权丧失制度中法定事由所列行为，继承人就会丧失继承权，无须再经过其他程序，只是规定了相应的救济程序。因此，“梁稿”对此持双轨制继承权

① 梁慧星（课题负责人）：《中国民法典草案建议稿附理由：继承编》，法律出版社 2013 年版，第 142 页。

丧失法律程序之立场。

(二) 王利明等学者建议稿的主要观点

“王稿”对继承权丧失程序并无直接规定，只是规定了被继承人在知道继承人有丧失继承权的法定事由后，仍在遗嘱中指定其为继承人的，该继承人的继承权随之恢复，① 只是在继承人或者其他遗产利害关系人对该继承人的继承权是否丧失出现争议时，可以向法院提起诉讼，法院依法确认该继承人的继承权是否丧失。由此可知，“王稿”对此持双轨制继承权丧失法律程序的立场。

(三) 徐国栋等学者建议稿的主要观点

“徐稿”规定，非依利害关系人的请求以及在诉讼中的宣告，继承权丧失不发生任何效果。在该稿第九章的遗嘱丧失中也有进一步规定：前条之继承权丧失事由若在遗嘱中未特别指明，且也未在遗嘱人生前经由司法程序证实，抑或其他利害关系人在遗嘱人死亡后也未作证明等情形，继承人的继承权不丧失。② 由此可见，“徐稿”对此持单轨制继承权丧失法律程序之立场。

(四) 陈苇等学者建议稿的主要观点

“陈稿”规定，继承权丧失须由利害关系人提出申请后经由人民法院作出宣告，方可产生效力，但被判处刑罚者除外。继承权丧失之宣告，须在自继承开始时二年内或自利害关系人知悉继承权丧失原因之日起一年内提起。③ 由此可见，“陈稿”对于继承权丧失的程序认为应采用单轨制继承权丧失法律程序，但如果继承人被判处刑罚，则其继承权就被当然丧失，无须再经由单轨制继承权丧失法律程序中的宣告程序。

---

① 王利明（项目主持人）：《中国民法典学者建议稿及立法理由·继承编》，法律出版社 2005 年版，第 461 页。

② 徐国栋主编：《绿色民法典草案》，社会科学文献出版社 2004 年版，第 226、265 页。

③ 陈苇主编：《中国继承法修改热点难点问题研究》，群众出版社 2013 年版，第 552 页。

（五）张玉敏等学者建议稿的主要观点

“张稿”规定，继承开始之后，因他人的继承权丧失而受益者可请求法院宣告该他人继承权丧失。但继承人因法定事由的行为被判决有罪的，该有罪判决即视为继承权丧失的宣告。受益人的请求应当在自请求权人知道或应当知道继承权丧失的事由时起一年内提起。在继承开始之前即知道的，应在继承开始后六个月内提起。继承开始十年之后，不得再提起该请求。若得到被继承人宽恕的，法院不得宣告丧失继承权。① 由此可见，“张稿”与“陈稿”一样，对于继承权丧失的程序认为应采用单轨制继承权丧失法律程序，但如果继承人被判处刑罚，则其继承权就被当然丧失，无须再经由单轨制继承权丧失法律程序中的宣告程序。

（六）杨立新等学者建议稿的主要观点

“杨稿”并没有直接规定继承权丧失的程序，只是规定了继承人的继承权丧失后，如得到被继承人宽恕则可恢复。在继承人或者其他遗产利害关系人对该继承人的继承权是否丧失出现争议时，可以向法院提起诉讼，法院依法确认该继承人的继承权是否丧失。由此可知，“杨稿”对此持双轨制继承权丧失法律程序立场。②

二、继承权丧失的法定程序之我国学者建议稿评析

通过对上述学者建议稿的考察得知，对于继承权丧失的法定程序，“梁稿”“王稿”“杨稿”对继承权丧失的法定程序均持双轨制继承权丧失法律程序立场。即只要继承人实施了法定事由中所列行为，其继承权无须经由其他任何人的意思表示，也无须经由法院裁判便直接丧失，无须附加任何条件。只是在继承人或者其他遗产利害关系人对该继承人的继承权是否丧失出现争议时，

---

① 张玉敏（课题负责人）：《中国继承法立法建议稿及立法理由》，人民出版社2006年版，第42页。

② 杨立新、杨震等：《〈中华人民共和国继承法〉修正草案建议稿》，载《河南财经政法大学学报》2012年第5期。

可以向法院提起诉讼，法院依法确认该继承人的继承权是否丧失。此时，继承人的继承权丧失与其是否实施了法定事由行为之间为直接因果关系。与之相对应的是，“徐稿”认为所有的继承权丧失事由都应适用单轨制继承权丧失法律程序，即继承人即使实施了法定事由中所列行为，其继承权也不被当然丧失，必须要经由一定的诉讼程序，由法院来进行判决，判决生效后，其继承权才正式丧失。此外，“陈稿”和“张稿”对于继承权丧失的程序认为应采用单轨制继承权丧失法律程序，但如果继承人被判处刑罚，则其继承权就被当然丧失，无须再经由单轨制继承权丧失法律程序中的宣告程序。

目前，我国的立法对此采用双轨制继承权丧失法律程序。即只要继承权丧失的法定事由中的行为发生，继承人的继承权就当然丧失，无须再经由其他任何程序。然而，若继承开始后当事人之间就某继承人的继承权是否丧失出现争议时，可诉之法院，由法院通过裁判来进行确认。这一方式简便且高效，如果继承人与遗产其他利害关系人对继承权是否丧失产生争议，还可寻求公权力的最终裁决，而由于国家公权力的介入使得各方当事人的利益得到更好地保护。因为继承人对被继承人所实施的故意杀害行为是既定的事由，根据我国法律规定，对这一行为性质的认定和处罚是司法机关的职责，而不是每个公民都可以随意为之的。当公权力最终作出权威且具有法律效力的认定，若认定结果确是故意杀害，则继承权丧失，若不是，则继承人继续享有继承权。如若不然，只要发生继承权丧失的法定事由，其继承权的丧失与否都需要法院进行认定，最终的结果必然是给法院再增讼累。本书认为，从稳定继承秩序、减轻法院负担、切合中国国情和保护利害关系人利益的角度出发，我国的继承权丧失制度应坚持现有的双轨制继承权丧失法律程序立法。

有学者从对交易安全保护的角度出发，主张我国在确认继承权丧失时应当采用单轨制继承权丧失法律程序。[①] 对此笔者认为，因为有善意取得制度和不动产公示制度的保护，所以双轨制继承权丧失并不会对交易安全造成影响或妨害。而如果采用单轨制继承权丧失程度，其中就存在如下的几点问题：第一，当继承人的继承权丧失之事由出现时，并不一定会同时出现撤销权人或请求权人，因为此时，利害关系人可能并不知悉继承权丧失之事由已然出现。我国目前的实际国情是独生子女家庭居多，此时，继承人多与被继承人一起生活，而其他近亲属通常不会与二者共同生活，因而即使继承权丧失的事由出现，往往其他利害关系人不会在第一时间得知，甚至是在未来的很长一段时间内都不会得知消息，而一旦超过了法律上对继承权保护规定的时限，则其他利害关系人就失去了维护自己权利的机会。除了不知情的情况，还有可能出现虽然利害关系人知道具体的事情经过，但由于其对法律不熟悉而不能够确定继承人的行为是否构成了继承权丧失的法定事由，又或者由于利害关系人怠于行使其撤销权或者请求权而出现无人提出宣告的情形。第二，一个客观事实是，我国的农村人口在我国总人口比例中占绝大多数，从他们的教育背景和法律知识来看，他们对于判断继承权丧失之事由以及撤销权和请求权的行使方式存在相当大的困难，甚至他们根本不知道有撤销权和请求权这两项权利的存在。因此，如果采用单轨制继承权丧失程序，又不得不慎重地考虑请求诉讼时效以及除斥期间的限制，在这种情形下，究竟应该是诉讼时效还是除斥期间，又取决于制度本身的设计。但是无论哪种规定，对于文化程度不高、法律知识欠缺的农村居民而言都是非常不利的。鉴于种种原因，笔者认为，应该维持现行立法的规定，对继承权丧失法律程序采用双轨制，亦即继承权的丧失无须经由任何特定的程序，只要在当事人对于某

---

① 张玉敏（课题负责人）：《中国继承法立法建议稿及立法理由》，人民出版社 2006 年版，第 42 页。

继承人的继承权是否丧失存在争议时，才需要向法院提起确认之诉，由法律经由民事审判程序作出对该继承人是否丧失继承权的裁决。而提起该确认之诉的主体，既可以是其他继承人，也可以是继承人之外的任何第三人或者相关单位。此时又有另外一个问题，如果继承人实施了违法犯罪行为且无人主张丧失其继承权，法院是否可以主动裁决丧失其继承权？关于这一问题，学术界存在着不同的看法。一种观点认为，如果继承人的行为已构成犯罪，则人民法院可以就继承人继承权的丧失一并作出处理。但若继承人的行为尚不构成犯罪，人民法院则不应主动处理继承人的继承权丧失问题。① 另一种观点认为，依不告不理原则，如无人向法院提起诉讼主张某人继承权丧失，即使被告具有继承权丧失的法定情形，人民法院亦不能主动裁决该被告继承权丧失。对此，笔者认为，第一种观点与我国的司法审判实践有着不一致的地方。从程序上来看，若继承人的行为触犯了刑法，即构成了犯罪，此时若无人主张丧失其继承权，刑事审判庭的法官在其进行刑事审判的过程中不可能作出附带继承权丧失的民事判决。这是因为，刑事审判庭的法官所考虑的问题是如何对该行为人定罪量刑，而此时，行为人与受害人之间是否存在继承与被继承的关系又或者是否同为某一被继承人的继承人并不在定罪量刑的考虑范围，如果强制要求刑庭对此一并处理，则刑庭法官在处理每一起刑事案件时都需要逐一地审查确定犯罪嫌疑人与受害人之间是否存在或存在怎样的继承关系，犯罪嫌疑人的行为又是否符合继承权丧失的法定事由，对其继承权的丧失应为终局丧失还是非终局丧失，其继承权丧失后的恢复又当如何等烦琐的事项，这在司法实践中明显是不现实的。而且，需要注意的一点是，我国最高人民法院《关于刑事附带民事诉讼范围问题的规定》中明确规定，只有当

---

① 郭明瑞、房绍坤、关涛：《继承法研究》，中国人民大学出版社 2003 年版，第 31 页。

"人身权利受到犯罪侵犯而遭受物质损失或者财物被犯罪分子毁坏而遭受物质损失"时，才可以提起附带民事诉讼。根据这一规定，很明显，在我国，法律对自然人继承权丧失的判决只能作为继承经由民事诉讼程序单独审理，不能在刑事诉讼中附带继承权丧失确认之诉，因为继承权丧失确认之诉不属于刑事附带民事诉讼的适用范围。而且，《关于刑事附带民事诉讼范围问题的规定》中所说的物质损失当然不能包括继承利益的损失，因为在继承权丧失的法定事由出现时，并不一定都会使利害关系人的继承利益受到损失。比如，当继承人对被继承人实施故意杀害行为时，或者对被继承人实施了遗弃行为或实施了虐待行为且情节严重的，就不会造成利害关系人的继承利益损失，而对于继承人故意杀害其他继承人的情形，无论是对于受害的继承人还是对于受害人以外的其他继承人，都不会造成他们继承利益的损失。如果行为人的杀害行为未遂，则显然对受害人的继承利益不会产生任何不利影响，而如果行为人的杀害行为既遂，作为民事主体而存在的受害人已经不存在了，继承利益自然也就无从谈起。当然，继承人实施的伪造、篡改或者销毁遗嘱的行为，有可能但不是必然会造成其他继承人继承利益的损失，但此时，由于行为人的行为不涉及刑事诉讼的问题，自然也就不会出现刑事附带民事诉讼的现象。

第三节　继承权丧失的法律效力之我国学者建议稿考察与评析

继承权丧失的法定事由中所列行为发生时，继承权丧失的效力不仅会及于行为人本身，还会影响到行为人的直系卑亲属，同时影响到被继承人的其他继承人的遗产利益，甚至会影响到第三人的利益。对此，学者建议稿中也分别进行了规定。

一、继承权丧失的法律效力之我国学者建议稿考察

对于继承权丧失的法律效力，学者建议稿对此规定的内容也是各有不同，分述如下：

（一）梁慧星等学者建议稿之主要观点

“梁稿”认为，继承权丧失之效力溯及继承开始之时，且仅对特定的被继承人有效，对继承人所对应的除这一特定的被继承人之外的其他被继承人则不发生效力。受遗赠权的丧失准用继承权丧失的法定事由，但是若被继承人子女的继承权在继承开始之前便丧失的，该子女的直系卑亲属享有代位继承权，亦即适用代位继承。此外，继承人的继承权丧失的，其特留份权利也同时丧失。在对立法理由的阐述中“梁稿”指出，特留份权利是建立在继承权的基础之上的，若继承人的继承权被依法丧失，则其特留份权利存在的基础也同时灭失，因此特留份丧失也应当准用继承权丧失的规定。①

（二）王利明等学者建议稿之主要观点

“王稿”规定，受遗赠权丧失准用继承权丧失的法定事由。他同时认为，作为被继承人子女的继承权丧失的，由该子女的直系卑亲属代位继承，且继承人的特留份权利同时被消灭。②

（三）徐国栋等学者建议稿之主要观点

“徐稿”规定，继承人的继承权丧失后，若被继承人完全知道有关情况时仍对该继承人给予遗赠的，遗赠有效。继承权因不配参与而被取消的继承人，对其子女所代位继承的遗产不享有父母对子女财产的用益权和管理权。同时，在“徐稿”第九章也作了进一步规定，当丧失人不明确限制丧失的效果时，此效果不仅扩

---

① 梁慧星（课题负责人）：《中国民法典草案建议稿附理由：继承编》，法律出版社 2013 年版，第 143、163、182 页。

② 王利明（项目主持人）：《中国民法典学者建议稿及立法理由·继承编》，法律出版社 2005 年版，第 461、522、541 页。

及特留份之权利，同时也扩及其对丧失人的一切和死因分配，但是除非遭受了不堪忍受之损害，否则此效果不能扩及必要的扶养费。① 由此可见，"徐稿"认为，继承权丧失的效力是及于特留份和遗赠的，而且代位继承人可以代位继承。

(四) 陈苇等学者建议稿之主要观点

"陈稿"规定，继承人的继承权丧失的效力溯及于继承开始之时。当继承人的法定继承权丧失后，其必留份或特留份之权利也随继承权的消灭而同时丧失。继承人丧失继承权的同时，也丧失了对其子女因代位继承而获利的遗产的用益权。② 受遗赠权的丧失准用法定继承权丧失之事由。

(五) 张玉敏等学者建议稿之主要观点

"张稿"认为，遗赠准用继承权丧失之规定。因为从"自被继承人的遗产当中获得财产利益"这一角度来看，受遗赠人与继承人是有着共同法律地位的。二者之间存在的不同是，继承人既享受自被继承人的遗产中获得财产利益的权利，同时也承担偿还遗产债务的义务，而受遗赠人只享有权利却无须承担义务。因此，若受遗赠人实施了继承权丧失的法定事由中所列的行为时，相比于继承人，其受遗赠权更应该丧失。同时，继承人的继承权丧失后，其晚辈直系血亲仍可代位继承。③

(六) 杨立新等学者建议稿之主要观点

"杨稿"规定，受遗赠权、特留份的丧失准用继承权的丧失规则，作为被继承人子女的继承人的继承权丧失的，由其晚辈直系血亲代位继承。

---

① 徐国栋主编：《绿色民法典草案》，社会科学文献出版社 2004 年版，第 225～226、265 页。

② 陈苇主编：《中国继承法修改热点难点问题研究》，群众出版社 2013 年版，第 552 页。

③ 张玉敏（课题负责人）：《中国继承法立法建议稿及立法理由》，人民出版社 2006 年版，第 44 页。

二、继承权丧失的法律效力之我国学者建议稿评析

从上述对各位学者建议稿的考察可以发现，六份建议稿均认为继承权丧失的法律效力应及于特留份权利和受遗赠权，同时也认同当继承人实施了继承权丧失的法定事由中所列行为后导致其继承权丧失的，其直系卑亲属可以代位继承。这一点规定，与我国的继承领域立法是有所不同的。我国规定，继承人丧失继承权的，其晚辈直系血亲不得代位继承。

本书认为，根据我国法律规定，受遗赠人是指被继承人生前以遗嘱的形式赠与其遗产的非法定继承人。而如果受遗赠人实施了继承权丧失的法定事由中的行为却可以继续享有受遗赠权，对法定继承人和其他非继承人都是不公平的，更是违背了社会道德的理性认知。受遗赠人实施了继承权丧失的法定事由中的行为是否可以继续享有受遗赠权在我国尚属立法之空白，未来的中国民法典继承编中，应该借鉴其他国家的立法经验以及国内学者观点，增加规定继承权丧失的法律效力及于受遗赠权，即如果受遗赠人实施了继承权丧失的法定事由中的行为，将丧失对特定遗赠人遗产的受遗赠权利。

关于代位继承权的问题，根据上文论述，对于其性质一直都有两种不同学术观点，分别是固有权说和代表权说。对此，本书认为，代位继承权的性质应采用固有权说较为恰当。只要作为被继承人子女的继承人先于被继承人死亡、主动放弃继承权或因为实施不法行为丧失继承权时，其晚辈直系血亲理应根据其代位继承权参与继承，这一权利不应以被代位人的权利状况为转移。具体到继承权丧失制度的法律效力，即使该继承人因为实施不法行为丧失继承权，也不应当影响到其晚辈直系血亲的代位继承权。因为父母的违法行为却要让子女来承担不能参与继承的不利后果，这是违背现代法治中“人格独立、责任自负”这一法律精神的。而且当继承人的继承权丧失后，其晚辈直系血亲的代位继承权同

时丧失，也是不利于保护该晚辈的利益的，将父母的继承权丧失的结果延伸到其子女的代位继承权也是不合理且不公平的。如果代位继承人为未成年人，也是不符合现代民法中的“儿童最大利益原则”的。为了弥补这一不足，本书建议对代位继承制度进行修改，借鉴外国的立法经验以及国内学者观点，对于继承权丧失的继承人，应允许其晚辈直系血亲代位继承其丧失的应继份。

第四节　继承权丧失后的恢复之我国学者建议稿考察与评析

根据继承权丧失后能否因被继承人的意志而予以恢复，可以将其分为终局丧失和非终局丧失。如前所述，当继承权被终局丧失后，在法律上不得以任何手段或方式来恢复，而非终局丧失则允许丧失的继承权因被继承人的意志而得以恢复，并且此时法律所作出的丧失继承人继承权的判定被撤销或被视作撤销。我国《继承法》并没有对继承权丧失后的恢复进行任何直接的规定，而是仅仅在《继承编解释一》中有所涉及。而且，丧失的继承权因被继承人的原谅而恢复仅适用于继承人“遗弃被继承人的”以及“虐待被继承人情节严重的”这两种情形，除这两种情形之外，其他情形下丧失的继承权均禁止适用继承权丧失后的恢复。针对继承权丧失后的恢复这一问题，上述六份学者建议稿中也提出了不同的见解及建议。

一、继承权丧失后的恢复之我国学者建议稿考察

在各份学者建议稿中所规定的继承权丧失后的恢复的相关情形中，继承人之前所实施的违法行为是其继承权丧失的直接原因。正是由于其行为，才直接导致了其继承权丧失的结果。关于继承人的继承权丧失后能否恢复的问题，各学者建议稿对此都持肯定态度，但是各稿中所选择的继承权得以恢复的在先行为的范围各

有不同：

（一）梁慧星等学者建议稿之主要观点

“梁稿”认为，除了因为争夺遗产而杀害其他继承人丧失继承权这一行为，继承人因其他事由而导致其继承权丧失的，若得到被继承人的宽恕，则其丧失的继承权可以恢复。这一规定扩大了我国立法中继承权丧失后的恢复的适用范围。因为“梁稿”认为我国当前法律对继承权丧失后的恢复所规定的适用范围太过狭窄，不能够很好地尊重被继承人的意思自由。若被继承人在生前宽恕和谅解了继承人对自己所做出的行为，而且还愿意让该继承人继续继承他的遗产，那么法律不应继续过多的干涉。[①] 平心而论，在实务中，也确实存在继承人对被继承人实施了违法行为后认识到了自己的错误并真诚悔过，而且还得到了被继承人的谅解和宽恕，而此时，再丧失该继承人的继承权就显得不是那么必要了，反而会让矛盾激化，对解决问题也是不利的。

（二）王利明等学者建议稿之主要观点

“王稿”对于“梁稿”扩大了我国立法中继承权丧失后的恢复的适用范围持有不同的意见。“王稿”认为，如果扩大继承权丧失的法定事由中非终局丧失的范围，则会导致继承权丧失这一制度的惩戒功能大打折扣。基于这样的考虑，“王稿”规定，“继承人故意杀害被继承人”或“‘以争夺遗产为目的’杀害其他继承人”的，无论该行为既遂或未遂，该行为人的继承权都应被终局丧失。也就是说，继承人实施了上述两项行为，即使事后得到了被继承人的宽恕，其继承权也不得恢复。这一规定与社会的整体伦理秩序和道德风尚是契合的。[②]

---

① 梁慧星主编：《中国民法典草案建议稿附理由：继承编》，法律出版社 2013 年版，第 144 页。

② 王利明主编：《中国民法典学者建议稿及立法理由 · 继承编》，法律出版社 2005 年版，第 465 页。

(三) 徐国栋等学者建议稿之主要观点

"徐稿"规定，所有的继承权丧失的法定事由发生后，继承人丧失的继承权都可以因被继承人在遗嘱中对其所明确表示出的原谅而恢复。由这一规定可见，"徐稿"对所有法定事由下继承权丧失后的恢复持非终局丧失的立场。[①]

(四) 陈苇等学者建议稿之主要观点

"陈稿"认为，继承人实施了继承权丧失的法定事由中所列行为的，被继承人明确知道该继承人继承权丧失的事由，但仍基于遗嘱处分，在遗嘱中表示给予其财产的，该继承人的继承权即可恢复。[②] 由此可见，"陈稿"对所有法定事由下继承权丧失后的恢复持非终局丧失的立场。

(五) 张玉敏等学者建议稿之主要观点

被继承人明确知道继承人丧失了继承权，但是仍然在遗嘱中指定其为继承人，或者表示出了对其的宽恕并给予遗赠的，其继承权即可恢复。而"张稿"在立法理由中进一步阐述：继承权丧失的原因和情形是多种多样且复杂的，而被继承人明确知道继承人因为有继承权丧失的法定事由中所列的不法行为而丧失了继承权却仍然宽恕该继承人的，自然有其理由，法律没有必要违背被继承人的意志而丧失继承人的继承权，毕竟继承人与被继承人之间是亲属关系，而继承则是亲属之间财产的转移，在这一转移的过程中，被继承人的主观意志理应起到决定作用。遗嘱是财产所有权人对自己生前的财产进行处分的民事行为，财产所有权人有权在不损害社会公共利益的情况下自由、自主地处分自己的财产，法律则应当尊重财产所有权人的意志，承认其处分财产的效力。被继承人对有违法行为的继承人表示宽恕，准许其继续继承遗产，

---

① 徐国栋主编：《绿色民法典草案》，社会科学文献出版社 2004 年版，第 226 页。

② 陈苇主编：《中国继承法修改热点难点问题研究》，群众出版社 2013 年版，第 552 页。

这并没有损害社会公共利益，因而法律应该尊重被继承人允许该继承人继承自己遗产的意志，同时这也是法律对被继承人处分自己财产权利的效力的承认。[①] 由此可见，“张稿”对所有法定事由下继承权丧失后的恢复持非终局丧失的立场。

（六）杨立新等学者建议稿之主要观点

“杨稿”认为，除了“故意不法杀害被继承人”以及“‘以争夺遗产为目的’杀害其他继承人”的这两项法定事由，其他五项法定事由出现，若被继承人在知情的情况下仍在遗嘱中指定此人为其继承人的，则其继承权恢复[②]。

二、继承权丧失后的恢复之我国学者建议稿评析

通过对上述学者建议稿的考察得知，关于继承权丧失后的恢复，各建议稿中存在三种见解之间的争议：第一种是“陈稿”“张稿”的规定，其认为所有继承权丧失制度中法定事由所导致的继承权丧失，都应当规定为非终局丧失，即丧失的继承权都可以因为被继承人的原谅而恢复，以充分尊重被继承人的意愿；第二种是“梁稿”所规定的，除了“继承人‘以争夺遗产为目的’杀害其他继承人”这一法定事由，“故意杀害被继承人的”“伪造、篡改、销毁遗嘱且情节严重的”“遗弃、虐待被继承人且情节严重的”和“以欺诈或胁迫手段促使或妨碍被继承人订立、修改、撤销其遗嘱且情节严重的”这四种行为导致的继承权丧失均应规定为非终局丧失；第三种则是以“王稿”“杨稿”为代表的建议稿将终局丧失的范围进一步扩大，其认为“故意不法杀害被继承人”和“‘以争夺遗产为目的’杀害其他继承人”这两种情形应当规定为终局丧失，而除此之外的“伪造、篡改、销毁遗嘱情节严重的”

① 张玉敏（课题负责人）：《中国继承法立法建议稿及立法理由》，人民出版社2006年版，第35~36页。

② 杨立新、杨震等：《〈中华人民共和国继承法〉修正草案建议稿》，载《河南财经政法大学学报》2012年第5期。

“遗弃、虐待被继承人且情节严重的”“以欺诈或胁迫手段促使或妨碍被继承人订立、修改、撤销其遗嘱的”这些行为所导致的继承权丧失都应当规定为非终局丧失，只要被继承人在生前对实施了此类行为的继承人表示原谅，那么其继承权就得以恢复。

对此，本书认为，虽然大多数国家的立法中已经摒弃身份继承这一概念，但身份色彩是贯穿继承权丧失制度始终的，财产也是基于身份关系而得以被继承的，与继承有关的当事人之间所存在的亲密的血缘关系是既定的、不可否认的，继承权是以身份关系为基础的性质仍为大众所公认。我国法律规定，继承权的取得是建立在血缘关系或者婚姻关系的基础之上的，而这是两种完全不同的身份关系，因此继承制度首要的目的仍然是对身份关系的维护与保护。而且从本质上来看，遗嘱继承所体现的是被继承人的主观意愿，而法定继承中的继承人范围、继承顺序和遗产分配原则也可以看作对被继承人意愿的推定。也就是说，这间接体现了被继承人的主观意愿。因此，当继承权丧失的法定事由发生时，究竟应该对继承人的继承权实行终局丧失还是非终局丧失，首先要从能否对继承人与被继承人之间的感情进行修补，进而巩固双方之间的身份关系，以及尊重被继承人的意愿来进行衡量，其次要从客观角度来考虑其不法行为的严重程度和恶劣程度。况且，鉴于被继承人与继承人之间的身份关系，即使法律不允许继承人的丧失继承权因为被继承人的原谅得以恢复，被继承人也可以通过包括生前赠与在内的多种形式将自己的遗产转移给丧失了继承权的继承人，而对被继承人来说，其对自己财产的这种处分并没有违反法律。所以说，当被继承人可以用如此简单的方法和行为来规避法律时，岂不有损法律的权威与尊严。

作为私权的一种，继承权的本质属性授予了自然人个人根据自己的意志对其继承领域的各事项进行自由决断的权利。在自然人个人的继承领域，公权力的存在应该是保障继承权等一系列私权能够最大程度上实现的一种手段，而不应该成为对私权的限制措施。即使在某些特定情形下，公权力用惩罚的手段来对私权进行一定程度的干预，如公权力采用民事制裁的方式来丧失自然人的继承权等，但是这一制裁手段的目的是保护利益相关人的生命权利、生活权利以及财产权利。在某些特定情形下，法律不仅会丧失继承人的继承权，甚至有可能丧失继承人的生命以示对其的惩罚，这是继承人为其违法行为所应当付出的代价，更是直接向公众宣明了法律的价值所向。在国家用公法的形式划定对私权保护范围且予以保护时，自然人在公法所划定的范围内如何选择、如何行为便是自由的，这种自由任何人包括国家都无权干涉。因此，当继承人实施了特定的过错行为并导致其继承权丧失后，若被继承人在知情的情况下明确地表示自己原谅该继承人的过错行为，或在遗嘱中对该继承人作出了财产处分或遗嘱处分之决定，此时被继承人的行为是基于其自由意志所做出的，既符合私法自治的原则，也不与刑事法规相抵触，同时给予了不和睦甚至有积怨的亲人以和解的机会，所以理应被尊重。对于被继承人的这种行为，法律更加应当承认其效力，以保障被继承人的意志自由能够真正实现。对于继承人而言，其有了重新获得遗产的机会，本身就有利于引导其改过自新、悔过思过、积极向上；对于被继承人而言，其通过对自己财产的自由处分更加能深切地体会到法律所赋予的私权自由。

反观我国法律的规定，因为严重违法而被判处刑罚并丧失继承权的继承人，其丧失的继承权都不会再有任何机会恢复，这种立法实为不妥。详言之，我国《继承编解释一》中针对《继承法》第7条所列的继承人的继承权丧失的几种情形所作出的“继承权丧失后的恢复仅适用于继承人虐待、遗弃被继承人的行为这一情形，而其他情形下行为人丧失的继承权一律不得恢复”的规定实属不妥。而且《继承编解释一》还特别明确规定，继承人有对被继承人的故意杀害行为，或者以争夺遗产为目的对其他继承人实施了杀害行为的，不仅其丧失的继承权不得恢复，而且即使被继承人指定留给该继承人部分或全部遗产的，该指定也不具有法律效力。这一规定更是有失偏颇。在实务中，法律已经通过让其承受牢狱，或使被伪造、篡改的遗嘱无效等方式对继承人的违法行为予以惩处，这便是其实施违法行为所付出的代价，而除此之外，其所受到的无形的、道德的非难有时会伴其一生。在刑罚已对此类继承人作出惩罚之后，刑罚的功能便已然实现，此时就不应该再对其进行其他的惩罚了。对于继承人而言，其接受刑罚本身已经是为自己的违法行为付出了沉重的代价，当其刑罚接受完毕回归社会时，最需要的是社会的宽容以及亲人的关怀，需要社会的接纳而不是排斥。从客观上看，此类继承人需要得到的是被继承人对其曾经的过错行为的原谅，而若被继承人不计前嫌重新允许其继承自己的遗产时，法律就不应当再用强制规定的方式来排斥继承权丧失后的恢复对其适用。否则，这无疑是将受到刑事处罚后弃恶从善、力争重新做人的自然人直接弃之不顾，这与我国的法律宗旨甚至与人道主义精神都是相违背的。因此，当继承人为其过错行为付出了相应的代价、承担了相应的责任之后，若其继承权已被依法丧失，则法律的惩罚功能已然完成，而被继承人基于自己的财产处分自由对自己的财产如何处置，这是其个人的私权，法律对此不应再强行干涉。此时，若被继承人表示愿意恢复继承人的继承权，这既是被继承人自由意志的体现，同时能促使继承人改过自新、重新做人，也体现出国家对自然人私权的尊重和对自然人自由权利的重视。

但需注意的是，故意杀害同顺序或先顺序的其他继承人的行为除了侵害被继承人的遗嘱自由权，也侵害了其他继承人的继承权、财产权、人身权甚至是生命权。这种行为既是一种争夺遗产的行为，更是一种杀害行为。很明显，相较于其争夺遗产行为的性质而言，其杀害行为的性质更为恶劣，后果也更为严重。此时，如果置受害人或其亲属的感受于不顾，仅仅因为被继承人的宽恕就使行为人的继承权得以恢复，对于受害者及其家属来说是极其不公平的。因此，如果继承人因故意杀害同顺序或先顺序的其他继承人的行为而丧失继承权时，其继承权要想恢复，还必须得到其杀害行为对象的原谅。如果其杀害行为对象对其行为不予以原谅，而被继承人执意要使实施了杀害行为的继承人分得遗产，那不妨对该继承人进行生前赠与。此处要说明的一点是，继承人杀害被继承人的行为与继承人杀害同顺序或先顺序的其他继承人的行为是不同的，继承人杀害被继承人的行为对象是同一个人，即被继承人；而继承人杀害同顺序或先顺序的其他继承人的行为对象却是被继承人的遗产和其他继承人，这二者之间有着本质的区别。因此，对于前一种情形，笔者主张尊重被继承人的意思自由；而对于后一种情形，笔者则主张限制被继承人的意思自由，这两种观点之间并不存在矛盾。

除此之外，在继承权丧失后的恢复方式上，有学者认为，只要被继承人生前表示原谅，无论是何种方式，也无论明示或默示，如双方关系改善、接受扶养、共同生活等，都应该作为被继承人对丧失继承权的继承人原谅的方式。[①] 对此，本书认为，为了慎重起见，也为了减少继承人之间因继承权丧失后是否恢复而产生的争议以及纠纷，还是应当将被继承人对丧失继承权的继承人原谅方式规定为要式法律行为，即被继承人必须采用遗嘱或公证书的形式明示自己对丧失继承权的继承人原谅的意思表示。[②]

---

① 张玉敏：《继承法律制度研究》（第二版），华中科技大学出版社 2016 年版，第 71~72 页。

② 有学者认为，继承权丧失后的恢复必须是被继承人生前原谅继承人，排除了被继承人通过遗嘱原谅继承人的可能性。此为我国法律规定的不合理之处之一。郭明瑞、张平平：《海峡两岸继承法比较研究》，载《当代法学》2004 年第 3 期。但本书认为，此种认识有待探讨，因为遗嘱只可能是被继承人生前所立，那么如果被继承人在其所订立的遗嘱中做了原谅的表示，当然也为一种生前原谅的形式。

第七章 我国继承权丧失制度的完善建议

作为继承法中一项重要的制度，继承权丧失对维护社会道德与人伦、维护家庭秩序、维持被继承人遗嘱自由以及维持良好的继承秩序都起着举足轻重的作用。如前所述，在本书所考察的大陆法系和英美法系国家中，继承权丧失制度已经存在了相当长的时间，这些国家都对该制度的内容进行了周密地设计。从这些国家对继承权丧失的立法中可以看出，继承权丧失制度在这些国家已然成了一项较为成熟的制度。根据前文所述，与文中所考察的国家相比，我国的相关规定就显得过于简单粗略了。改革开放以来，我国经济发展水平迅速提高，人民的物质生活水平也到达了一个新的高度，私人财产相较于之前有了极大的增多，这也导致在继承实践中的新问题、新情况不断涌现，需要法律与时俱进提供支持。相较于以前的《继承法》，我国《民法典》新增了继承权丧失的法定事由，在立法中直接规定了继承权可恢复的范围以及条件，把受遗赠权也纳入丧失制度的调整范围，有着巨大的立法进步意义。但是这并不代表《民法典》对继承权丧失制度的规定已经尽善尽美了，如《民法典》在继承权丧失原因方面的规定仍有缺陷，规定得还不够具体明确，对继承权丧失后的恢复范围规定还有干涉继承人私法上意思自治的体现，对丧失的法律程序和效力也存有立法空白，对于继承权恢复规定过于严苛等，这都表明《民法典》对继承权丧失制度的规定仍然存在立法空白。

通过对上述六份学术建议稿的考察，六份继承法学者建议稿均对现行的继承权丧失制度提出了相应的修改意见。本书也在汲取前人研究成果的基础上，对继承权丧失制度所涉及的热点问题进行了详细地整理，梳理不同学者对同一问题的观点、看法，并在此基础上提出自己的见解。

社会的高速发展需要有一套能够对破坏继承秩序、违背社会道德伦理、破坏和谐家庭秩序的行为进行有效处理的继承权丧失制度，因此本书认为，在综合考虑我国的社会现实以及传统法律文化的基础上，应当结合我国民众传统继承习惯的实际，借鉴外国的立法经验以及国内学者观点的基础上，设立系统、全面的继承权丧失制度。

第一节　我国继承权丧失法定事由的完善建议及立法理由

从上文的分析可以看出，虽然我国《民法典》已经规定了五项继承权丧失事由，但其内容上仍然有较大的疏漏。于 2021 年 1 月 1 日生效的《民法典》对我国之前的继承权丧失事由进行了微调，但按照最新的规定，其对继承权丧失事由采取的仍然是封闭式的列举规定。要想在我国构建出合理、完整的继承权丧失制度，首先就需在理论认证的基础上，针对我国的继承权丧失制度的法定事由中存在的诸多问题，对继承权丧失制度的相关规定进行系统地完善、修订、增补。

一、我国继承权丧失法定事由的完善建议

（一）应对“故意杀害被继承人”增加限制条件

我国《民法典》规定，继承人故意杀害被继承人的，其继承权应丧失。对于该项法定事由，现行《民法典》没有附加任何条件限制。虽然这样规定明白清晰，直截了当地表达了立法者对这

种行为的否定与谴责，但是继承人故意杀害被继承人是否包括正当防卫、紧急避险等情形？如果行为人并没有刑事责任能力，是否也会因为故意杀害被继承人导致其继承权丧失？虽然《继承编解释一》规定，无论既遂还是未遂，均可使其丧失继承权，似乎足可说明在继承人故意杀害被继承人的法定事由中，必须要继承人的行为构成犯罪该法定事由才能成立，但又语焉不详，如犯罪预备、犯罪中止是否也包含在其中？虽然构成犯罪，但因情节显著轻微，检察院不予以起诉这种情况构不构成该继承权丧失的法定事由？并且作为继承权丧失的法定理由，在民法典已经问世的今天，其理应上升到立法层面，在继承编中明确规定其必须以判处刑罚为前提。

从上一章的分析可以看出，我国目前公开发表的具有权威性和代表性的六份“民法典学者建议稿”中，有3份都提出了应该对该项法定事由加以限制。例如，“杨稿”建议，将该项法定事由修改为“故意不法杀害被继承人的”。其中，“故意”和“不法”恰恰排除了“过失杀害被继承人的情形”“因正当防卫、紧急避险、故意伤害而致被继承人死亡的情形”以及“无刑事责任能力的继承人杀害被继承人的情形”等特殊的情形。[①]“陈稿”则建议直接把该项法定事由修改为“故意杀害被继承人构成犯罪并且被判处刑罚的”。进行这一修改的理由是，“此举意在排除正当防卫、紧急避险、公务行为及其他具有正当性之杀害行为，以及未满14周岁之未成年人实施之杀害行为”。[②]我国《民法典》第1125条对于继承人“故意杀害被继承人”这一情形的规定并没有作出是否被判处刑罚的限制，只要继承人事实上做出了此行为，则其继承权便丧失，并没有继承人因此行为获罪的限制。而根据《继承编

① 杨立新：《对修正〈继承法〉十个问题的意见》，载《法律适用》2012年第8期。

② 陈苇主编：《外国继承法比较与中国民法典继承编制定研究》，北京大学出版社2011年版，第219页。

解释一》的规定，当继承人之间关于继承权是否丧失的问题存在争议而向法院提起确认之诉时，法院也只是根据《民法典》第1125条的规定来作出确认继承人的继承权是否丧失的判决，而在确认的过程中，并未把继承人是否因此被追究刑事责任作为判定的要素。

根据上文对各国立法例中继承权丧失制度部分的考察，当继承人因为实施了对被继承人的故意杀害行为而丧失继承权时，各国虽然都将该项法定事由列为所有继承权丧失法定事由之首，但均有判处刑罚的限制，以排除违法阻却事由。例如，《法国民法典》规定，因故意杀害被继承人或未遂的，作为正犯或共犯被判处重罪刑罚者；因故意殴打或暴力行为致被继承人死亡，但无致其死亡之意图的，作为正犯或者共犯，被判处重罪或轻罪刑罚者；故意致被继承人死亡的，无论既遂还是未遂，作为正犯或共犯被判处轻罪刑罚者无资格继承。《日本民法典》规定，故意致被继承人、先顺位或同顺位继承人死亡，或因欲致其死亡而被处以刑罚者，其继承权丧失。如为无罪之判决、大赦或再审被判无罪、因追诉时效之完成等，其继承权均不丧失。

本书建议，应对“故意杀害被继承人”继承权丧失法定事由增加“判处刑罚”的限制条件。

（二）不应对“杀害其他继承人”附加主观目的限制条件

目前来看，多数建议稿都认同维持现行的规定，将“故意杀害其他继承人”这一事由附加“以争夺遗产为目的”的限制条件。[①] 他们认为，“故意杀害其他继承人”的行为如果不是以争夺遗产为目的，则行为人主观上并没有取得更多遗产或者独占遗产的目的，也就不违背《民法典》中“权利义务相一致”的原则，

① 参见梁慧星等学者建议稿第1940条、陈苇等学者建议稿第17条、张玉敏等学者建议稿第6条、王利明等学者建议稿第523条、杨立新等学者建议稿第11条。

因此其继承权不应当丧失。[1] 除此之外，有学者进一步提出，“在实践当中，继承人杀害其他继承人的行为往往有各种各样的原因，而且其目的和动机往往会很复杂，如果只要继承人实施了此行为就会导致其继承权丧失，则显得过于宽泛，而我国的法律当中对此强调了‘因犯罪行为所导致的、与行为人内心愿望相反的法律效果’这一规定有利于指引和倡导人民守法”[2]。

虽然《民法典》仍然保留了以前《继承法》对于该点的规定，但对此，本书持不同的看法。本书认为，在《民法典》中，不应该针对此项法定事由增加“以争夺遗产为目的”这一限制条件，理由于下文阐述。

（三）不应对“虐待被继承人”附加限制条件

根据第六章对几份学者建议稿的考察可知，各建议稿均认为应当对因“虐待被继承人”这一法定事由附以“情节严重”的限制条件，这与我国《民法典》的规定相一致。亦即，当继承人对被继承人实施了虐待行为，其继承权不会被当然丧失，只有达到了“情节严重”这一标准，其继承权才会丧失。但本书认为，应当取消“情节严重”这一限制条件，理由于下文阐述。

（四）不应对“伪造、篡改或销毁遗嘱”附加限制条件

关于是否应该对“伪造、篡改或销毁遗嘱”这一法定事由增加“情节严重”的限制，学者建议稿之间存在着较大的争议。从上文的比较分析可知，“陈稿”“梁稿”认为附加该限制条件是必要的，而“杨稿”“张稿”“徐稿”“王稿”则主张应当直接删除“情节严重”这一限制规定。

本书认为，只要继承人故意对遗嘱做出了伪造、篡改、隐匿

---

① 郭明瑞、方绍坤、关涛：《继承法研究》，中国人民大学出版社2003年版，第25页；张玉敏：《继承法律制度研究》（第二版），华中科技大学出版社2016年版，第70页。

② 宋豫：《完善我国继承权丧失制度的若干思考》，载《河北法学》2006年第1期。

或销毁之行为，其继承权就应丧失，而无须视其情节严重与否区别对待。

二、完善我国继承权丧失法定事由的立法理由

（一）应对“故意杀害被继承人”增加限制条件之理由分析

本书认为，继承权丧失制度体现了“任何人不得因其不法行为获利”这一原则，是对继承人的过错行为的民事制裁。对于继承人而言，这是非常严厉的一项惩罚措施，因此法律对此必须作出非常严格地限定，一定要做到宽严适度，既不能对继承人的过错行为予以纵容，也不能对其过于严苛。因此，应对“故意杀害被继承人”增加必须“判处刑罚”的限制条件，以排除正当防卫、紧急避险或者公务行为等合法行为。除此之外，若继承人的行为属于误杀、过失杀害或故意伤害致被继承人死亡而并无杀人的主观故意的，即便其行为直接或间接导致了被继承人死亡，其继承权也不应因此而丧失。而且继承人所实施的故意杀害行为只有构成犯罪且被判处刑罚，才会导致其继承权丧失。因为从教育挽救的角度来看，若继承人的行为构成犯罪但情节显著轻微而不至被判处刑罚程度的，可以不丧失其继承权的方式鼓励其改过自新、重新做人。这与上文所考察的法国和日本的继承权丧失制度将“构成重罪”作为法定事由的限制条件的立法意旨是一致的。

另外，继承人的行为虽构成犯罪但被宣告缓刑的，其继承权是否会丧失？我国法律对于缓刑的定义是：“缓刑是对原判刑罚附条件不执行的一种刑罚制度，是在构成犯罪并被判处刑罚的基础上，暂缓刑罚的执行。”[①] 因此，本书认为，无论继承人对被继承人所实施的故意杀害行为是否被宣告适用缓刑，其继承权均应丧失。继承人故意杀害被继承人的，需要法院判决其行为构成犯罪并对其判处刑罚时，继承权丧失才开始生效，至于刑罚是否执行

---

① 张明楷：《刑法学》，法律出版社2011年版，第359页。

则不影响其继承权的丧失。

另外有一点需要讨论的是，继承人对被继承人实施的故意杀害行为是否必须出于图利之动机的问题。对此，通说认为，继承人故意杀害被继承人的行为不论出于什么动机和目的，亦不论其是否以争夺遗产为目的，只要被判处了刑罚，其继承权都应当确认丧失。[①] 笔者也认为，关于这一问题，不应该以继承人的行为目的为限，只要该行为出现，无论动机为何其继承权都应当丧失。从上文对各国民法典的考察可知，在对此项继承权丧失的法定事由进行规定时明确指出，故意和不法地杀害被继承人的继承不适格，并没有哪一个国家在对此进行规定时以行为人的行为动机或目的作为必要的限制条件。

（二）不应对“杀害其他继承人”附加主观目的之理由分析

第一，在一般情况下，公安和司法机关对于犯罪动机的取证比较困难，对于继承人故意杀害其他继承人的行为的取证也是如此。此时，如果按照这一限制条件来处理继承权丧失的相关事宜，由于难以证实行为人是否出于“为争夺遗产”之目的，将会使得多数实施此类行为的继承人因其动机和目的无法证实而逃脱继承权丧失的民事制裁，而且这也不是被继承人愿意看到的结果。其实，如果把继承人实施故意杀害行为的行为对象限定为其先顺位或者同顺位的其他继承人范围，则“以争夺遗产为目的”这一对行为动机的规定问题就迎刃而解了，其原因在于：首先，将受害人限定为其先顺位或者同顺位的其他继承人，这与司法审判实践是相吻合的，也就能够为审判的法官提供一个客观的、可行的判断标准。其次，将受害人限定为其先顺位或者同顺位的其他继承人，行为人的行为动机如何就显得不是那么必要了，因为我们完全可以把所有此类行为的动机都附加上“以争夺遗产为目的”这

① 刘春茂主编：《中国民法学·财产继承》，人民法院出版社 2008 年版，第 105 页；张平华、刘耀东：《继承法原理》，中国法制出版社 2009 年版，第 41 页。

一条。这种规定可以避免出现一些不合理的情况：一种情况是，行为人被确认不是出于“以争夺遗产为目的”这一动机而杀害了其他继承人，但是除了被杀害的其他继承人，再没有其他的继承人或者代位继承人参与继承。此时，行为人理所当然地获得了被杀害的继承人的应继份。另一种更加可能且更加普遍的情况是，继承人杀害了另外一个继承人，但是其矢口否认自己的杀人动机是“以争夺遗产为目的”。此时，即使有其他利害关系人能够认定或者能够合理地推断出该行为人的杀害行为确实是出于争夺遗产的动机的，但是由于无法提供充足的证据来证明其推断或认定的行为人之动机时，法官将处于一个两难的境地。于情来说，该行为人的杀人动机非常可疑；于理来说，直接认定其行为是出于“以争夺遗产为目的”的动机又没有直接、充分的证据。这对于维护法律的公正性是不利的，同时对于维护社会的稳定也是十分不利的。

第二，从法律的教育和引导功能的方面来说，用“争夺遗产”的目的来对此项法定事由作限制，事实上无法达到对该种犯罪的预防效果。因为在实务中，对于犯罪目的的判断和确认本来就非常困难，实际上，除了行为人自己本身知道，对于第三方来说，很难有一个一致、公平的判断基准。而“以争夺遗产为目的杀害其他继承人”这一规定也容易让不法的行为人找到规避法律的借口，这样一来，从根本上就违背了继承权丧失制度对继承人行为的规范意义，也无法将继承人以不法行为杀害他人这一情形杜绝，这等于放任了继承人图谋遗产的目的。在实际的司法实践中，由于近些年来我国家庭形态的不断转变，已经由早年的大家族共同生活的状态变成了个人家庭生活的状态，亦即“核心家庭”的生活状态，由于很多亲属都不在一起生活，亲族之间因为财产分配的原因而对其他继承人实施杀害行为的情形越来越少见，反而是出于其他的动机，如虐待、口角、夫妻外遇等原因造成家庭成员萌发杀机的情形居多。[①] 公法与私法的调整范围是有区别的，在私法中，应以保护继承人的继承权为第一要务。在继承人的行为并没有客观上造成其继承份额增加的情况下，就不应该对其实施丧失继承权的私法制裁，而应该将对该行为的惩罚委诸刑法等公法。

因此，本书建议，应将继承人实施故意杀害行为的行为对象限定为其先顺位或者同顺位的其他继承人范围，而不再附加“以争夺遗产为目的”这一主观判断标准。

（三）不应对“虐待被继承人”附加限制条件之理由分析

首先，“情节严重”这一标准较为模糊，在实务中很难界定，尽管《继承编解释一》规定，可从虐待行为的实施时间、实施手段、造成的后果以及社会影响等几个方面来进行认定。但是对于实际情形来说，即使参考上述几个因素，到底什么才是“情节严重”也是相当难把握的，而且这一标准还会因事而异、因人而异，很容易造成司法实践中类案不同判的情形，这实为有损法律的权威性和统一性。而且，我国《刑法》规定“虐待行为只有情节恶劣的才构成犯罪”，而《民法典》又规定“虐待情节严重时，即使行为人未被追究刑事责任，其继承权也可以被确认丧失”，对比这两处规定不难看出，“情节严重”但又不是“不是情节恶劣不足以追究刑事责任”情形到底属于什么情形？这一点很难判定。也正是由于这一限制条件难以界定和把握，根据上述本书对外国立法例的考察，没有哪一个国家要求继承人对被继承人的虐待行为一定要达到“情节严重”的标准才会导致其继承权丧失。例如，《德国民法典》第 2334 条规定，被继承人晚辈直系血亲故意对被继承人或其配偶进行肉体上的虐待的，不必达到“情节严重”的标准，

① 具体的案例参见刘引玲编著：《继承法典型判例研究》，人民法院出版社 2003 年版，第 43 页；朱代恒、陈天元主编：《继承之争——继承纠纷典型案例评析》，法律出版社 2006 年版。

其特留份直接丧失；《日本民法典》第891条规定，继承人虐待被继承人的，继承权丧失。

其次，继承人和被继承人之间不仅存在着法律上的权利义务关系，更是存在着相濡以沫的夫妻感情或是血浓于水的血缘亲情等各种更加亲密的关系。因此，即使没有遗产的继承这层关系存在，他们之间也本就应该发扬和睦友爱的家庭互助之情，而不是做出有违国法和传统道德等对至亲之人的虐待行径。因此，只要虐待行为出现，不论其情节严重与否，一概将其继承权予以丧失。只有如此，才能够体现出法律对此类违法行为的否定和惩罚。

另外，六份学者建议稿中也有将继承人“诬告或作伪证陷害被继承人而被判处刑罚的”这一行为单独列入继承权丧失的法定事由中的主张。① 还有学者建议，“应当参考法国、日本、意大利及俄罗斯这几个国家的立法例，将故意伤害被继承人致其死亡列入继承权丧失的法定事由当中，建议在将来修法时予以增加”②。

对此本书认为，可以将这两种行为都解释为继承人对被继承人的虐待行为，划入“继承人因虐待被继承人而丧失继承权”这一法定事由中，而没有单独进行规定的必要。这是因为，继承人对被继承人的诬告、陷害行为是对被继承人精神和人格上的一种伤害，应属于一种非肉体上的虐待，如果被继承人的自由因此而受到限制，那么又可以视作人身虐待，只不过这一虐待的手段不是由继承人亲力亲为而已。实际上，继承人对被继承人实施故意伤害的情形不胜枚举，根据实际情况的不同，情节的轻重也有所不同，而“虐待”这一概念足以包括故意伤害的行为，而无论该行为是否导致被继承人死亡。这也是本书所考察的几份学者建议稿中都没有把“故意伤害致被继承人死亡”这一行为单独列入继

① “陈稿”第17条第1项第6款。

② 皮锡军：《外国继承权丧失制度比较研究》，载陈苇主编《家事法研究》（2007年卷），群众出版社2008年版。

承权丧失的法定事由的根本原因。

综上所述，本书认为，“虐待被继承人”这一继承权丧失的法定事由应该从广义上进行理解，其包括故意伤害、诬告、陷害等多种方式对被继承人实施的肉体上或者精神上的虐待。即使继承人的行为最终被判定为“故意伤害罪”“诬告陷害罪”或者“侮辱罪”等其他罪名，同样不妨碍其行为构成“因虐待被继承人而丧失继承权”的继承权丧失法定事由。

当然，究竟继承人的行为是否构成虐待，需要根据客观的社会观念来加以衡量，换言之，需要综合考虑当事人的社会地位、身份、文化程度、社会伦理观念等，以及其他一系列之情事，如在继承人对被继承人采取“虐待”行为时，应对其受到的刺激和所采取的手段等来进行具体判断，不能仅凭被继承人的主观认定就作出继承人有虐待行为的判定。总的来说，继承人所实施的虐待行为需要具有经常性和长期性，而不是因一时一事的问题而对被继承人的生活漠不关心，或者由于被继承人本身的错误思想或错误行为而引起的家庭纷争导致的继承人与被继承人之间一时断绝往来或分居生活，与此同时，继承人对被继承人的虐待行为还要是出于其本身的主观恶意。如故意伤害、故意殴打、私行拘禁、故意不扶养、诬告犯罪等。“如果处于一时激愤，且可认为将来不致有同样行为发生或者继承人出于不得已或是由于被继承人待之不以其道，因而诱发非行者，皆难认定为出于主观恶意，也就不构成所谓之虐待”①，不然本身并不存在虐待，而被继承人却将之视为虐待，法律便丧失了继承人的继承权，则是过犹不及的，民法典对于继承权的保护也将付之阙如。

① 杨与龄：《民法概要》，中国政法大学出版社2002年版，第379页。

（四）不应对“伪造、篡改、隐匿或销毁遗嘱”附加限制条件之理由分析

首先，“遗嘱是公民生前处分其遗产并于死后生效的单方民事法律行为”[①]。即遗嘱是被继承人生前所做出的于其死后生效的一种个人主观意志的表达方式，是被继承人行使其财产所有权的一种方式，被继承人依法行使其财产所有权是受到法律保护的，任何个人和组织，甚至国家都不得干涉，而继承人的上述行为，严重违背了被继承人生前的主观意愿，而且直接侵害了其财产所有权，也侵害了被继承人财产处分的自由权，同时还侵害了其他继承人的合法权益。这些行为中的隐匿和销毁遗嘱的行为，更是对被继承人主观意愿的直接否定。尽管法律并没有对此行为规定一定要出于继承人为自己谋取更多遗产利益或独占所有遗产利益的目的，但一般情况下，继承人实施此类行为往往就是出于这一目的。由此可见，继承人所实施的此类行为，其主观目的在于使自己在遗产继承上变得更加有利，这种行为妨碍了被继承人的遗嘱自由，损害了其他继承人的利益，也破坏了继承秩序，所以这种行为的性质本就很严重，因而不必再另行规定必须达到“情节严重”的标准。[②]

其次，虽然我国的《继承编解释一》对“情节严重”有明确规定，即情节严重是指继承人的行为侵害了既无劳动能力且无生活来源的继承人的利益，导致该类继承人的生活因此出现困难。但是如果在某一继承关系中根本就不存在上述的这类继承人，那么这岂不就意味着其他的继承人可以肆无忌惮地实施伪造、篡改或者销毁遗嘱的行为了。在这种情形下，如果继承人实施的上述行为没有被发现，那么继承将会按照其伪造或者篡改的遗嘱来进

---

① 陈苇主编：《婚姻家庭继承法学》（第三版），群众出版社 2017 年版，第 354 页。

② 张玉敏：《继承法律制度研究》（第二版），华中科技大学出版社 2016 年版，第 71 页。

行，实施这一行为的继承人就会如愿以偿；而即使这一行为被发现，因为没有达到“情节严重”的程度，所以其伪造或者篡改的遗嘱无效，继续按照法定继承来进行或者按被继承人原遗嘱来进行，对实施此类行为的继承人来说没有任何影响。即使在继承关系中存在着此类继承人，继承人也有很多可以规避法律的机会，在不侵害此类继承人利益而且也不会造成其生活困难的情况下实施上述行为，即使行为被发现，其继承权也不会丧失。①

最后，由于继承人所实施的此类行为较卑劣，因此本书考察的世界各个国家的立法例中很多把这类行为列为继承权丧失的法定事由。在上述所考察的几个国家中，日本、瑞士、法国、俄罗斯和意大利直接明确地规定了这项法定事由，而德国虽然没有对此逐一列举，但在其立法中却把此类行为概括到了继承权丧失的法定事由中。正如《德国民法典》规定，“继承人故意妨碍被继承人做出或废止死因处分的，其均继承不够格，继承权即丧失”。所有的这些立法例中都没有把“情节严重”作为该法定事由的限制条件。只要此类行为出现，被继承人的遗嘱自由权的行使就已然受到了侵犯甚至是完全无法实现。例如，在被继承人死亡后，遗嘱执行时发现遗嘱被某继承人篡改，此时，其遗嘱最初的真实内容已无法核实；或者其遗嘱因某一继承人的隐匿而丢失，无法再寻回；或遗嘱被继承人销毁而无法查证遗嘱的真实内容等。基于对遗嘱自由的保护，对继承人的上述行为的强烈谴责和惩罚以及为了维持良好的继承秩序，我国也应将此项法定事由修改为只要继承人故意实施了伪造、篡改、隐匿、销毁遗嘱的行为，便丧失其继承权，而不应当再以情节严重作为限制条件。

---

① 翟云岭、刘耀东：《论继承权丧失制度——以我国〈继承法〉第 7 条的修改为中心》，载《北方法学》2012 年第 5 期，第 79 页。

第二节　我国继承权丧失法律效力的完善建议及立法理由

作为对特定的违法行为人之于特定被继承人的继承权的一项丧失制度，继承权丧失制度的效力自当围绕着继承人这一主体展开，基于继承权丧失的效力的相对性，上文考察的各个国家的继承权丧失制度几乎都规定，当继承人的继承权丧失时，仅限于丧失其对相应的不法行为的对象这一特定被继承人所享有的继承权，而不会及于该继承人之于其他人的继承权。当然，继承人继承权的丧失还会影响到与其存在继承关系的其他第三人的利益。为了对继承权丧失后的法律效力和法律后果进行具体、深入地分析，本节将对继承人的继承权丧失后对遗产的其他利益相关人在法律上所产生的效果和作用进行进一步阐述，以保证当继承人的继承权丧失后，与之相关的其他法律关系都能够得以清楚地规制，以做到有法可依、有规可循。

一、我国继承权丧失法律效力的完善建议

（一）对法定继承人的效力之完善建议

我国《民法典》关于这一方面仅作如此规定："代位继承是先于被继承人死亡之继承人之晚辈直系血亲代继承其有权继承的遗产份额。"从这一规定可以看出，我国《民法典》并未表明代位继承权具有代表权的属性。但是我国《继承编解释一》有如此规定："如果继承人丧失了继承权，则其晚辈直系血亲亦不得代位继承。"从司法解释的地位和功能的角度来看，此项规定已经不能够再看作对民法典中的代位继承的相关规定所作出的司法解释了，其已经超出了司法解释的范畴，而是作为一项新的规定存在。而作为新规定来说，其合理性和妥当性是有待商榷的。然而，《继承编解释一》在否定了丧失继承权的继承人之子女的代位继承权的同时，

又进一步作了一项补充规定："若该享有代位继承权的代位继承人本身既没有劳动能力，又没有生活来源的，或者是在该被继承人生前，此代位继承人曾经对被继承人尽了较多的赡养义务的，则即使其作为继承人的父母的继承权被依法丧失，其仍然可以适当地分得被继承人的一部分遗产。"从这项补充规定本身来看，其似乎体现出了社会对公民的人文关怀，但毕竟与遗产继承的基本原理是相违背的。而且，从上文可知，即使是早期采用代表权说的国家，其也随着法律对私权保障的不断加强而逐渐地采用固有权说。从此，原本的继承权丧失后不可代位继承也转变为了可以代位继承，这也是世界继承领域立法的一个重要的发展趋势。因此，笔者认为我国规定当中采用代表权说一项，实有必要作出修改，亦即无论该继承权是因为继承人主动放弃还是因为被依法丧失，其直系血亲卑亲属都可以依自己所固有的权利来参与代位继承。而且，该丧失了继承权的继承人对其子女所因代位继承而取得的遗产不得享有其原本享有的用益权。

（二）对必留份权利人、特留份权利人的效力之完善建议

必留份是在我国《继承法》修订时遵从苏联的立法例，为了保障对财产有急迫需要的继承人的继承利益所作的规定。[①] 这一规定建立在继承人没有劳动能力且没有生活来源的前提条件之上，并不考虑该继承人所处的遗产继承顺序而对被继承人的遗嘱自由进行限制，甚至突破了遗产债务清偿应优先于遗产继承这一底线。由此可见，必留份在遗产继承中处于一个至关重要的地位。但是迄今为止，在上文所分析的各个国家的立法例中，只有我国和俄罗斯有这项规定。在俄罗斯，该权利被称作必继份。根据立法，必继份的权利人也同样可以直接适用继承权丧失之规则。而我国《民法典》及相关的司法解释中并未对必留份权利是否会因权利人的行为而丧失作出明确规定。本书建议，必留份权利人实施了继

① 佟柔主编：《继承法教程》，法律出版社1986年版，第72页。

承权丧失的法定事由中所列行为时，其必留份权利也应当丧失，而不应当继续享受特别的保护。

我国《民法典》并没有对特留份制度进行规定，但是特留份制度作为对特定范围的法定继承人的遗产继承利益予以保护的一项制度，是通过适度限制被继承人遗嘱自由的方式来保障特定继承人的遗产继承权的。这项制度牺牲的是被继承人的遗嘱自由权，但是法律以此为代价，用这种强制性的规定来体现国家对于被继承人至亲之人的权利所进行的重点保护。随着各个国家不断进行的修法活动，越来越多的国家开始采纳或计划采纳这项制度，此项制度也随之成为世界上众多国家为了防止被继承人的遗嘱自由被人为滥用而采取的一种有效措施。特留份作为继承人所享有的遗产继承份中受特殊保护的部分，特定的继承人对之享有权利的基础仍在于其对被继承人享有遗产继承权。故当特留份权利人对被继承人实施继承权丧失事由中所列的各类行为时，属于遗产继承份的特留份权利也当然应该丧失。

（三）对酌分遗产权利人的效力之完善建议

酌分遗产权，全称为酌情分得遗产权，其指的是依靠被继承人扶养的、没有劳动能力且没有生活来源的或对被继承人尽过较多扶养义务的非继承人。由于其与被继承人之间事实存在的扶养关系，而从被继承人的遗产中分得适当份额的权利。本书建议，当酌给遗产请求权人实施了继承权丧失的法定事由中所列的其他行为后，其对被继承人所享有的酌给遗产请求权也应该当然丧失。

二、完善我国继承权丧失法律效力的立法理由

（一）完善对法定继承人的效力之立法理由

根据上文对各个国家继承领域立法的考察，继承权的丧失（包括主动放弃和丧失）或者继承人先于被继承人死亡，其晚辈直系血亲多可代位继承，该权利即此继承人晚辈直系血亲的代位继承权。但基于各个国家对代位继承权性质的不同认识，当某位继

承人的继承权被依法丧失后，其晚辈直系血亲是否还可以在这种情况下继续对其享有代位继承权，即可以代位继承被继承人遗产中，该继承人原本所享有的应继份，对此各国在立法中分别有不同的选择，由此继承人被丧失继承权后对其卑亲属的代位继承权产生的影响在各国便各有差异。正如上文所述，对于代位继承权，一直都存在着代表权说和固有权说两种截然不同的学术观点，而这两种学术观点在上文所考察的各个国家的立法例中均有体现。其中，《法国民法典》规定，当继承人的继承资格被依法丧失后，其子女以及直系血亲卑亲属都有权利代位继承，即便在继承开始时，该丧失继承资格的继承人仍健在。日本、德国及意大利也有类似规定。在继承领域法律法规的发展过程中，这些国家均一改代位继承权最初所实行的代表权说的观点，转而采用固有权说中代位继承人的代位继承权是其基于自己本身所固有的权利，不受原继承人继承权丧失的影响的观点。① 这些国家在修订法律时，认为代位继承权不是来源于任何人的，不是任何人继承权的转移，而是代位继承人本身所享有的权利，其是否可以代位继承是由其对祖辈的继承权能不能现实地实行所决定的，因此其父母的继承权丧失，不会影响其继承被继承人遗产的权利。通过上文对六份学者建议稿的考察可知，关于继承权丧失对代位继承人是否产生法律效力这一问题，各建议稿均认为，在继承人的继承权丧失后，其直系卑亲属均可以代其位参与继承，而我国规定，继承人的继承权丧失后，其晚辈直系血亲不得代位继承。由此可见，建议稿中的这一观点与我国目前现行的继承领域立法的规定有着本质的区别。“代位继承制度之由来乃是对继承期待权之尊重和公平原理，其认为，由被继承人孙子女取得原本属于其亡父之应继份，是对被代位人之继承期待利益的保护，同时也符合了公平原则。”②

---

① 和丽军：《继承权丧失研究》，法律出版社 2017 年版，第 204 页。

② 史尚宽：《继承法论》，中国政法大学出版社 2000 年版，第 85 页。

根据固有权说的观点，继承权丧失的效力仅之于行为人本人，而不会影响到其直系卑亲属的遗产利益，即使是在其继承权丧失后或者继承人死亡后出生的子女，只要其身份是继承人的直系卑亲属，就可以根据自己所固有的权利而代位继承遗产。目前，世界各个国家的立法例中采用固有权说的国家占绝大多数。在前文所考察的各个国家的立法例中，只有《俄罗斯联邦民法典》规定，代位继承是一种法律上的拟制，其效果为使代位继承人代替被代位者取得权利。据此规定，被代位者如同未死而继承，其直系卑亲属代其序取得其应继份，故当被代位者放弃继承或者继承权丧失时，其直系卑亲属亦同样失权。除俄罗斯外，其他几国均规定了继承权的丧失不影响其直系血亲卑亲属的代位继承权。

另外一个问题是，若继承人的子女在其丧失了继承权的时间之后出生，是否仍然可以代其位参与继承，这一问题的关键也在于如何理解代位继承权的固有权性质。在规定了继承权丧失后子女仍可以代位继承的国家中，并没有对代位继承的主体是否及于在继承人的继承权丧失后出生的继子女进行规定。关于这一问题，一种观点认为，“代位继承立法之初衷在于维持各子股或者房份之间的相对公平，因此，只要是被代位继承人的子女，无论其出生在被代位继承人的继承权丧失之前还是之后，根据其自身所享有的固有权利，其都有权利代位继承，否则将会违背代位继承之立法目的”①。而另外一种观点则认为，“实际上，代位继承应是一种权利之‘期待’地位，当权利的‘期待’地位已然灭失，则代位继承权亦不复存在”②。基于这一原因，只有在被代位者的继承权丧失前出生的直系血亲卑亲属才有这种权利的“期待”地位，并因此具有了代位继承权。在此后出生的直系血亲卑亲属，因为没

---

① 陈棋炎、黄宗乐、郭振恭：《民法继承新论》，台湾三民书局 2014 年版，第 42 页。

② 刘春茂主编：《中国民法学 · 财产继承》，人民法院出版社 2008 年版，第 117 页。

有这一权利的“期待”地位，故自然没有代位继承权。有学者直接以固有权通说的解释对此予以质疑：“在继承开始之前，继承期待权本就是非常薄弱的存在，很难将之视为固有之权利，更遑论继承，因此，代位继承人的继承权并不应由推定继承人继承，而是基于其自身所固有之权利，代被代位继承人的继承顺序来参与继承，否则当被代位者丧失了继承权之后，权利已经不复存在，又何来代位之说。”① 据此，一种观点认为，既然法律上认可了代位继承权是代位继承人基于其自身而享有的一项权利，而且代位继承人也是在享有此项权利的基础上才能够继承遗产，由于这一原因，对于代位继承人的代位继承资格，自然就应当以继承开始时间为基准，在继承开始的这一时刻，若其能够满足代位继承的构成要件，则就有资格代位继承，而不应该以代位继承原因的发生时间作为其是否具有代位继承资格的判定凭据。② 另一种观点认为，基于通说中认可代位继承权采用固有权说，因此代位继承权的享有不应以被代位者继承权丧失时是否仍然保留其原先的继承地位为基准，而应该以被继承人死亡时间为标准，即代位继承人是否可以享有代位继承权是基于被继承人的死亡时间来考量的，在被继承人死亡后出生的子女，自然不享有代位继承权，而在被继承人死亡前、被代位者继承权丧失后出生的子女，就理所应当地享有代位继承权。③

上述的后两种观点，尽管在对代位继承权的认定时点上存在着一定程度的不同，但总的来说，都是基于代位继承权为固有权这一本质属性出发来分析的。因为，最终二者都认为，根据代位继承权的固有权属性，在被代位者继承权丧失后出生的子女理应享有代位继承权。而且如果否定此类子女的代位继承权难免有失

① 戴东雄：《继承法实例解说》，台湾三民书局 1999 年版，第 196 页。

② 郭明瑞、房绍坤、关涛：《继承法研究》，中国人民大学出版社 2003 年版，第 35 页。

③ 张平华、刘耀东：《继承法原理》，中国法制出版社 2009 年版，第 132 页。

公允。因为继承权本身就是被继承人直系尊、卑亲属基于其与被继承人之间的血缘关系或本身的身份而享有的，且不得被随意丧失的权利，而基于对代位继承权的固有权属性的承认，自然就要遵循这一原则。

综上所述，本书认为，如果在被代位者的继承权丧失后出生的子女不能够享有代位继承权，这本质上是通过继承权丧失制度给予其的制裁，无论于法还是于理都有所不妥。因此，即便是继承人放弃继承权或丧失继承权后出生的子女，只要其在被继承人死亡前出生，其代位继承权就不应当受到影响。

另外，实际生活中难免会出现继承人的继承权丧失后又收养了子女的情形，在这种情形下，该被收养的子女是否可以对于收养人享有代位继承权，这一问题学术界颇有争议。“收养以于当事人间使发生与亲子间同一之亲属关系为目的，即对于养父母关系使之取得与婚生子女相同之地位。”根据代位继承权的固有权属性，在被继承人死亡前、继承人丧失继承权后出生的子女仍享有代位继承权，根据这一法理，于该时间内收养的子女貌似也应该享有代位继承权。但在现实中，若继承权丧失的继承人企图通过这一方式来达到其继承遗产的目的，那么其目的便得以实现，继承权丧失对行为人的惩戒目的便不复存在。因为民法总则虽然规定了父母仅可基于其子女利益考虑而对其未成年子女的财产享有代管理、代处分和代收益权，仅凭这一项规定就足以让继承权丧失的继承人通过收养子女而代位继承的方式变相地达到其对遗产的控制、管理及使用的目的，更何况在实际中，对于父母在监护子女时对其所拥有的财产的代管理、代处分和代收益权本身就很难实行明确、有效的监督。

但是，虽然从法律的角度来看，是认可由收养行为所产生的亲子关系的，但是与血缘亲子关系不同，这种亲子关系的建立往往会被加入很多主观因素，尤其是收养行为人本人的主观目的这一因素，由于这一原因，各国都对此行为作了严格限制。在法国、德国、瑞士，由于这些国家的态度倾向于收养法律的效力不能及于收养人的亲属，所以这些国家的法律规定，养子女不享有对其养父母的代位继承权，而且这些国家的法律同时还规定，收养行为的法律效力可以及于养子女在收养行为发生后生育或收养的直系卑亲属，按照此项规定，在养子女被收养人收养后，其子女或养子女可对其享有代位继承权。施行此项规定的代表国家是法国，法国的民法典规定："被收养人及其直系卑血亲在收养人的家庭当中，依法享有继承权，但是，被收养人及其直系卑血亲对收养人的直系尊血亲则不得享有取得特留份的资格。"

根据我国法律规定，养父母、养子女、养兄弟姐妹丧失的继承权若要恢复，需由被继承人通过书面形式（如遗嘱）明确表示同意。此外，养兄弟姐妹之间可以互为法定继承人。同时，被继承人的养子女或与其形成扶养关系的继子女的子女（包括养子女）均享有代位继承权。对于代位继承权的这一项规定充分体现了我国对于养子女的代位继承权的保障非常宽泛。但是，根据我国的规定，并不是一定能够得出"继承人的继承权丧失后其养子女仍可代位继承"的结论。因此，对于收养关系所引发的代位继承问题，各个国家出于不同的考量标准分别作出了不同的规定。

从被收养人的角度来看，只是因为其是在继承人的继承权丧失后才被收养的，就此直接不允许其代位继承，这似乎有失公平，但事实却不然。收养制度的根本目的是保障没有独立生活能力的未成年人能够健康成长，当继承人的继承权丧失后，若还有收养未成年人之意向的，只要与《收养法》的限制条件不相冲突，那么其就有收养的权利。但是，根据继承权丧失制度的规定，其继承权丧失均是由于其对亲人的违法行为所导致的，在继承人对自己的亲人尚能够有如此恶劣行径时再收养未成年人，这令人很难相信此继承人可以对被收养的无任何血缘关系的未成年人承担其监护和扶养的职责，这虽然不至于到拿未成年人一生来冒险的程度，却也无法不令人心生怀疑。如果该继承人有这种慈心，其就不会对自己的亲人做出违法行为了。因此，在继承人的继承权丧失后仍然同意其收养未成年人的，实属将未成年人置于险境，这与收养制度的宗旨是相违背的。另外，如果继承权丧失的人意图收养未成年人的，那么其本身就应当一力承担该被收养的未成年人在成长过程中所需要的一切必要的生活保障和经济方面的支持。而且，既然其有收养意图，那也说明其有能力承担这部分费用，只有这样，其收养行为方能被认可。据此原因，若继承人的继承权在丧失后又行收养行为时，这就证明其已经具备保障被收养的未成年人成长和生活的全部经济能力，这时，该继承人就已然没有必要或者说不应当再指望通过被收养的未成年人的代位继承来获得遗产，以此减轻自己的扶养压力和责任，所以在这种情形下，被收养人能否通过代位继承获得遗产对收养人来说就并不那么重要了。

基于此，本书认为，要想让被收养的未成年人在一个良好健康的环境中茁壮成长，首先就要考虑和保障该被收养人的利益，而且也要与收养制度的根本宗旨相符合。与此同时，为了能够更坚决地落实继承权丧失制度对于违法行为人的制裁以及惩罚的功能，综合考虑以上几点，当继承人的继承权丧失后再行收养行为的，被其收养的人不应当再享有代位继承权。

（二）完善对必留份权利人、特留份权利人的效力之立法理由

从必留份仍然是继承人的遗产继承份这一实质出发，在我国《民法典》修订的过程中，自然就应该有必留份是否会丧失以及如何丧失的规定。对于这一方面，有两种路径可供选择：一是基于必留份仍然是继承人的遗产继承份这一实质，对必留份与其他遗产继承份之间不作更加详细的区分，而是适用统一的遗产继承权丧失规则；二是与特留份的丧失思路一致，在必留份实为遗产继承份的前提下，将之与其他遗产继承份对于继承人的重要性和必要性在一定的程度上进行区分，以此为基础，剔除继承权丧失事由中恶性相对较弱的行为，只保留恶性较重的情形作为必留份丧

失的情形。

笔者认为，对于必留份，应当采取与特留份丧失事由相同的规则更加妥当。首先，必留份仍然是遗产继承份的一种，与其他的遗产继承权一样，必留份也是法定继承人所享有的对被继承人遗产的继承权利，因此这两种权利的丧失情形应该基本相同。其次，尽管法律出于对必留份权利人的特殊状况的特殊考虑和保护，作出了必留份权利的实现优于其他继承权的特殊规定。但是，作为必留份权利的享有者，必留份权利人处于这种特殊情况下竟然还有能力对被继承人实施违法行为，可见该权利人行为的恶性已经达到了不足以让法律对其原本享有的权利进行特别保护的程度。最后，从法律设定必留份的立法目的来看，必留份本就是为了保护特定继承人的遗产利益而对被继承人的遗嘱自由作出的限制。因此，与特留份一样，被继承人的遗嘱取消继承的事由在这里自然也不应该适用。此外，必留份权利人实施了继承权丧失的法定事由中所列行为时，其必留份权利也应当丧失，而不应当继续享受特别的保护。

作为遗产应继份中受到法律特别保护的部分，继承人对于特留份权利的享有是建立在其首先享有对被继承人的遗产继承权的基础上的。因而，当特留份权利人实施了继承权丧失事由中所列行为时，其特留份权利也自当受到一定的影响。

在对上述国家的立法例分析中，只要是规定了特留份制度的国家，或者如德国、日本等单独对特留份的丧失事由作了规定，或者如瑞士等虽然没有作单独规定，但是在法条中明确地规定了特留份权利的享有主体应当是继承人。根据这一规定的精神，继承人的继承权丧失事由自然就可以直接适用于特留份丧失。前者虽然对特留份规定了单独的事由，而且事由与继承权丧失的事由和规则差异较大甚至截然不同，但从内容上看，各个国家均把特留份权利人对被继承人或者其他继承人乃至遗嘱所实施的违法行为作为重点选择，以此来规定特留份的丧失。虽然目前我国及法国没有对特留份的制度进行规定，也没有与特留份相类似的制度，但是总体来说，在继承体系的法律中对特留份的制度进行规定已经成为世界各法系国家民法典发展的一个基本的、共同的趋势。因此，在我国《民法典》修订时，增设对于特留份的规定是一个正确的选择。从特留份的本质来看，特留份本身也是遗产继承份之一，而这一制度设置的根本目的就是适当地限制被继承人的遗嘱自由而不至于使其被滥用，同时对被继承人的配偶或其他血缘亲属的遗产继承利益加以保护。那么，基于这一目的，在保障特留份权利人这一特定的继承人在依法享有不得丧失的遗产利益的同时，如果此特定的继承人实施了继承权丧失的行为，那么其自当承担由此带来的不利后果。与此同时，虽然特留份也是遗产继承份，该权利存在的基础也是权利人对被继承人所享有的遗产继承权，但是基于该权利人仍属于继承人，而且通常是被继承人的至亲，各个国家或地区对这一权利的保护力度也明显要大于其他的继承类权利。因此，笔者认为，我国在增设和规范特留份制度时，不应像德国、日本和瑞士一样，完全另行设定丧失规则，而应该遵从特留份的遗产继承份的本质。同时，为了实现对特留份的特别保护，在对其丧失规则进行设置时，应该以继承权丧失的事由和规则为蓝本，让特留份丧失情形与继承权基本相同，但是适当地减少行为中过错较轻的情形部分，尤其是需要取消特留份权利人由于被继承人的遗嘱取消继承而导致其继承权丧失的情况，因为这一事由与法律设定特留份的根本目的是相冲突的，而对于其他的规则则不进行大幅度调整。这既能够体现出特留份与其他遗嘱继承份之间的差别，同时也符合特留份实际上还是遗嘱继承份的本质。总体来说，笔者认为特留份丧失的法定事由应该包括：故意杀害被继承人，无论其被判处刑罚或是免除处罚的；故意杀害其他继承人并被判处刑罚的；故意不法使被继承人失去遗嘱能力的；遗弃、虐待、侮辱被继承人，经由被继承人表示而不得继承的；伪造、变造、隐匿、销毁遗嘱的；以欺诈或胁迫手段妨害被继承人行使其遗嘱自由权的；继承请求权无正当理由超过时效期限而被认定为放弃的。

(三) 完善对酌分遗产权利人的效力之立法理由

如前所述，到目前为止，对该制度作出规定的国家并不多。从本质上来说，酌分遗产权并不属于遗产继承权的范畴[①]，因此，根据继承的相关理论，当酌分遗产权利人有继承权丧失的法定事由的行为时，并不必然导致其酌分遗产权丧失。因此，在我国等少数规定了酌分遗产权或相似制度的国家，都没有继承权丧失事由可以直接适用于酌分遗产权这项规定。但是基于扶养思想和行为报偿理论的法律适用角度，原本非继承人与被继承人之间不存在继承关系，但是他们之间却存在着事实的扶养关系时，酌分遗产权作为此种关系下权利人得以与法定继承人分享被继承人遗产份额的权利，其产生和保护的原理与继承的原理之间并不发生冲突。而且，与继承权一样，作为自然人于被继承人死后可能享有的权利，该权利还是源于其主体与被继承人之间存在的合法友善的关系。但事实上，如果该权利的主体为了一己私利而对被继承人实施了违法行为，那么在被继承人死亡后，该权利主体还是否有资格享受被继承人的遗产，就有必要具体地进行分析了。

正如上文所述，继承权丧失制度有着其存在的合理性和必要性，此项制度通过对良性、善意的继承秩序的维护，促进了社会伦理道德向着人们期望的、良性的方向发展，与此同时，也从社会法律秩序的层面保障了被继承人的遗嘱自由，进而维持了社会的稳定与和谐。而使得继承权丧失制度的这几项功能得以充分发挥有一个基础前提，那便是继承人本身就享有能够从被继承人处获得遗产利益的权利。抛开法律赋予其的法定继承人身份这一点不谈，其因为有了继承人身份而能够分得被继承人的遗产的这项权利与其他人因与被继承人之间有实际的扶养关系而得以分享被

① 马俊驹、余延满：《民法原论》（第四版），法律出版社 2016 年版，第 938 页。

继承人遗产的权利之间并没有本质的区别。而根据我国《继承编解释一》的规定，酌分遗产权利人相对于继承人而言，其甚至有可能会分得比法定继承人更多的遗产份额。由此可见，本来遗产的继承要依靠严格的身份关系来实现，但是无论法律是基于被继承人死后扶养考虑还是基于对特定扶养行为的事后报偿角度考虑，当原本的非继承人由于与被继承人之间在先前存在着扶养关系而享有了分得遗产的权利后，其身份是否为继承人就已然不再是其能否分得遗产利益的阻碍了。因此，此时该权利人是否会失去其既得的权利，仅仅与其自身的行为有关，而与其身份没有任何关系。而法律在赋予自然人酌给遗产请求权时的前提，不只是因为这一特定的自然人对于遗产有着客观的、紧迫的需要，更重要的是因为，其与被继承人在先前存在着合法、友善、互助、友爱的扶养扶助关系，也正是由于这一关系的存在，而使得原本不享有继承权的自然人有了继承被继承人遗产利益的机会，与此同时，维系这一权利并保障这一权利得以实现的也正是这种关系。因此，在实践中，如果酌给遗产请求权人的行为破坏了这种原本合法、友善、互助、友爱的扶养扶助关系而实施了继承权丧失的法定事由中所列行为，也就破坏了该权利存在的基础，此时如果再根据该权利人先前与被继承人之间存在过的扶养扶助关系而赋予其享有被继承人遗产的权利，这便违背了酌给遗产请求权的存在基础，更是违背了这一制度设立之初所倡导的亲属之间的互助友爱的原则。

当然，继承权丧失的法定事由所列的行为中，有个别的行为需要在主体间存在着法定的扶养扶助义务的前提下才能够产生，如继承人遗弃、虐待被继承人等。如果主体之间不存在这项义务，那么这种行为也就不会发生。而酌给遗产请求权人与被继承人之间本身并不存在这项义务，因此这一行为也就不可能成为酌给遗产请求权人的权利丧失的法定事由。由此，笔者认为，除了这一事由以及经由被继承人遗嘱取消继承的事由之外，当酌给遗产请求权人实施了继承权丧失的法定事由中所列的其他行为后，其对被继承人所享有的酌给遗产请求权也应该当然丧失。具体地说，酌给遗产请求权丧失的法定事由应该包括下列几种：故意杀害被继承人且被判处刑罚的；故意杀害其他继承人且被判处刑罚的；以欺诈、胁迫手段妨害被继承人行使其遗嘱自由权利的；伪造、变造、隐匿、销毁遗嘱的。

第三节　我国继承权丧失后恢复规则的完善建议及立法理由

一

基于对人类社会基本家庭伦理道德的维护，在继承关系中，法律特别用强制性的规定来惩处那些严重违反伦理道德的行为，以此来保证亲人之间不会为了争夺遗产而发生有违于道德伦常或是违法的行为，与此同时，这一系列规定也能够有效地维持继承秩序合法有序。从这一角度来看，继承权丧失制度是对实施了不当行为的继承人的一种惩罚，是行为人所应当付出的代价。这既是维系正常社会秩序的必然选择，同时也是从社会层面进行体系化管理的一项行之有效的规范。但是，如果仅从被继承人在继承领域对其拥有的财产所享有的死后处置权的角度来看，被继承人往往会对法律中“继承人的继承权丧失之后就不再有权继承遗产”这项规定持不同意见。通过上文对几份学者建议稿的考察可知，关于继承权丧失后的恢复这一问题，不同学者之间存在着学术观点上的争议。总的来说，争议的焦点主要有三种：第一种如“王稿”“杨稿”的规定，除故意杀害被继承人以及为了争夺遗产而杀害其他继承人这两种行为会导致继承人的继承权被终局丧失之外，其他几种情形均应导致行为人的继承权被非终局丧失，此时只要被继承人在生前对行为人表示宽恕，行为人丧失的继承权就得以恢复；第二种如“梁稿”的规定，除了以争夺遗产为目的杀害其他继承人这一行为会导致继承人的继承权被终局丧失，其他行为均应导致行为人的继承权被非终局丧失。而第三种如“陈稿”“张稿”的规定，对于继承权的丧失的效力，应当充分尊重被继承人的意愿，采用非终局丧失。学者对我国民众继承习惯的调查结果显示，在4个被调查地区，针对继承权恢复这一问题，各地区持赞成态度的均为最多。其中，山东44.8%、重庆62.1%、武汉40.8%、北京67.4%。而持反对态度的，山东地区占25.1%、重庆地区占23%、武汉地区占29.4%、北京地区占25.9%。由数据可知，我国继承权丧失后恢复的现行规定与大部分民众认知是相符的，而且对于这一问题，民众大多是持宽容态度的。而学者调查的另一个问题是“如果你认为继承权可以恢复，其原因是什么?”针对这一问题，绝大多数被调查者选择了“被继承人生前表示原谅”这一选项（各地区具体数据为：山东89.3%、重庆82.9%、武汉50.6%、北京79.2%），而选择“继承人表示悔改”一项的相对要少很多（各地区具体数据为：山东49.3%、重庆64.9%、武汉38.8%、北京45.8%）。由上述两项调查数据可知，关于这一问题，被调查的大部分民众都认同丧失后的继承权可以恢复，而且大多数人认为，被继承人的个人意志在其中应起到主导性和决定性的作用。调查数据显示，受访者对继承权丧失后的恢复并没有因丧失事由的不同而有不同的条件认识，对此我国《民法典》却把继承权恢复的条件限定为“遗弃”或“虐待且情节严重的”这两种情形，[①] 这一规定也有失妥当。

继承是公民财产权得以保证的一项基本制度，没有这一制度，公民的个人财产权便无从保障，个人自由也就无从体现。而既然上述所说的丧失继承权只是民事制裁，那么当被继承人以遗嘱的形式将其个人所拥有的财产或其中一部分留给继承人时，这一财产流转的过程中就传递着遗嘱人具体的财产处分意愿，而财产的

---

① 陈苇（项目负责人）：《当代中国民众继承习惯调查实证研究》，群众出版社2008年版，第37~39、96~107、279~286、416~427、514~520页。

流转以及所有权的变动也恰好体现了财产权中所蕴含的个人自由价值，财产在前后相继的亲人之间所进行的这种传递，也本就体现了法律对财产所有人的人格自由和个人意志的尊重以及对其个人能力的承认。因此，除非存在合法且妥当的理由，否则被继承人对于其财产进行处分的自由意志就应得到充分的尊重与保障，任何人不得干涉。而对于已经丧失的继承权能否得以恢复，国家公权力自然不能够越权代为判断，让民法所倾力保护的个人意志自由和个人私权在某些附加条件的限制下消失于无形。

从继承领域来看，以“让被继承人能够决定继承权丧失后是否可以恢复”的方式来缓和法对私权的过度干预，以限制或修正继承权丧失制度的种种弊端已经成为一种行之有效的手段。基于这一点，笔者认为，基于继承权丧失后的恢复的性质、价值及功能等考虑，在保护公民个人财产自由权的角度，为了能够更充分地保障被继承人的财产处分权，保障其自由意志实现，我国《民法典》中，在对违法犯罪的继承人依法进行严厉的刑事和民事处罚的同时，建构完全的继承权丧失后的恢复制度最为妥当，这一模式能够充分地尊重被继承人的意思自治，同时也能够准确地表达和维护《民法典》作为私法所持的保护私权的价值选择。目前我国《民法典》对继承权丧失后的恢复规则适用情形并不包括继承权丧失的所有事由，也就是说，在继承人故意杀害被继承人或者为争夺遗产而杀害其他继承人的情况下，继承权一旦丧失则永远无法恢复。本书建议把继承权丧失后的恢复范围扩大到所有继承权丧失的法定事由。

一、我国继承权丧失后恢复的完善建议

（一）应扩大继承权丧失后恢复的适用范围

本书建议，继承权丧失的法定事由所规定的所有情形都应为非终局丧失，只是在“继承人故意杀害先顺位或者同顺位的其他继承人”这一行为所导致的行为人的继承权丧失后如要恢复，除

了被继承人的原谅之外，还应该有其行为对象，即先顺位或者同顺位的其他继承人的原谅，否则该已丧失的继承权不得恢复。

（二）应取消继承权丧失后恢复的适用前提条件

本书建议，应当取消适用继承权丧失后的恢复必须满足“一定前提条件”这一规定，只要被继承人愿意谅解继承人，也表示愿意恢复其丧失的继承权，愿意将自己的遗产留给该已丧失了继承权的继承人，那么法律就应该尊重被继承人的自由选择，并赋予被继承人的这一行为以法律效力，而不是通过附加限制条件的方式来对被继承人实现其意志自由施加任何不合理的限制或者束缚。

（三）应对继承权丧失后的恢复之具体表现形式予以限制

本书建议，丧失的继承权得以恢复，需要被继承人以书面的形式（包括但不限于遗嘱或者其他形式）表达出其对继承人的谅解、宽恕或原谅。仅仅是在实践中有了与继承人共同生活、接受继承人照顾或被继承人赠与继承人财产等表现形式或者被继承人口头上的表示就不能被视作其已经允许了继承人的继承权丧失后的恢复，此时被继承人的这一行为不应当具有法律效力。

二、完善我国继承权丧失后恢复的立法理由

根据上文对各个国家继承权丧失后的恢复立法例所进行的比较，为了充分发挥继承权丧失后的恢复的价值功能，同时限制公权以保护私权，笔者认为，在继承领域应当有限制地适用继承权丧失后的恢复制度。“这一制度在这里起到了打破公法与私法间森严的壁垒以及沟通和协调公法与私法间关系的作用。而且这一制度既保障了公民的财产权利自由，同时也给予了继承人重获遗产的可能和机会，这对继承人来说是其弃恶向善、改过自新的一大动力，也是促进现代家庭和睦与团结的必要手段”①。但假如某继

① 杨立新：《继承法修订入典之重点问题》，中国法制出版社2015年版，第156页。

承人对与其继承顺序相同和在其之先的其他继承人实施了杀害行为，显然是为了遗产的争夺，在这种情况下其继承遗产的权利还能够因为被继承人的宽恕和谅解而恢复，这对于受害者来说无疑有违民法的公平原则，同时这也一定不会是受害者家属愿意看到的结果。基于上述原因，本书认为，将继承人对与其继承顺序相同和在其之先的其他继承人实施的杀害行为列入可以因为被继承人的宽恕和谅解而恢复行为人的继承权的立法例有失偏颇，其值得仔细斟酌。在此项继承权丧失的法定事由中，对于被继承人而言，行为人所侵害的仅仅是其遗嘱自由权，而对于受害的其他继承人而言，行为人的行为侵害的是其生命权，二者相比，其轻重缓急自不必细说。在这种情形下，由于被继承人的一个宽恕的主观意愿就恢复行为人的继承权显然有失公允。特别是当被继承人对实施了此行为的继承人有特别之偏爱时，如果允许由被继承人的宽恕和谅解而恢复行为人的继承权，对其他继承人来说也有失公平。同时，这一规定对遏止故意杀害其他继承人的恶劣行为的发生也毫无益处。

目前，丧失的继承权或特留份权利可以经由被继承人的谅解而得以恢复已经成为世界民法典领域立法的一个基本趋势，但就这一规定是否还应以一定的条件为前提这一问题，我国尚存在着争议。从我国目前的立法状况来看，《民法典》已经确认了关于继承权丧失后恢复的相关规定，而且《民法典》还要求恢复的前提是继承人“确有悔改表现”。这与当今世界各国立法的整体趋势有着很大的出入。从继承权丧失后的恢复这一制度的本质来说，其是一方对另一方表示的谅解、宽恕或者原谅的单方面情意表示的行为，这一行为并没有一定要以对方的实际表现为前提，换言之，即使实施了违法行为的继承人没有悔改表现，只要被继承人对其表示谅解，其继承权也应当因被继承人的谅解而恢复，此时“是否谅解”这一态度只能由被继承人单方面自行决定，且不应当由第三方对于被继承人是否应该谅解或是否愿意谅解作出判断，而不应该对此以法律中前置条件规定的手段来加以限制。而且在现实生活中，继承人是否心存悔改，这是一种主观感受，很难用具体的标准对此进行衡量，也很难用具体的方式来表达，更没有任何准确的外部表现形式。即使继承人做出了一些看似有悔改表现的行为，但这是否为继承人内心真正主观意志的体现也不得而知，同时无法从行为的表象上来进行绝对的判断。当然，如果非要对此下断言的话，那么作出判断的人应该是行为的相对方，也就是过错行为的作用人——被继承人，而不应当是其他的第三方。被继承人作为继承人所实施的过错行为的真正感受者，从他的角度才能够较为准确地判断出继承人是否真的有了悔改的表现，而且不同的被继承人对于判断继承人是否真心悔改的侧重点也不同，他们在判断时会专注于不同的行为或表现，与此同时，法律上判断被继承人是否确有对继承人所实施的过错行为的谅解，则应该有明确的标准。因此，在司法实践中，被依法丧失了继承权的继承人只要能够取得被继承人的谅解，也就意味着被继承人愿意让该继承人继续继承自己的遗产。从谅解的过程来看，被继承人的谅解只是其单方面的行为，那么也就不应当以行为人是否有与悔改表现相一致的行为来作为先决条件。

关于继承权丧失后的恢复的具体表现形式问题，为了减少纠纷同时也出于慎重考虑，应当规定意思表示人（即被继承人）以要式法律行为的方式来表示其宽恕的意愿，具体地说，其建议被继承人对继承人的宽恕应当以公证书或者遗嘱的方式来体现。有学者认为，对继承权丧失后的恢复形式上的要求是对被继承人的意思自由进行了严重束缚，而且这种做法与继承权丧失后的恢复的本质——继承权丧失后的恢复是单方情意表示行为相抵触。而且，这一形式的限制也大大加重了被继承人的行为负担，减少了被继承人自由意愿实现之可能性。[①] 诚然，从本质上来讲，民法典

① 和丽军：《继承权丧失研究》，法律出版社 2017 年版，第 249 页。

是属于私法的，而作为私法，尊重当事人的主观意愿，允许其在权利允许的范围内实现意思自由也是其所贯彻始终的一项基本宗旨，但为了减少或避免很多争端同时更加有利于取证，应对被继承人的谅解以及允许继承人丧失的继承权得以恢复的行为进行形式上的引导，对之以具体形式要求的方式加以限制。具体而言，对继承权丧失后的恢复以具体形式要求的方式加以限制：第一，可以提醒当事人注意恢复继承权的意义和利害关系，避免匆促和轻率决定；第二，特定的形式也能够在接下来可能会出现的继承权丧失与否的诉讼中作为确定继承权已经恢复的证据；第三，确保继承权恢复的公开性。

参考文献

一、中文参考文献

（一）中文著作

1. 郭明瑞、房绍坤、关涛：《继承法研究》，中国人民大学出版社 2003 年版。

2. 陈苇主编：《婚姻家庭继承法学》（第四版），中国政法大学出版社 2022 年版。

3. 张玉敏：《中国继承法立法建议稿及立法理由》，人民出版社 2006 年版。

4. 陈苇主编：《外国继承法比较与中国民法典继承编制定研究》，北京大学出版社 2011 年版。

5. 梁慧星主编：《中国民法典草案建议稿附理由：继承编》，法律出版社 2013 年版。

6. 王利明主编：《中国民法典学者建议稿及立法理由——人格权编·婚姻家庭编·继承编》，法律出版社 2005 年版。

7. 张玉敏：《继承法律制度研究》（第二版），华中科技大学出版社 2016 年版。

8. 陈甦、谢鸿飞：《民法典评注：继承编》，中国法制出版社 2020 年版。

9. 杨立新：《家事法》，法律出版社 2013 年版。

10. 陈棋炎、黄宗乐、郭振恭：《民法继承新论》（第 9 版），台湾三民书局 2014 年版。

11. 刘春茂：《中国民法学·财产继承》，人民法院出版社 2008 年版。

12. 罗鼎：《民法继承论》，上海法学编译社会文堂新记书局 1946 年版。

13. 夏吟兰主编：《婚姻家庭继承法》，中国政法大学出版社 2012 年版。

14. 林秀雄：《继承法讲义》，台湾元照出版有限公司 2012 年版。

15. 陈苇主编：《婚姻家庭继承法学》（第三版），群众出版社 2017 年版。

16. 陈兴良：《口授刑法学》，中国人民大学出版社 2010 年版。

17. 杨立新、朱呈义：《继承法专论》，高等教育出版社 2006 年版。

18. 马俊驹、余延满：《民法原论》（第四版），法律出版社 2016 年版。

19. 张平华、刘耀东：《继承法原理》，中国法制出版社 2009 年版。

20. 史尚宽：《继承法论》，中国政法大学出版社 2000 年版。

21. 瞿同祖：《中国法律与中国社会》，商务印书馆 2010 年版。

22. 和丽军：《继承权丧失研究》，法律出版社 2017 年版。

23. 张明楷：《刑法学》，法律出版社 2011 年版。

24. 陈朝璧：《罗马法原理》，法律出版社 2006 年版。

25. 周枏：《罗马法原论》（下册），商务印书馆 2001 年版。

26. 江平主编：《十二铜表法》，法律出版社 2000 年版。

27. 费安玲：《罗马继承法研究》，中国政法大学出版社 2000 年版。

28. 佟柔主编：《继承法教程》，法律出版社 1986 年版。

29. 江平、米健：《罗马法基础》（第三版），中国政法大学出版社 2015 年版。

30. 吕世伦、文正邦：《法哲学论》，中国人民大学出版社 2009 年版。

31. 何勤华、李秀清：《外国法制史》，复旦大学出版社 2011 年版。

32. 何勤华、魏琼：《西方民法史》，北京大学出版社 2006 年版。

33. 时显群：《法理学》，清华大学出版社 2010 年版。

34. 钟洪声：《中国亲属法论》，世界书局 1933 年版。

35. 江平主编：《汉谟拉比法典》，法律出版社 2000 年版。

36. 丘汉平：《罗马法》，中国方正出版社 2004 年版。

37. 徐国栋主编：《绿色民法典草案》，社会科学文献出版社 2004 年版。

38. 刘文：《继承法比较研究》，中国人民公安大学出版社 2014 年版。

39. 杨立新主编：《中国百年民法典汇编》，中国法制出版社 2011 年版。

40. 陈晓枫：《中国法制史新编》，武汉大学出版社 2011 年版。

41. 梅仲协：《民法要义》，中国政法大学出版社 1998 年版。

42. 佟柔主编：《民法原理》，法律出版社 1983 年版。

43. 陈苇主编：《中国继承法修改热点难点问题研究》，群众出版社 2013 年版。

44. 陈苇主编：《当代中国民众财产继承观念与遗产处理习惯实证调查研究》（上卷），中国人民公安大学出版社 2019 年版。

45. 何勤华：《德国法律发达史》，法律出版社 2000 年版。

46. 何勤华：《英国法律发达史》，法律出版社 1999 年版。

47. 杨与龄：《民法概要》，中国政法大学出版社 2002 年版。

48. 陈苇、宋豫主编：《中国大陆与港、澳、台继承法比较研究》，群众出版社 2007 年版。

49. 戴东雄：《继承法实例解说》，台湾三民书局 1999 年版。

50. 卓泽渊：《法的价值论》（第三版），法律出版社 2018 年版。

51. 付子堂：《法律功能论》，中国政法大学出版社 1999 年版。

52. 陈苇：《当代中国民众继承习惯调查实证研究》，群众出版社 2008 年版。

53. 张康林：《继承回复请求权研究》，中国政法大学出版社 2010 年版。

54. 梁慧星主编：《民商法论丛》（第 12 卷），法律出版社 2000 年版。

55. 杨立新、刘德权、杨震：《继承法的现代化》，人民法院出版社 2013 年版。

56. 杨立新：《中国民法典释评·继承编》，中国人民大学出版社 2020 年版。

57. 刘耀东：《继承法修改中的疑难问题研究》，法律出版社 2014 年版。

58. 黄薇主编：《中华人民共和国民法典继承编释义》，法律出版社 2020 年版。

59. 最高人民法院民法典贯彻实施工作领导小组：《中华人民共和国民法典婚姻家庭编继承编理解与适用》，人民法院出版社 2020 年版。

60. 杨立新：《继承法修订入典之重点问题》，中国法制出版社 2015 年版。

61. 江必新：《民法典重点修改及新条文解读》（下册），中国法制出版社 2020 年版。

（二）译著

1. ［美］约翰·亨利·梅利曼：《大陆法系》（第二版），顾培东、禄正平译，法律出版社 2004 年版。

2. ［德］黑格尔：《法哲学原理》，范扬、张企泰译，商务印书馆 1961 年版。

3．［英］梅因：《古代法》，沈景一译，商务印书馆 1984 年版。

4．［日］川岛武宜：《现代化与法》，申政武、渠涛等译，中国政法大学出版社 2004 年版。

5．［美］庞德：《通过法律的社会控制/法律的任务》，沈宗灵译，商务印书馆 1984 年版。

6．［美］博登海默：《法理学：法律哲学与法律方法》，邓正来译，中国政法大学出版社 2004 年版。

7．［德］拉德布鲁赫：《法学导论》，米健、朱林译，中国大百科全书出版社 2007 年版。

8．［英］彼得·斯坦、约翰·香德：《西方社会的法律价值》，王献平译，中国人民公安大学出版社 2009 年版。

9．［美］昂格尔：《现代社会中的法律》，吴玉章、周汉华译，译林出版社 2001 年版。

10．［古希腊］柏拉图：《理想国》，郭斌和、张竹明译，商务印书馆 1986 年版。

11．［古希腊］亚里士多德：《尼各马可伦理学》，廖申白译，商务印书馆 2003 年版。

12．［古罗马］西塞罗：《论法律》，王焕生译，上海人民出版社 2006 年版。

13．［古希腊］亚里士多德：《政治学》，姚仁权译，北京出版社 2012 年版。

14．［英］洛克：《政府论》，瞿菊农、叶启芳译，商务印书馆 1983 年版。

15．［英］托马斯·霍布斯：《利维坦》，朱敏章译，商务印书馆 1934 年版。

16．［法］孟德斯鸠：《论法的精神》，张雁深译，商务印书馆 1982 年版。

17.［德］黑格尔：《法哲学原理》，范扬、张企泰译，商务印书馆1979年版。

18.［法］卢梭：《社会契约论》，何兆武译，商务印书馆1980年版。

19.《马克思恩格斯选集》，人民出版社2012年版。

20.［德］迪特尔·梅迪库斯：《德国民法总论》，邵建东译，法律出版社2000年版。

21.［古罗马］盖尤斯：《盖尤斯法学阶梯》，黄风译，中国政法大学出版社2008年版。

22.［意］朱塞佩·格罗索：《罗马法史》，黄风译，中国政法大学出版社2009年版。

23.［意］彼得罗·彭梵得：《罗马法教科书》，黄风译，中国政法大学出版社2018年版。

24.［英］里·尼古拉斯：《罗马法概论》，黄风译，法律出版社2004年版。

25.［苏联］B. M. 坚金主编：《苏维埃民法》，康宝田、李光谟、邬志雄译，法律出版社1957年版。

26.［德］罗尔夫·克尼佩尔：《法律与历史——论〈德国民法典〉的形成与变迁》，朱岩译，法律出版社2003年版。

27.［德］K. 茨威格特、H. 克茨：《比较法总论》，潘汉典等译，法律出版社2003年版。

28.［德］鲁道夫·冯·耶林：《为权利而斗争》，郑永流译，法律出版社2007年版。

29.［美］彼得·哈伊：《美国法概论》（第三版），许庆坤译，北京大学出版社2010年版。

30.［澳］帕瑞克·帕金森：《澳大利亚法律的传统与发展》，陈苇等译，中国政法大学出版社2011年版。

31.［德］恩格斯：《家庭、私有制和国家的起源》，人民出版社1972年版。

（三）论文类

1. 习近平：《充分认识颁布实施民法典重大意义 依法更好保障人民合法权益》，载《求是》2020 年第 12 期。

2. 王歌雅：《〈民法典·继承编〉：制度补益与规范精进》，载《求是》2020 年第 1 期。

3. 王丽丽：《财产继承中债权人利益保护问题的法律思考》，载《宁夏社会科学》2012 年第 5 期。

4. 宋豫：《完善我国继承权丧失制度的若干思考》，载《河北法学》2006 年第 1 期。

5. 王淑芹：《道德法律化正当性的法哲学研究》，载《哲学动态》2007 年第 9 期。

6. 杨立新等：《〈中华人民共和国继承法〉修正草案建议稿》，载《河南财经政法大学学报》2012 年第 5 期。

7. 杨立新：《对修正〈继承法〉十个问题的意见》，载《法律适用》2012 年第 8 期。

8. 杨立新：《民法分则继承编立法研究》，载《中国法学》2017 年第 2 期。

9. 翟云岭、刘耀东：《论继承权丧失制度——以我国〈继承法〉第 7 条的修改为中心》，载《北方法学》2012 年第 5 期。

10. 陈苇（项目负责人）：《〈中华人民共和国继承法〉修正案（学者建议稿）》，载陈苇主编《中国继承法修改热点难点问题研究》，群众出版社 2013 年版。

11. 房绍坤：《继承制度的立法完善——以〈民法典继承编草案〉为分析对象》，载《社会科学文摘》2020 年第 2 期。

12. 张平华：《〈民法典·继承编〉的创新与继承法之整理》，载《甘肃政法大学学报》2020 年第 6 期。

13. 杨立新、和丽军：《关于恢复继承权宽宥制度的重新思考》，载《东南学术》2013 年第 1 期。

14. 吴国平：《海峡两岸继承权丧失制度比较研究》，载《海峡法学》2014 年第 2 期。

15．王利明：《继承法修改的若干问题》，载《社会科学战线》2013 年第 7 期。

16．王歌雅：《论继承法的修正》，载《中国法学》2013 年第 6 期。

17．李昊：《民法典继承编草案的反思与重构》，载《当代法学》2019 年第 4 期。

18．和丽军：《继承权丧失事由对其他遗产权利的适用》，载《江苏警官学院学报》2017 年第 1 期。

19．皮锡军：《外国继承权丧失制度比较研究》，载陈苇主编《家事法研究》（2007 年卷），群众出版社 2008 年版。

（四）法律法规类

1．《法国民法典》，罗结珍译，北京大学出版社 2023 年版。

2．《德国民法典》（第 4 版），陈卫佐译，法律出版社 2015 年版。

3．《日本民法典》（2017 年修改版），刘士国、牟宪魁、杨瑞贺译，中国法制出版社 2018 年版。

4．《瑞士民法典》，于海涌、赵希璇译，法律出版社 2016 年版。

5．《俄罗斯联邦民法典》，黄道秀译，北京大学出版社 2007 年版。

6．《意大利民法典》，费安玲等译，中国政法大学出版社 2004 年版。

7．1930 年《“中华民国”民法》。

8．1985 年《中华人民共和国继承法》。

9．1985 年《最高人民法院关于贯彻执行〈中华人民共和国继承法〉若干问题的意见》。

10．2021 年《中华人民共和国民法典》。

11．2020 年《最高人民法院关于适用〈中华人民共和国民法典〉继承编的解释（一）》（法释〔2020〕23号）。

（五）其他类

1.《辞海》，上海辞书出版社1999年版。

2.《古代汉语词典》，商务印书馆2003年版。

3.薛波主编：《元照英美法律词典》，法律出版社2003年版。

4.《宋刑统》，中华书局1984年版。

5.《清明集》（卷七），《争立者不可立》，辽宁教育出版社1996年版。

6.《宋会要辑稿·食货》，上海古籍出版社2014年版。

7.《唐律疏议》，中华书局1983年版。

8.《大清律例》，张荣铮、刘勇强点校，天津古籍出版社1993年版。

二、外文参考文献

1. McClean Beevers, *Morris on the Conflict of Laws*, London, 2005.

2. Frederick Pollock and Frederic William Mainland, *The History of English Law before the Time of Edward I*, Cambridge University Press, 2003.

3. Goody, Jack and Joan Thirst and E. P. Thompson, *Family and succession: Rural Society in Western Europe*, 1200–1800, Cambridge Cambridge University Press, 2009.

4. Katherine Fisher Drew, *Law and Society in Early Medieval Europe: Studies in Legal History*, *Vivarium Reprints*, London, 2008.

5. James K. Barge, *Marriage, Family, and Low in Medieval Europe: collected studies*, Universities of Wales Press, 2016.

6. J. B. Clark, *Parry & Clark on the Law of Succession*, sweet & Maxwell, 2003.

7. Anthony R. *Mellows*, *The Law of Succession*, Butter worth &Co, 2013.

8 . Gerry W. Beyer, *Wills*, *Trusts*, *and Estates*: *Example and Explanations*, Aspen Publisher, 2015.

9 . Ken Mackinaw, Mark Burton, *Outline of succession* (second Edition) Lexis Butterscotch, 2010.

10 . Carolyn S. Bract, *Family Protection Under Kentucky's succession law*: *Is the Family Really Protected*? Kentucky Law Journal, Vol, 76. 12 (2014-2015) .

11 . Brennan, Brian C. *Dissuccession of Dependent Children*: *Why Isn't American Fulfilling Its Moral Obligation*, Palanquin Probate Low Journal, Vol. 14, Issue 1 (2009) .

12 . Seashell, Paul G. *The power of Dissuccession*: *Proposal for Reform.* Georgetown Law Journal, Vol. 52, Issue 3 (Spring 2014) .

13 . Br ashier, Ralph C. *Dissuccession and the Modern Family*, Case Western Reserve Law Review, Vol. 45, Issue 1 (Fall 2015) .

14 . Chester, Ronald. *Should American Children Be Protected against Dissuccession*? Real Property, Probate and Trust Journal, Vol. 32, Issue (Fall 2007) .

15 . Andrew Iwobi, *Essential Succession* (second edition), London: Cavendish Publishing Limited, 2005.

后 记

本书从选题到最终定稿，历经两年余。写作期间，笔者收集并阅读了许多学者有关继承权丧失制度的研究成果，本书正是在国内既有研究成果的基础上，对继承权丧失制度展开的进一步探讨。在此对诸位前辈学人表示感谢！

本书是以笔者的博士学位论文为基础修改补充而得。本书得以完成，与导师陈苇教授的悉心指导分不开。从文题拟定到最终定稿，陈老师都不辞辛苦，于百忙中抽出时间给予耐心指导。本书的部分观点正是在与陈老师交流学习的过程中，受到启迪而提出的。本文的完成，可谓凝聚着恩师的心血，在此对陈老师表示衷心的感谢！在笔者攻读博士学位期间，无论是在学业还是在生活上，陈老师都给予了无微不至的关怀、支持和帮助。没有恩师的教导和提携，便没有笔者的进步与成长！学生定将铭记恩师教诲，在以后的工作岗位上继续努力，力争取得优异成绩！

本书得以完成，还要感谢民商法学院的石慧荣教授、张力教授、徐洁教授、汪青松教授、吴春燕教授等在论文开题以及预答辩过程中提出的宝贵的富有建设性的意见和建议。本书得以完成，还要感谢笔者的同门师兄师姐师弟师妹们，以及家人、亲朋好友的关心、问候、支持和帮助。你们的关心、关切和关注，将是笔者奋斗不息、奋然前行的不竭动力！

在博士研究生的学习过程中，由于种种原因，自读博起，笔者就不得不一边干着一线基层公安工作，一边完成学业，工学矛盾异常突出。忘不了那一个个冒着凄风苦雨出警与各色人等周旋的夜晚，忘不了半夜突然灵感涌现翻身起床奋笔疾书而致的重病缠身，忘不了炎炎夏日顾不得蚊虫叮咬灯下的苦读，更忘不了为了写作论文只得无视孩子期盼眼神的过家门而不入。幸运的是，无论遇到何种苦难与挫折，笔者的导师陈苇教授都一如既往地帮助笔者，笔者的家人都坚定不移地支持笔者，他们使笔者自始至终都能秉持着一种积极乐观而坚强的人生态度，不断激励笔者勇往直前，永不放弃。

每当笔者遭遇苦难与挫折时，俄国大诗人普希金的诗句就会萦绕在笔者耳边："不要悲伤，不要心急！忧郁的日子里须要镇静：相信吧，快乐的日子将会来临！心儿永远向往着未来；现在却常是忧郁。一切都是瞬息，一切都将会过去；而那过去了的，就会成为亲切的怀恋。"现在，博士研究生的学习生活即将结束，同时意味着新的学习生活即将开始。"吾生也有涯，而知也无涯。"五年的博士研究生的学习生涯，教会了笔者坚强、勇敢、不抛弃、不放弃等可贵的人生品质。在以后的人生中，笔者将牢记导师陈苇教授的教诲，"老老实实做人，认认真真做事"，不忘初心、牢记使命，砥砺前行！

王　巍

2024 年 7 月 14 日

附　录

西南政法大学外国家庭法及妇女理论研究中心简介（中英文对照）

学术顾问（以姓氏笔画为序）：万相兰、王中伟、王建华、李春茹、陈　苇、谢晓曦

主　　任：张　力

常务副主任：朱　凡

秘　书　长：石　婷

2003 年 12 月至 2004 年 12 月，西南政法大学民商法学院博士生导师陈苇教授受中国国家留学基金资助，由教育部公派出国留学，她作为访问学者到澳大利亚悉尼大学法学院进修家庭法一年。她回国后于 2005 年 1 月向学校提出了建立“西南政法大学外国家庭法及妇女理论研究中心”的书面申请。2005 年 4 月 1 日西南政法大学校长办公会议批准同意该研究中心成立。

本“研究中心”的工作宗旨是：通过整合本校婚姻家庭法及妇女理论方面的科研与教学资源，联合校内外其他单位与部门的相关人员，以西南政法大学为依托，开展中外学术交流，着力研究现阶段中外婚姻家庭继承法及妇女领域的重大理论和实践课题，为我国婚姻家庭继承法的完善及妇女理论的发展提供有益的借鉴经验，为我国立法机关提出相关建议，为司法部门提供法律咨询服务，争取多出科研成果，出精品科研成果，为创建国内一流、国际知名的西南政法大学而努力。

本“研究中心”的主要任务包括：1. 开展中外学术交流；2. 提供专业咨询服务；3. 进行学术前沿理论和司法实务问题研究；4. 培养婚姻家庭继承法及妇女理论的学术人才；5. 组织开展

学术讲座等，以期造就一批本学科领域有一定影响的学术骨干和后备学术带头人。

本“研究中心”的学术研究平台，为促进学术研究和学术交流，本研究中心主任陈苇教授自2005年起先后创办、主编出版《家事法研究》学术论文集刊和“家事法研究学术文库”丛书，到2023年年底为止的19年间，已出版《家事法研究》（2005年卷至2010年卷）学术论文集刊六卷和“家事法研究学术文库”丛书著作三十三部。这些论文集和著作，着力研究婚姻家庭继承法领域的前沿理论和司法实务热点难点问题，在我国学术界和实务界已产生了良好的社会影响。必须说明的是，为进一步扩大《家事法研究》的学术影响，在2009年中国婚姻家庭法学研究会常务理事会上，经陈苇教授提出申请，该研究会常务理事一致同意，夏吟兰会长宣布自2010年起《家事法研究》改由学会主办。但由于2010年该学会将出版“2009年中国婚姻家庭法学研究会年会论文集”，故夏会长委托陈苇教授继续主编出版《家事法研究》（2010年卷）。即从2011年起《家事法研究》改由中国婚姻家庭法学研究会主办，它成为该学会的会刊。为继续推进婚姻家庭继承法领域前沿理论和司法实务问题的研究，本“研究中心”决定打造新的学术研究和交流的平台，自2012年起由陈苇教授担任主编，负责遴选出版“家事法研究学术文库”丛书，每年计划出版1~3本，由国家级出版社出版。同时，本“研究中心”继续与杨晓林律师组建的家事法律师团队合作，在“西南政法大学外国家庭法及妇女理论研究中心”网页——学习园地之“学术前沿”栏，通过登载婚姻家庭法律资讯简报，发表婚姻家庭继承法领域的前沿理论和司法实务热点难点问题的最新研究成果，以期实现学术研究与立法、司法的良性互动，促进中外学术研究和学术交流。

本“研究中心”的团队成员，以西南政法大学民商法学院婚姻家庭继承法和妇女理论研究所的人员为基础，并聘请校内外的专家、学者担任学术顾问和特约研究员而组成。

Appendix:

Introduction of the Research Center on Foreign Family Law and Women's Theory of Southwest University of Political Science and Law, China

Academic Consultants: Wan Xianglan, Wang Zhongwei, Wang Jianhua, Li Chunru, Chen Wei, Xie Xiaoxi

Director: Zhang Li

Deputy Director: Zhu Fan

Academic Secretary: Shi Ting

Introduction

Professor Chen Wei, the doctor tutor of the Civil and Business Law School of Southwest University of Political Science and Law, China [hereinafter refers to SWUPL], studied family law in the Law School of Sydney University, Australia from Dec. 2003 to Dec. 2004 Supported by the "STATE SCHOLARSHIP FUND AWARD" of China. In Jan. 2005, some days after came back to China, she presented the application for establishing "Research Center on Foreign Family Law and Women's Theory of SWUPL, China". On Apr. 1st 2005, the President's Working Office of SWUPL approved her application.

The aim of the Research Center is to develop academic exchange between China and foreign countries, put emphasis on grand important theory and practice problems of family law and women's theory by associating the researching and teaching resources of SWUPL with relevant personnel of other units and departments. All of that we have done and will do have some important meaning: first of all, we may provide the valuable experiences for the perfection of the laws of family and succession in China and the development of women's theory; the second, we may provide relevant suggestions to Chinese legislature, and may provide legal advice to judicial practice departments. We hope that SWUPL will be top ranking internally and famous internationally with our efforts.

The assignments of theResearch Center including: (1) developing academic exchange between China and foreign countries in relevant fields; (2) providing professional consultation service; (3) strengthening academic research; (4) training some academic adepts of family law and women's theory; (5) giving academic lectures. We hope that some adepts and reserve academic leaders with certain influence in family law field would be brought up.

The academic research platforms of theResearch Center: In order to promote the academic research and exchanges, Professor Chen Wei, director of the Research Center, has founded and edited the publication of the Periodical of Research on Family Law and the Works of Researches on Family Law since 2005. By the end of 2023, 6 volumes of the Periodical of Research on Family Law (Volumes 2005 to 2010) and 33 Works of Researches on Family Law have been published during the nineteenth years. These papers and books, focusing on the frontier theory research on Marriage, Family and Inheritance Law and the judicial practice issues, have had good social affluence in the academic circle and practice circle of China. It is noteworthy that, in order to further expand the academic influence of the Periodical, in the Executive Council of Society of Marriage and Family Law of China (SMFLC) in 2009, upon Professor Chen Wei's proposal, the Executive Council agreed and President Xia Yinlan announced that the Periodical of Research on Family Law was edited by SMFLC after 2010. As SMFLC would publish the papers submitted to the Annual Meeting of SMFLC in 2009, President Xia Yinlan authorized Professor Chen Wei to edit the publication of the Periodical of Research on Family Law (Volume2010) in 2010. The Periodical was edited by SMFLC and became its Society Journal from 2011. In order to continue to advance the theoretical research and judicial practice in the field of Marriage, Family and Inheritance Law, the "Research Center" decided to build a new platform for academic research. 1-3 of the Works of Researches on Family Law which will be selected and edited by Professor Chen Wei for publication each year by the national publishing press since 2012. At the same time, the "Research Center" continues to cooperate with the Family Law Lawyer Team built by Lawyer Yang Xiaolin. On the webpage of "Foreign Family Law and Women's Theory Research Center of SWUPL"——"Academic Frontier" of Study Column, by published the Information briefing of Marriage and Family Law, the latest research achievements on the frontier theory of Marriage, Family and Inheritance Law and judicial practice issues are published to realize the benign interaction between academic research, legislation and justice and promote the academic research and exchanges between China and foreign countries.

The personnel of the Research Center is mainly composed of scholars from the Marriage, Family and Succession Law and Women's Theory Research Institute of the Civil and Business Law School of SWUPL, China. We also invite some famous experts and scholars around the whole country to be the consultants and special research fellows. They are the members of the Research Center too.

西南政法大学外国家庭法及妇女理论研究中心
2006—2012 年已出版书目

《外国婚姻家庭法比较研究》（2006 年出版）

《中国大陆与港、澳、台继承法比较研究》（2007 年出版）

《当代中国民众继承习惯调查实证研究》（2008 年出版）

《改革开放三十年（1978—2008）中国婚姻家庭继承法研究之回顾与展望》（2010 年出版）

《中国婚姻家庭法立法研究（第二版）》（2010 年出版）

《外国继承法比较与中国民法典继承编制定研究》（2011 年出版）

《当代中国内地与港、澳、台婚姻家庭法比较研究》（2012 年出版）

《加拿大家庭法汇编》（2006 年出版）

《澳大利亚家庭法（2008 年修正）》（2009 年出版）

《美国家庭法精要（第五版）》（2010 年出版）

《澳大利亚法律的传统与发展（第三版）》（2011 年出版）

《家事法研究》2005 年卷（2006 年出版）

《家事法研究》2006 年卷（2007 年出版）

《家事法研究》2007 年卷（2008 年出版）

《家事法研究》2008 年卷（2009 年出版）

《家事法研究》2009 年卷（2010 年出版）

《家事法研究》2010 年卷（2011 年出版）

西南政法大学家事法研究学术文库
2012—2014 年已出版书目

《婚姻家庭法之女性主义分析》（2012 年出版）

《基于性别的家庭暴力之民法规制——中国法与美国法之比较》（2012 年出版）

《亲属法的伦理性及其限度研究》（2012 年出版）

《人文主义视域下的离婚法律制度研究》（2012 年出版）

《遗产债务法律制度研究》（2013 年出版）

《防治家庭暴力立法与实践研究》（2013 年出版））

《私法自治视域下的老年人监护制度研究》（2013 年出版）

《离婚扶养制度研究》（2013 年出版）

《中国继承法修改热点难点问题研究》（2013 年出版）

《我国防治家庭暴力情况实证调查研究——以我国六省市被抽样调查地区防治家庭暴力情况为对象》（2014 年出版）

《家事调解制度研究》（2014 年出版）